TEORÍA CUENTÍSTICA DEL SIGLO XX
(Aproximaciones hispánicas)

COLECCIÓN TEXTOS

EDICIONES UNIVERSAL, Miami, Florida, 1989

CATHARINA V. DE VALLEJO

TEORIA CUENTISTICA DEL SIGLO XX

(Aproximaciones hispánicas)

P. O Box 450353 (Shenandoah Station)
Miami, Florida, 33145, U.S.A.

Printed in Spain   *Impreso en España*

Impreso en los talleres de artes gráficas de
EDITORIAL VOSGOS, S. A. - Avda. Mare de Déu de Montserrat, 8
08024. BARCELONA - España

A mis estudiantes

INTRODUCCIÓN

La investigación de los géneros literarios se ha ido evolucionando en la época moderna; desde el estribo pretérito de ideas generalizadas, a través de tentativas difusas por delimitarlos, se ha llegado hoy a un conocimiento detallado de los elementos que constituyen los varios géneros. El crítico, el estudioso, el lector dedicado de nuestro tiempo se ha familiarizado con los diferentes aspectos de la poesía y de la novela, los dos géneros más divulgados en nuestra época. Se considera actualmente una necesidad absoluta el investigar y el analizar minuciosamente todos los pormenores; no es posible ya leer sin entender los principios que componen el arte al cual nos dedicamos.

El estudio del cuento como género literario, sin embargo, presenta problemas de índole harto grave, ya que se ofrece, en lengua castellana, un número reducido de obras sobre la teoría del cuento. Erna Brandenberger, en su extenso estudio sobre el cuento español contemporáneo, lamenta la «asombrosa escasez de estudios teóricos sobre el cuento», señalando el «vacío» que existe en esta área (p. 387 y 390). * Algo más numerosas han sido las obras que combinan teoría con historia, o bien teoría con estudios sobre autores o cuentos particulares, como la de Brandenberger misma. Para el estudiante o lector con alguna experiencia del cuento, han faltado hasta ahora obras extensas dedicadas exclusivamente a la teoría del género literario que es el cuento. El presente volumen intenta llenar este vacío, ofreciendo una colección de ensayos tanto de autores como de críticos del género, escritos o publicados en lengua castellana sobre el cuento hispánico, y que han ido apareciendo durante este siglo, a la par con una conciencia naciente del cuento como género literario autónomo.

* Las obras referidas en esta Introducción que aparecen en la Bibliografía ofrecida a final de esta colección presentarán las páginas citadas entre paréntesis después de la cita.

Vale aclarar que en el caso del cuento, más que en ningún otro género, precisa paralelizar el estudio teórico con el histórico, pues el concepto del cuento como género ha ido cambiando y sobre todo limitándose a través los siglos.[1] Coinciden los críticos, tanto los de hoy como los de antaño, que el cuento es el género más antiguo, pero al mismo tiempo es el más moderno. Ha habido cuentistas desde los más remotos orígenes de la humanidad, contando historias de dioses, héroes, causas y sucesos. A partir de esa etapa mayormente oral[2] desarrolló el cuento en fábula, «ejemplo» moral o interpolación de obras más largas. Como género independiente —independiente de todo valor moral, maravilloso y asimismo de otros géneros— el cuento nace en el siglo XIX.

Ese cuento, ya literario, moderno, comienza a florecer durante la segunda mitad del siglo, y su pleno desarrollo evoluciona, como ha sucedido con los otros géneros, anterior a cualquier intento de teorizar sobre él. Los teóricos del cuento como tal son, pues, relativamente recientes, ya que en siglos pasados no se trataba precisamente de crítica literaria como hoy se entiende este concepto. A los autores de los cuentos decimonónicos les importaba su arte, sí, pero de una forma general, como lo evidencia el prólogo que hiciera Valera a sus cuentos,[3] y el de «Clarín» a los suyos. La Condesa de Pardo Bazán ha sido quizás la única de su época en establecer de forma más precisa y seria lo que significa el cuento; pero aun ella aplica su teoría a cuentos franceses. En este grupo de teorizadores precursores se incluiría a «Azorín», ya que sus conceptos sobre el cuento, aunque formulados durante los años 40 del presente siglo, pertenecen más bien a las nociones decimonónicas.[4]

El siglo XIX, siendo la época formadora del cuento literario, se preocupaba poco por diferenciar aun el cuento de la anécdota, de la fábula, del cuento de hadas, del estudio o del cuadro de carácter, de la alegoría, del cuadro de costumbres, del ensayo crítico, literario o teatral, de estampas o de cuentos en verso. Muchos de los «cuentos» de Valera y aun de «Clarín», por ejemplo, son más

1. Ver a este respecto el ensayo de Mariano Baquero Goyanes en esta antología.

2. Ver el ensayo de Julieta Campos, parte del cual se reproduce aquí.

3. Prólogo no reproducido por tener carácter completamente histórico y tratar mayormente de cuentos folklóricos.

4. Extractos de los artículos de «Clarín», Pardo-Bazán y «Azorín» se reproducen en el presente volumen.

bien lo que hoy se nombrarían «cuentos de hadas» o «fábulas», y los de Larra y de Alarcón serían «cuadros de costumbres». Así pudo decir José Montesinos hace algunos años y con admirable depuración que el concepto del cuento en el siglo XIX «no estaba nada claro».[5] En su excelente libro *El cuento español en el siglo XIX* Mariano Baquero Goyanes ha discutido con ejemplar claridad el curso del cuento durante este siglo formador, describiendo esa serie de narraciones breves entonces denominadas con el título «cuentos».

Al avanzar el siglo XX, ocurren cambios en esos conceptos sobre el género, y al mismo tiempo comienza una conciencia de una teoría literaria del género en lengua castellana. Los primeros en dedicar alguna consideración al problema en este siglo fueron los mismos escritores de cuentos. Sobre esta cuestión es preciso hacer dos observaciones, la primera de las cuales gira en torno al sorprendente reducido número de escritores de cuentos que hayan querido teorizar sobre su arte. De los cuentistas mayores se encuentran solamente Quiroga, Bosch, Cortázar y Anderson-Imbert. Falta el tan preclaro Borges, el que sólo dedica una línea al cuento como género, opinando que en el cuento, «en razón de su brevedad, la trama es más visible que los actores» (p. 78). La segunda observación radica en el hecho de que de ahora en adelante, casi todos los teóricos, tanto críticos como autores, y con algunas valiosas excepciones, serán hispanoamericanos. Este hecho puede atribuirse quizás al siempre creciente interés por el género en el continente americano.

Este interés se evidencia en los artículos de Horacio Quiroga, por ejemplo, cuyas ideas, aunque se propongan de una forma un tanto chistosa, son de mucha veracidad e interés. Luego se publica el ensayo de Juan Bosch, que demuestra gran profundidad de juicio sobre algunos aspectos —de los que destaca el temático— de su arte. Julio Cortázar, maestro del género, evidencia en sus artículos ideas más modernas e influidas por las vertientes extranjeras de la crítica literaria, así como por otras formas artísticas, por ejemplo el cine. Todos estos cuentistas —cuyos ensayos se reproducen en el presente volumen—, son artistas antes que críticos, y aportan a sus juicios perspectivas intuitivas más que analíticas. Así, aunque Quiroga discute múltiples aspectos en sus artículos, también se encuentran en ellos conceptos metafóricos como la «flecha» que va «directamente al blanco»; y así Juan Bosch

---

5. *Introducción a una historia de la novela en España en el siglo* XIX (Madrid: Castalia), 3.ª ed., 1960, p. 145.

9

trata el «tema» y la «forma», pero también presenta la imagen del cuentista como un «tigre que se lanza sobre el lector»; y así, cuando Cortázar describe el cuento lo ve como una «implacable carrera contra el reloj». Metáforas todas muy acertadas y reveladoras, aunque no característica de teoría analítica reciente.

Esa crítica teórica tiene su comienzo, reconocido por los cuentistas mencionados, con un escritor de cuentos norteamericano, Edgar Allan Poe, cuyas ideas sobre el género, expresadas en 1842, ejercen aún influencia sobre la teoría de hoy. En efecto, toda teoría del cuento en lengua castellana nace con los conceptos de este escritor, como evidencia su mención en muchos de los artículos de crítica reproducidos en el presente volumen.[6] Partiendo de Poe se ha desarrollado un flujo de ideas basadas en la literatura cuentística peninsular y continental hispánica, debido en gran medida, sin duda alguna, a la no menospreciable cantidad y la muy alta calidad del cuento en la época literaria reciente en los dos costados del Océano.

Con frecuencia[7] se ha hecho lo que podría llamarse «definición negativa» del cuento, según las palabras de Alcides Iznaga: decir lo que no es un cuento; pero como dice ese mismo crítico, «expresar lo que no es un cuento, es expresar nada» (p. 373). Precisamente, para comenzar el estudio del cuento, hace falta por lo menos describirlo, y mejor definirlo porque, como explica Toral Moreno: «definir una cosa es decir su esencia» y prosigue: «decir su esencia es atribuirle a la cosa algo que sin eso no sería lo que es y que con eso, siempre será, aunque se le agregaran o quitaran cualidades no necesarias para ser eso» (p. 9). Sin embargo, luego debilita Toral Moreno la fuerza de su tesis cuando, en su propia descripción del cuento, y como lo han hecho muchos comentaristas, compara el cuento con la novela, como si aquél fuera mero dibujo, y ésta «óleo policromado y retocado» (p. 39). Es evidente, empero, que hoy es posible, y más aún, es imprescindible ver el cuento como un género auténtico y autónomo; en las palabras de Iznaga: «el cuento, sin ceder su esencialidad, posee la independencia de cualquier realización artística. Una tela pequeña es tal pintura cual un lienzo monumental» (p. 375). Ya no se puede hablar del cuento como «una degeneración de la épica», según las

6. La traducción de las páginas pertinentes del artículo de Poe, efectuada por la editora de esta antología, se encuentra incluida.

7. Los párrafos que siguen son un resumen de algunas ideas generales, expresadas sobre todo por autores no incluidos en esta antología por aparecer aisladamente esparcidas por sus obras, las que quedan referidas en la Bibliografía.

palabras de Díaz Plaja; [8] ni aun definirlo como «narración, fingida en todo o en parte, creada por un autor, que se puede leer en menos de una hora y cuyos elementos contribuyen a producir un solo efecto» (Seymour Menton, p. 8). Precisamente, enfatiza Francisco Ayala sobre este particular, en la discusión sobre el cuento se ha de «superar el criterio de la longitud del relato, demasiado mecánico y a todas luces insatisfactorio...» (p. 69).

Los autores que componen esta antología sobre el cuento pretenden hacia una definición mucho más científica del género. A pesar de los esfuerzos recientes por definir el cuento como cuento, por buscarle las bases para una teoría, por encontrar en él rasgos que lo distinga como género o por buscarle sus leyes, todos los artículos reproducidos en este volumen refieren a Poe, así como a las acostumbradas comparaciones con la novela. Sin embargo, el continuado ejercicio de aportaciones valiosas sobre el cuento ayudará a entender mejor el género. Comienzan a verse estudios sobre los elementos particulares del cuento, como algunos de los reproducidos aquí. En ciertos de ellos resalta la relación que puede existir entre poema y cuento. Más que hijo de la novela, el cuento puede resultar ser pariente de la poesía.

Estos conceptos están todavía al nivel de nociones preliminares, y falta aún elaboración teórica. Por ejemplo, se comparan en el cuento y en el poema la intensidad, la importancia del efecto único, el fulgor emocional. Ha dicho Ana María Matute que «en un cuento cabe la intención, la capacidad de misterio de la poesía, al tiempo que la claridad de lenguaje» (citado por Brandenberger, p. 140), idea expresada de forma muy parecida por Cortázar. Asimismo opina Francisco Ayala al decir que «el cuento propiamente dicho podría considerarse como manifestación arcaizante del poetizar, como forma de interpretación y revelación del misterio...» (p. 66). Una relación más estrecha entre cuento y poesía la ofrece Raúl H. Castagnino:

> Un cuento equivale a un poema. Se constituye por un acto de creación semejante, fundado en la palabra, en el arte verbal. Requiere, también, una motivación, profunda intuición poética, tensión unitaria. Reclama, en el acto creador, la misma inmediatez que el poema: intensidad y concentración. Extenderlo es diluirlo; es denunciar el andamiaje. Es transferirlo a otra especie: novela corta o novela («*Cuento, artefacto*» y *artificios del cuento*, p. 61).

8. G. Díaz-Plaja, *Teoría e historia de los géneros literarios* (Barcelona: Ediciones La Espiga, 1946), p. 87.

11

Baquero Goyanes identifica al cuento como «género intermedio entre poesía y novela, apresador de un matiz semipoético, seminovelesco, que es sólo expresable en las dimensiones del cuento» (1949, p. 149).

Como lo atestiguan las valiosas aportaciones en esta antología, el cuento ocupa un lugar principal en las letras de hoy. Es testimonio de su proliferación, asimismo, la gran variedad de tipología cuentística. Aunque se ha podido diferenciar el cuento de hoy de los géneros difusos del siglo XIX, el cuento moderno goza de variantes ricos en diversidad. La última sección del presente volumen antológico se dedica a algunas de estas formas del cuento moderno, dos de las cuales, el cuento policial y sobre todo el fantástico, han cobrado gran auge en las letras hispánicas, y merecen ser investigados como subgénero. Bartra, en su prólogo a *Los mejores cuentos de misterio*, escribe de esta forma: «Para que un cuento o una novela policíaca sea tal son indispensables tres cosas: Que haya habido un crimen; que en el descubrimiento del culpable intervenga un profesional, y que se llegue al final tras una serie de deducciones lógicas o de penetración intuitiva» (p. 7). Es interesante ver en este volumen las diferentes ideas que tiene sobre el respecto Donald Yates en su «Introducción» al *Cuento policial*... Asimismo vale tal vez reproducir aquí un comentario de Borges, que mantuvo que la novela policial es «la explicación de lo confuso», mientras la novela fantástica es «la explicación de lo inexplicable» (p. 122n). Una explicación extensa del cuento fantástico la presenta en este volumen Edelweiss Serra. Un concepto original sobre el cuento hispanoamericano actual lo ofrece Lida Aronne Amestoy en su extenso estudio sobre el cuento «epifánico». Sigue un extracto de un estudio profundizado de Julieta Campos sobre el cuento oral en la actualidad. Es curioso constatar que los tres ensayos sobre cuento fantástico, cuento epifánico y cuento oral parecen completar el círculo teórico para volver a los orígenes del cuento y la concepción de su carácter como integrador profundo de comunidades y realidades humanas.

A estos citados tipos de cuento podrían añadirse otros, como el cuento erótico, tipo ignorado por la crítica académica. Asimismo nos parece factible concebir un tipo de cuento en extremo breve, que se está produciendo en Hispanoamérica y en España, y cuyos rasgos serían típicos de este subgénero que podría denominarse «microrrelato» y que evidencia una producción extensa, aunque difusa. Es posible que en este tipo de cuento se encuentren más concentrados los rasgos poéticos antes mencionados. Es

12

evidente, nuevamente, que todavía podrían realizarse numerosos estudios sobre el género cuento.

A modo de última observación es preciso mencionar el beneficio de una colección de artículos sobre el cuento para fines académicos. Existe la costumbre de imponerle al estudioso o al estudiante de literatura hispánica la lectura de los cuentos, ya que éstos pueden constituir una buena iniciación al estudio de la literatura misma. La unidad de lectura es breve y de más fácil captura que la novela; es de prosa y por tanto de más simplicidad para el novicio que la poesía. Estos rasgos permiten hacer un resumen de características de las diferentes corrientes literarias, puesto que cada cuento evidencia necesariamente los rasgos de su particular momento históricoliterario.[9] Todas estas cualidades hacen del cuento asimismo un instrumento por excelencia para el estudio introductorio de la teoría literaria.

A causa del reducido número de estudios realizados sobre el cuento, se reiteran los conceptos expresados en este volumen antológico y existe una red múltiple y útil de llamadas a ensayos reproducidos aquí. Asimismo son testimonios los diferentes artículos dedicados a su procedimiento el que siguen vigentes diferentes opiniones acerca de lo que constituye un cuento, de lo que es importante en un cuento, y de cómo debe enfocarse tanto el proceso creativo como el crítico. El presente volumen de ensayos, por su mismo carácter antológico, no pretende ser un texto unilineal sobre el cuento, sino más bien presentar al interesado una diversidad de opiniones e ideas que, por haber sido poco difundidas, puedan haber quedado en las tinieblas de las bibliotecas, sobre un tema digno de ser sacado a la claridad del estudio a plena luz.

En esta «Introducción» a la Antología se ha evitado el comentario extenso sobre los ensayos reproducidos en ella, ya que el propósito específico del volumen ha sido precisamente el que el estudioso pueda leerlos y juzgarlos íntegros.[10] Más bien se ha querido hacer hincapié aquí en conceptos e ideas contenidos en artículos que no han podido reproducirse.

En conclusión, quiere expresar la editora de este volumen su profundo y respetuoso agradecimiento a los autores y publicaciones que han permitido la reproducción de sus artículos.

9. Todos estos aspectos son mencionados por Raúl H. Castagnino, aunque con espíritu despectivo; llamando a este interés en el cuento «absolutamente utilitario» por parte de la «Academe» (p. 23).

10. Un comentario crítico de algunos de los ensayos que aparecen en el presente volumen ha sido realizado por Carmen de Mora Valcárcel y por Gabriela Mora, cuyas obras quedan referidas en la Bibliografía.

Entre ellos quisiera destacar al maestro Juan Bosch, cuyo ensayo sugirió en un principio esta antología y cuya inspiración personal animó posteriormente el arduo trabajo de recolección. El espíritu de entusiasmo con el que han colaborado los editores y los autores de ensayos para esta colección ha sido recibido con gran reconocimiento para un nuevo esfuerzo en el campo de la teoría y crítica del cuento, género llamado «chico», posiblemente por su extensión, pero verdaderamente grande por su aportación literaria actual.

I

CONCEPTOS PRELIMINARES

Enrique Anderson-Imbert & Lawrence B. Kiddle, «El cuento en España» * (1961)

De la Edad Media al Siglo XIX

Siempre los hombres contaron cuentos. A veces, cuentos transmitidos oralmente, desde una remota antigüedad. A veces, cuentos aprovechados para construir obras de otros géneros. A veces, cuentos escritos especialmente para ser leídos como formas autónomas: estos cuentos, que valen como unidades literarias independientes, son los últimos en aparecer y, sin embargo, aparecieron en España hace muchos siglos. Siendo España un país tan viejo no es de extrañar que de allí hayan surgido algunas de las primeras recopilaciones de cuentos escritos en las lenguas modernas de nuestra cultura occidental.

De todas las influencias que recibió el pueblo español —influencias grecorromanas, germánicas, árabes, hebreas, francesas, italianas— fueron las orientales las que hicieron brotar allí los primeros repertorios de relatos breves. Es natural. En Oriente los cuentos, por ser enseñanzas religiosas, adquirieron una importancia sin par. De la India pasaron a la literatura árabe; y gracias en parte a la presencia de los árabes en España (711-1492) continuaron su larga emigración al mundo cultural de Occidente. España fue, pues, un puente de comunicación entre Oriente y Occidente.

Las colecciones de cuentos orientales influyeron en todas las literaturas europeas. En castellano, el *Libro de Calila et Dimna* (1251) y el *Sendebar* (1253). El primer gran cuentista que se benefició en los cuentos orientales fue el Infante Don Juan Manuel (1283-1348?), cuyo *Conde Lucanor o Libro de Patronio* (1335) es una de las obras maestras de toda la literatura medieval. En los

* Reproducido con permiso de Prentice-Hall Publication, de *Veinte cuentos españoles del siglo XX* (New York: Appleton-Century-Crofts, Inc., 1961), pp. 1-20.

17

cincuenta cuentos del *Conde Lucanor* ya se advierte cómo la literatura cuentística de fines de la Edad Media da importancia al valor artístico, al estilo narrativo personal. Claro que esto sin abandonar la intención didáctica. Las colecciones de ejemplos y apólogos de la Edad Media son, ante todo, manuales de ética. El arte de narrar se subordina a los intereses morales y, por lo tanto, se reduce a esquemas esenciales. No hay libre desarrollo artístico de personajes, acciones y situaciones, sino que todo el cuento queda como un esqueleto de símbolos. Para un autor medieval lo que no respondía a una intención moral era superfluo. Habrá que esperar hasta el Renacimiento para que aparezcan recursos narrativos que analicen los personajes, amplifiquen la acción y hagan que el esqueleto se redondee con las formas de la literatura. Juan Manuel, pues, como todo moralista medieval, se propone primero enseñar una tabla de valores éticos y después cautivar al lector con las gracias del arte; pero sin duda él fue ya un hombre de letras, plenamente consciente de su oficio.

Después de don Juan Manuel la tradición de los apólogos continuó con varias colecciones, de las que mencionaremos el *Isopete historiado* (1489), fábulas de Esopo y otros autores puestas en castellano y, sobre todo el *Libro de los ejemplos*, de Clemente Sánchez de Vercial (1370?-1426?), que es traducción y a veces elaboración personal de 467 cuentos tomados de diversas fuentes.

No todos los cuentos procedían de Oriente, como se ve. Algunos eran occidentales, de la época clásica o de la Edad Media, y se incorporaron a obras mayores. Temas narrativos de los diferentes ciclos de la literatura caballeresca (temas de Tebas, Eneas, Troya; de Carlomagno y las Cruzadas; del ciclo bretón de la leyenda artúrica y de Tristán) y también temas hagiográficos pasaron a *El Caballero de Cifar*, al primitivo *Amadís de Gaula* y a la *Gran Conquista de Ultramar* a principios del siglo XIV. En el siglo XV comienza la influencia italiana, gracias a la cual la descripción de la vida sentimental ha de prevalecer sobre la pura aventura. Por supuesto que se siguen escribiendo relatos breves con los temas antiguos, carolingios y bretones de la literatura caballeresca, y hasta con los temas orientales. Pero lo característico de las últimas décadas del siglo XV y sobre todo del siglo XVI es, como dijimos, la disminución de aventuras y la minuciosidad en las tramas del amor. Boccaccio es una de las fuentes de Alfonso Martínez de Toledo, Arcipreste de Talavera (1397?-1470?), cuyo *Corbacho* aprovecha cuentecillos y diálogos. El cuento continúa como tradición popular o asoma la cabeza en obras que, en sí, no son cuentos sino novelas o tratados didácticos. Pero, con la forma inde-

18

pendiente del cuento, ahora, en el siglo XVI, la literatura se hace tributaria" del arte italiano de contar. Giovanni Boccaccio (1313-1375), en el *Decameron* (1353) había emancipado el cuento de la sujeción a intenciones morales y religiosas. A Boccaccio le interesaba más deleitar estéticamente que adoctrinar éticamente. La materia narrativa pasa, pues, al primer plano. Ya traducido al castellano a fines del siglo XV, el gran impacto del *Decameron* en España ocurrió en el siglo XVI. Las traducciones de Boccaccio más las de los *novellieri* Doni, Poggio, Bandello, Cinthio y muchos otros son las fuentes de una nueva familia de cuentistas españoles, en la que descuella Juan de Timoneda (m. en 1583). Sus cuentos de *Sobremesa y alivio de caminantes* (1563), *Buen aviso y portacuentos* (1564) y el *Patrañuelo* (1567) no son originales. Se limitaba a difundir una materia artística ya elaborada. Pero Timoneda —como Mal Lara, Santa Cruz, Rufo, Mexía y Torquemada— representaba un arte anecdótico que acabará por abrirse camino y llegar a los cuentos de Cervantes.

En efecto, medio siglo después de Timoneda fue Miguel de Cervantes (1547-1616) quien dio alta dignidad al género. No los llamó cuentos, sino novelas:

> Yo soy el primero que he novelado en lengua castellana; que las muchas novelas que en ella anda impresas todas son traducidas de lenguas extranjeras, y éstas son mías propias, ni imitadas ni hurtadas; mi ingenio las engendró y las parió mi pluma, y van creciendo en los brazos de la estampa. (Prólogo a *Novelas ejemplares*, 1613).

Cervantes emplea el término *novela* para toda narración escrita y, dentro de la novela, reserva el término *cuento* para la narración oral. Para Cervantes, pues, la diferencia entre novela y cuento no es cosa de dimensiones en el espacio, sino de actitud: popular, espontánea y graciosa en el cuento; escrita y empinada en la novela. El cuento se refiere a una materia común; la novela, a la invención. Pero, sin duda, sus *Novelas ejemplares* son cuentos en el sentido que hoy damos a esta palabra. Estos cuentos de Cervantes —imaginados en variadas formas y direcciones— fueron el modelo del arte de la novela en todo el siglo XVII. Es decir, que se puede hablar de una escuela cervantina del cuento. Imposible clasificar la abundante producción cuentística de estos años. Se nota, sin embargo, cómo la novela picaresca se desintegra, y sus elementos sueltos entran en la composición de relatos italianizantes, siguiendo el modelo de Cervantes. Los cuentos (o novelas

19

cortas) de Alfonso Jerónimo de Salas Barbadillo (m. 1635), Alonso de Castillo Solórzano (1584-m. antes de 1648) y María de Zayas y Sotomayor (1590-1661?) son los más notables en esta clase. Hay de todo: historias eróticas entre cortesanos, aventuras, rivalidades familiares, naufragios, piratas, reencuentros inesperados, conversaciones entre amigos en días de Carnaval, anécdotas y chistes, ejemplos morales, alegorías, escenas satíricas y costumbristas. En esta escuela que podríamos llamar cervantina aprendieron sus lecciones narradores interesados en entretener a su auditorio y aún en señalar la ejemplaridad de ciertas formas de vida.

En el siglo XVII el cuento ya se hace barroco. El barroco fue un estilo retorcido de formas que expresaba, torturadamente, los conflictos del vivir: vivir la vida tal como es y desvivirse pensando en la vida tal como debería ser. Un ejemplo notable son los *Sueños* de Francisco de Quevedo (1580-1645).

Dijimos que las novelas picarescas se disgregaron y mezclaron con las formas de la novela corta, de sentimientos o aventuras, tal como Cervantes, lector de los italianos, las había aclimatado en España. Pero otros elementos picarescos fueron a mezclarse a narraciones en las que lo importante era la observación de las costumbres. Del Siglo de Oro sale, pues, un tipo narrativo que ha de ser fértil en el desarrollo del cuento: el costumbrismo, esto es, la descripción —festiva, moralizadora, didáctica— de tipos humanos o de escenas típicas de la sociedad contemporánea de los autores. Este costumbrismo pasa al siglo XVII. Aparecen cuentos intercalados en la *Historia del famoso predicador Fray Gerundio de Campazas* (1758-70) del Padre José Francisco de Isla (1703-1781) y, mejor perfilados, en algunos libros de Diego de Torres Villarroel (1693-1770).

En la segunda mitad del siglo XVIII se abren paso las nuevas ideas de la Ilustración y plasman, en el periodismo y en el folleto, un género que oscila entre el cuento y el ensayo. Género breve, autónomo, ligero, ameno, con intención de crítica moral y política. Es curioso lo que ocurre a fines del siglo XVIII. La forma periodística del «cuadro de costumbres» procedía de Francia (Jouy, Mercier) y de Inglaterra (Steele, Addison), pero era más bien una influencia de retorno. La literatura picaresca española había influido en aquellos franceses e ingleses, y ahora volvía a España con un nuevo espíritu. El más notable de los muchos periodistas que lo cultivan es José Clavijo y Fajardo (1726-1806), director de la revista *El Pensador*.

Ya en el siglo XIX el cuadro de costumbres llega a su plenitud con Serafín Estébanez Calderón (1799-1867), Ramón de Mesonero

Romanos (1803-1882) y Mariano José de Larra (1809-1837). Algunos de esos cuadros, por sus apoyaturas argumentales, valen ya como cuentos, como «De tejas arriba» de Mesonero o «El castellano viejo» de Larra.

La sensibilidad romántica hace que el sentimiento de lo popular, de lo pintoresco, de lo histórico y de lo legendario prevalezca sobre el propósito de reforma. Los románticos, a diferencia de los clasicistas anteriores, prestaban atención a la diversidad del hombre, no a las notas comunes de una humanidad abstracta. El gusto con que los escritores contemplaban el color local de los modos de vida de cada pueblo les excitaba la fantasía y así dignificaron literariamente las formas del cuento popular. El auge del periodismo invita a escribir narraciones cortas y, en efecto, muchos de los cuentos de este período no aparecen en forma de libro, sino como colaboración en las revistas. Casi todos los románticos escribieron cuentos. De todos ellos, «Fernán Caballero» —seudónimo de Cecilia Böhl de Faber (1796-1877)— es la figura central, de donde deriva una larga descendencia de narradores, sea en la vertiente sentimental, sea en la vertiente realista. El más directo de sus continuadores en el cuento fue Antonio de Trueba, (1819-1889). Porque gracias al romanticismo resurgió el cuento con renovadas fuerzas y en todas las direcciones de la imaginación: del folklore a las situaciones reales, de la ficción a la historia, de la inocente invención para niños a los misterios horripilantes, de las costumbres cotidianas a las maravillas sobrenaturales, de la poesía al documento. Desde el corazón mismo de la generación romántica, pues, el cuento se bifurcará, a lo largo del siglo, en dos direcciones. Por un lado, las leyendas, las «baladas en prosa» al gusto germánico, el arte de contar con tensión imaginativa y lírica cuyo representante más puro fue Gustavo Adolfo Bécquer (1836-1870), autor de *Leyendas* y *Desde mi celda*. Por otro, una trayectoria hacia el realismo. En el nacimiento de esta trayectoria podríamos mencionar a Pedro Antonio de Alarcón (1833-1891) porque, si bien sigue siendo un romántico trasnochado, improvisador o superficial, se propuso detallar anécdotas y «casos verdaderos»; a Juan Valera (1824-1905) porque a pesar de su hostilidad al realismo —él defendía los derechos de la «ficción libre», de pintar la realidad «no como es, sino como debía ser»— fue impermeable al romanticismo; y al regionalista José María Pereda (1833-1906).

Gracias al realismo —que domina durante la segunda mitad del siglo XIX— el molde forjado por el cuento romántico se llenó con una nueva materia. Hubo también un cambio de técnicas. Al separarse de su origen tradicional, popular, el cuento cobró conciencia de su importancia literaria. La influencia de los procedimientos naturalistas del extranjero (especialmente de Francia) acabó por redondear, concentrar y sutilizar la estructura cuentística. Pocos son los escritores que no cultivaron el cuento y sería imposible mencionar a todos. Las grandes figuras del cuento realista son —además de Valera, Alarcón y Pereda, ya mencionados— Galdós, Pardo Bazán, «Clarín» y Palacio Valdés. Benito Pérez Galdós (1843-1920), el mayor narrador de todo el siglo XIX español, observaba la vida española y, al describirla, quería comunicarse con el pueblo y hacerle llegar un mensaje de reforma. Primero, narraciones de evocación histórica o con personajes que simbolizaban la fuerza de la historia. Después, un período naturalista, en que procura desentrañar del mediocre medio familiar y social el carácter nacional de España. De la pintura de los hechos pasa a reflexionar sobre el conflicto entre la inercia de la materia y la libertad del espíritu. Alrededor de 1900 Galdós afirma el poder creador de la personalidad: sigue usando las técnicas narrativas del realismo, pero su concepción del mundo es ahora espiritualista. La obra de sus últimos años se hará más subjetiva, más imaginativa. Emilia Pardo Bazán (1851-1921), a pesar de su catolicismo, mantuvo una actitud liberal ante las novedades literarias y filosóficas de Europa. Hizo conocer en España novelistas rusos y franceses. Pero su catolicismo le impedía simpatizar con las implicaciones deterministas y políticas de la literatura naturalista. Su tendencia fue la del realismo, no la del naturalismo. Admiró, sí, a Zola, pero también admiraba a Balzac y a Tolstoy, cuyo impulso creador sentía más afín al propio. Leopoldo Alas, «Clarín» (1852-1901), cerca de la Pardo Bazán en la atenta curiosidad por lo moderno, simpatizó asimismo con Zola y el naturalismo, pero se cuidó de sus exageraciones: fue más bien un realista de penetrante don de observación que sabía idealizar las cosas y afirmaba los valores morales del espíritu. Armando Palacio Valdés (1853-1938) escribió cuentos de un realismo atenuado por un temple tranqui-

1. Todos los autores que mencionemos (con la excepción de José Ortega y Gasset) han contribuido al género cuento, aunque hayan sobresalido en otros géneros. Para un panorama histórico más completo véase Enrique Anderson-Imbert, *El cuento español* (Buenos Aires: Editorial Columba, 1959).

lo, tierno, burgués y aun humorístico. Todos ellos eran realistas y aún podría señalárseles ribetes naturalistas si no fuera que, a diferencia de lo que pasaba en otros países, en España no se dio una literatura que, para probar tesis deterministas, acentuara lo brutal, lo sórdido, lo patológico de la vida. Hubo, sí, naturalistas a la francesa,[2] pero en esta línea de cuentistas sólo se destacó Vicente Blasco Ibáñez.

Nuestra antología arranca del 1900. Pero no se puede trazar en ese año una línea divisoria. Cuentistas típicos del siglo XIX penetraron con su actividad muy dentro del siglo XX (Galdós, Pardo Bazán, Palacio Valdés, Clarín); y, en cambio, cuentistas novecentistas, por sus maneras anticuadas, pertenecían más a la sensibilidad estilística del siglo XIX (Blasco Ibáñez). Pasemos, pues, el umbral del 1900 y entremos en la época que está representada en esta antología que ofrecemos.

De 1900 a la primera guerra mundial

Las dos primeras décadas del siglo XX comprende la producción cuentística de lo que se ha llamado «La generación del 1898». Este concepto de «generación del 98» es demasiado vago y, como tal, ha sido discutido y aun negado. En primer lugar se refiere a un hecho extraliterario: la guerra con los Estados Unidos, a consecuencia de la cual España perdió sus últimas colonias en América. Además, los críticos no se ponen de acuerdo en los componentes de esa generación. Si el criterio es meramente cronológico ¿pueden colocarse juntos a Unamuno (n. en 1864) y a Pérez de Ayala (n. en 1880)? Si el criterio es puramente estético ¿pueden ponerse juntos al naturalista Blasco Ibáñez y al preciosista Miró? El concepto de «generación de 98» no distingue suficientemente los diferentes ideales de expresión que se dieron en esos años. Sin duda todos los «hombres del 98» tenían de común una misma insatisfacción por las causas de la decadencia nacional, una misma preocupación en levantar la cultura española al nivel de los países más adelantados de Europa, una misma voluntad de crear brillantes estilos personales. Pero esa generación se escinde en dos grupos: 1) un grupo de escritores castizos, ahincados en

2. El naturalismo español se inició con Jacinto Octavio Picón (1853-1923), y cuajó con Joaquín Dicenta (1863-1917), Felipe Trigo (1865-1915) y Eduardo Zamacois (1893-1971).

las circunstancias históricas y geográficas del país, austeros, ensimismados, con sentido moral y político. Son los «noventa y ochistas» Unamuno, Baroja, Azorín, Antonio Machado (1875-1939), Pérez de Ayala (1880-1962), y 2) un grupo de escritores cosmopolitas, aristocráticos, esteticistas, que renuevan el estilo con el ejemplo de las corrientes poéticas de moda en el resto de Europa y en Hispanoamérica. Son los «modernistas» Jacinto Benavente (1866-1954), Ramón María del Valle Inclán (1866-1936), Eduardo Marquina (1879-1946), Juan Ramón Jiménez (1881-1958), Gabriel Miró, Gregorio Martínez Sierra (1881-1948), Francisco Villaespesa (1887-1936).

Podríamos agregar un tercer grupo, de menos significación en la historia de la literatura española, aunque imprescindible en la historia específica de las narraciones cortas: la promoción de *El cuento semanal* (1907-1920), una de cuyas figuras más interesantes fue Alfonso Hernández Catá (1885-1942). La tendencia dominante de este tercer grupo fue la del realismo y el naturalismo. [3] En nuestra antología hemos tomado, como ejemplo de naturalismo, a Vicente Blasco Ibáñez.

Las tendencias de vanguardia

Algunos de los escritores mencionados anteriormente —como Valle Inclán, Azorín, Juan Ramón Jiménez— intentaron renovarse en sus técnicas narrativas, ponerse al día con las tendencias que, en el resto de Europa, empezaban a modelar la nueva literatura. Pero, aunque rompieran con ciertas formas del pasado, permanecieron fieles a la visión con que ya se habían expresado. El gran cambio comienza con Ramón Gómez de la Serna (1888-1963). Fue tan diferente a todos los escritores de su tiempo que los críticos hablan de la «generación unipersonal de Ramón». Con él España da unos rápidos pasos, alcanza al grupo europeo que iba a la vanguardia y, a la cabeza, enciende sus propias bengalas metafóricas, que los demás países aplaudirán regocijadamente.

¿Hacia dónde soplaban los nuevos vientos artísticos de Europa? Alrededor de 1910 fue ya evidente que en pintura, en música, en

3. Los iniciadores, ya se dijo, fueron Picón, Trigo y Zamacois. Otros escritores de *El cuento semanal* fueron Tomás Borrás, Concha Espina (1877-1955), Carmen de Burgos (1878-1932), Wenceslao Fernández Flórez (1879-1964), Guillermo Díaz Caneja (1876-1933), Emilio Carrere (1880-1947), Julio Camba (1882) y otros más. Véase Federico Carlos Sáinz de Robles, *La novela corta española. Promoción de «El cuento semanal»* 1901-1920, Madrid, 1952.

literatura había jóvenes que querían dinamitar los templos tradicionales. El Expresionismo, el Cubismo, el Futurismo fueron explosiones de nuevas ansias. Se sentían hartos de la imitación de la realidad, aun de las impresiones embellecedoras de la realidad. Querían, violentamente, dar salida a los impulsores de la vida, por incoherentes y oscuros que fueran. El escritor se sentía un productor de la realidad, no un consumidor de ella. La guerra de 1914 a 1918 vino a exacerbar esa rebelión. El Dadaísmo primero, el Superrealismo después incorporaron a la literatura automatismos de la subconsciencia, delirios anormales, orgías de fabricantes de metáforas, balbuceos infantiles y manifestaciones de los pueblos primitivos, lo folklórico, los ejemplos de distorsión y extravagancia formales de literaturas archicultas, como la del barroco, la destrucción de las formas consagradas, la subversión contra el mundo, la befa al hombre y a cuanto hacía, incluyendo la literatura misma. Fue un magnífico ejercicio de libertad irresponsable. Ya dijimos que Ramón Gómez de la Serna enarboló la bandera de la insurrección. Después de la guerra de 1914 a 1918 un escandaloso arte literario («ultraísmo» lo llamaron) desfiló por España sobre los hombros de una nueva generación. Las expresiones más distinguidas del juvenil escándalo fueron acogidas por la *Revista de Occidente,* fundada en 1923 por el filósofo José Ortega y Gasset quien acuñó la fórmula de «la deshumanización del arte». El tono dominante fue el lírico, no el narrativo; por eso sus figuras más importantes no se encontrarán en este panorama del cuento, sino en una historia de la poesía. Pero hubo también narradores. Algunos poetas escribieron cuentos. Más normal era que los narradores natos escribieran en tensión lírica, como Benjamín Jarnés (1888-1950) y Rosa Chacel (1898). Y aun los narradores más inclinados a la realidad —como Antonio Espina (1894), Francisco Ayala, Juan Chabás (1898-1955), Max Aub (1902-1972)— hacían reventar en sus cuentos metáforas fabricadas en el taller de pirotecnia de las flamantes literaturas europeas de vanguardia. Esos relatos de la vanguardia proponían, en el fondo, una retórica, distinta a las anteriores, pero tan rebuscada como ellas: se rechazaba adrede las experiencias vitales importantes y a cualquiera insignificancia se le vestía con imágenes sensoriales.

Un rasgo común de estos narradores —se los llama «la generación de 1925»— es que, en verdad, no narraban. Escribían novela contra el género «novela»; cuentos contra el género «cuento». Es decir, en vez de describir una situación objetiva y unos personajes allí comprometidos, se presentaban ellos, los autores, en actitud de captar sus propias sensaciones o en actitud deliberadamente

25

frívola, de deportistas o humoristas de la literatura. Puesto que la función normal de la prosa es articular el pensamiento, exige, mucho más que la poesía, que entre el escritor y la realidad objetiva haya una relación directa. Al renunciar a esta realidad, la prosa vanguardista se quedó con un pie en el aire, sin poder caminar. Fue un experimento. Poco, en verdad, es lo que ha quedado en la historia del cuento. Claro que, con más madurez, esos jóvenes fueron también los primeros en comprender las limitaciones del nuevo arte y se corrigieron. Pero el «ultraísmo» —que es uno de los nombres que se dieron en España a los «ismos» que siguieron a la primera Guerra Mundial— fue un momento de la sensibilidad europea y no puede olvidarse. En el prólogo a *La Cabeza del Cordero* (1949) Francisco Ayala se refiere a ese movimiento juvenil de los años veintitantos:

¿Quién no recuerda la tónica de aquellos años? aquel impávido afirmar y negar, hacer tabla rasa de todo con el propósito de construir —en dos patadas, digamos— un mundo nuevo, dinámico y brillante. Se había roto con el pasado, en literatura como en todo lo demás; los jóvenes teníamos la palabra: se nos sugería que la juventud, en sí y por sí, era ya un mérito, una gloria; se nos invitaba a la insolencia, al disparate gratuito; se tomaban en serio nuestras bromas, se nos quería imitar... El balbuceo, la imagen fresca, o bien el jugueteo irresponsable, los ejercicios de agilidad, la eutrapelia, la ocurrencia libre, eran así los valores literarios de más alta cotización. Pero, a la vez que mi juventud primera, pasó pronto la oportunidad y el ambiente de aquella sensual alegría que jugaba con imágenes, con metáforas, con palabras, y se complacía en su propio asombro del mundo, divirtiéndose en estilizarlos.

La trágica crisis de la civilización occidental, en los años 1930 y tantos, puso fin al espíritu juguetón y despreocupado de los ultraístas. La burguesía había creado un mundo liberal. Ahora ese mundo de libertad y aun de respeto a las minorías cultas fue amenazado por la rebelión de las masas, por los movimientos totalitarios, del comunismo y del fascismo. Durante algunos años pareció evidente el triunfo del fascismo en toda Europa. En 1931 España había elegido en los comicios la forma republicana de gobierno. En 1936 un levantamiento militar —en armonía con el fascismo de Mussolini y con el nazismo de Hitler— destruyó la República e impuso un régimen teocrático, antiintelectual y antiliberal.

26

España desde 1936

La guerra civil en España aplastó y dispersó una generación que todavía estaba buscando su propia expresión. Los escritores antitotalitarios, democráticos, liberales e izquierdistas, tuvieron que desterrarse. Algunos de ellos ya tenían reputación por su obra narrativa, como Benjamín Jarnés, Francisco Ayala, Rosa Chacel, Antonio Espina, Antonio Robles. Otros intentaron su cuento por primera vez, como Pedro Salinas, María Teresa León. Como quiera que sea, en la llamada «España peregrina», la España que los emigrados se llevaron consigo, se hizo una importante obra narrativa.[4] Pero el destierro les fue secando a algunos cuentistas su vocación y aún su capacidad. Los que quedaron en España tuvieron que escribir sus cuentos bajo un régimen de censura política y religiosa. La falta de libertad afectó el repertorio de temas, la elección de situaciones, el movimiento de las ideas. España quedó aislada del resto de Europa, y en la miseria. Mientras en otros países se renovaban la materia y la forma del relato, los españoles quedaron a oscuras, aplastados por el miedo, desorientados por una forzosa ignorancia. España dio, pues, un bajón. Los que encontraron libertad en otros países tenían las raíces en el aire. Los que hundían sus raíces en el suelo español, no podían producir por la opresión. Al examinar la producción cuentística de la España de estos últimos años hay que tener en cuenta, pues, los estragos de la muerte, de la acción de la miseria, el debilitamiento de la emigración y el freno de la tiranía.

Como se comprenderá, la pasión moral y política hace difícil el estudio de este tema. Hay ya una copiosa bibliografía —de tono polémico, naturalmente— sobre los resultados que la guerra civil tuvo en la literatura española. Unos declaran que el mayor y mejor caudal de la creación literaria brotó fuera de España. Otros, sin dejar de reconocer que algunas de las mejores plumas se desterraron después del triunfo del general Franco, señalan que en España también se produjo buena literatura, a pesar del régimen franquista. Nos parece palmario que, desde el punto de vista de la literatura, la España de Franco significó una profunda decadencia, por lo menos hasta 1945. En este año, derrotado el fas-

---

4. A los nombres citados habría que agregar los de Ramón J. Sender, Rafael Dieste, Arturo Barea, Juan José Domenchina, Paulino Masip, Manuel D. Benavides, César María Arconada, Corpus Barga, Segundo Serrano Poncela.

cismo en la segunda guerra mundial, no se pudo impedir un despertar de la inteligencia. Por aquello de que en el país de los ciegos el tuerto es rey, algunos escritores menores, de segundo o de tercer orden, adquirieron en España una importancia desproporcionada a sus méritos. Se beneficiaron así del hecho de que los competidores más fuertes estaban diseminados por el mundo, invisibles al ojo del lector común. Por estar en su propia casa se beneficiaron también de la atención de la crítica, de las facilidades editoriales, de los periódicos, de las tertulias de café, de los honores académicos y de los premios literarios; premios literarios tan excesivos en número que resultan sospechosos de responder más a la propaganda patriótica de un país que aspira al público reconocimiento de su cultura que a un espíritu de serio discernimiento de los valores artísticos.

Después de 1936 trabajan en España dos generaciones de cuentistas: la de los nacidos de 1900 a 1915 y la de los nacidos de 1915 a 1930. (Hay una incipiente tercera promoción, de nacidos después de 1930, pero no entran todavía en el foco de la crítica).

Cuentistas que vivieron la guerra civil

El desconcierto, el desánimo, la desconfianza no permitieron la formación de un pujante grupo. Cada uno tiraba por su lado. No había propósitos comunes ni unidad de estilo. Aunque, individualmente, y en secreto, estuvieran disconformes, su literatura tiene un aire de conformidad. Los que se asoman a la realidad preferían no comprometerse con lo que allí veían: buscaban una fría objetividad, seleccionando los aspectos de España menos excitantes o deformaban las cosas a lo artista o a lo humorista. Otros se dedicaban resueltamente a contar sus mundos privados, en una literatura introspectiva hecha de sueños, de recuerdos, de arte, de fugas y de análisis psicológicos.

Dos tendencias patentes. Una, de los cuentistas que idealizaban la realidad con fino sentido poético (como José Antonio Muñoz Rojas). Otra, de los que preferían la realidad gruesa que observaban a su alrededor (como José Antonio Zunzunegui).[5] Y, entre ambos, los cuentistas que van elaborando un nuevo estilo, aparentemente popular, pero elaborado con tanto esfuerzo que

5. Cuentistas de esta generación, en España: Eulalia Galvarriato, Samuel Ros, Manuel Halcón, Alfredo Marquerie, Emiliano Aguado, José María Silva, Antonio Gaya Nuño, José María Gironella, Edgar Neville, José Pla, Sánchez Mazas, Carmen Conde, Eusebio García Luengo.

su realismo denuncia cierto empaque académico. Este «estilo» será el que prevalezca en la generación que va de Cela a Sánchez Ferlosio (la que veremos en el próximo capitulillo): se coleccionan giros campechanos, se practican lugares comunes, el diálogo imita el habla viva de la masa, una fórmula coloquial, por vulgar que sea, saca pecho con orgullo, y el lector no puede menos de preguntarse si los cuentistas, para deletrear sus voces, han educado el oído en la conversación espontánea del hombre humilde o si han educado la vista en la lectura de cuadros de costumbres y sainetes.

Cuentistas que se formaron después de la guerra civil

Desde el punto de vista técnico, el comienzo de los narradores de la «generación del 36» fue cauto. Para ellos la época de los experimentos vanguardistas había pasado definitivamente. Los desastres en toda Europa y, dentro de España, la dictadura, no invitaban a la aventura. Al contrario: había que defender los derechos de la literatura a existir, contra el resentimiento, la indiferencia, la mediocridad y el misoneísmo de los poderosos. El no experimentar fue, pues, uno de los rasgos distintivos de Cela. Delibes y otros con respecto a los cuentistas de la generación de 1925. Cela se pondrá a renovar la estructura del relato solamente cuando se sienta seguro, después de sus éxitos iniciales.

No se meten directamente con la religión ni con la política, pero su pesimismo tiene algo de la «literatura comprometida», como la llamó el existencialista Sartre. Literatura comprometida con los arduos problemas de la realidad, ante los cuales hay que tomar una posición definida, cueste lo que cueste. España había tenido su propia literatura existencialista: la de Unamuno, por ejemplo. Pero ahora, de 1940 en adelante, surgió en España otra manera de existencialismo, a la que se ha llamado «tremendismo». Según algunos, esta palabra salió del uso y abuso que el poeta Zubiaurre hacía del adjetivo «tremendo». Como quiera que sea, uno de los promotores del tremendismo en ficción fue Cela. El negro humor, la complacencia en lo cruel, el desarraigarse del orden moral de la civilización para hundir las raíces en un mundo sin propósitos, el jugarse la vida a cada paso no son, necesariamente, notas existencialistas. No sería propio llamar, pues, «existencialista» a la última promoción literaria española. El «tremendismo» no ofrece una filosofía de la existencia, como las narraciones de Unamuno o, en Francia, las de Sartre: eso sí, nos desa-

29

zona allí el mismo sentimiento de angustia, el mismo problema del libre albedrío, del pecado y de la muerte. En cambio, el «tremendismo» español de los últimos años —más cerca del animalismo y del neo-naturalismo de ciertos narradores norteamericanos, franceses e italianos que de la novelística unamuniana— se puso a describir situaciones atroces en formas truculentas. Los cuentos tremendistas se regodean en escenas repulsivas, horripilantes y escabrosas. Los personajes viven en perpetua zozobra y soledad. Las circunstancias son cruentas. El estilo tiene la dureza y la frialdad de un tremendo bisturí, con el que se disecciona la vida de la España de hoy.

La línea realista de Cervantes a Galdós y de éste a BAROJA ha sido continuada por la mayoría de los nuevos narradores. Son los exploradores del mundo objetivo: Cela, Laforet, Delibes, José Suárez Carreño, Ildefonso-Manuel Gil.

Pero hay otra línea, mucho más delgada y corta, de narradores ensimismados en su subjetividad o con ideales líricos, estéticos, artísticos: Jorge Campos, Alonso Zamora Vicente, Julián Ayesta, Carlos Edmundo de Ory.[6]

Los últimos

Resumamos. En la literatura española contemporánea se ve, al fondo, los copudos árboles de la generación del 98: Unamuno, Baroja, Azorín... Más acá, la floresta de la generación del 25, experimentadora en sus comienzos pero que después envejeció magistralmente: Benjamín Jarnés, Francisco Ayala, Salinas... El liño más joven es el de la generación del 36: Cela, Delibes... Y ahora veamos el vivero de los arbolillos nuevos, todavía en formación y por eso difíciles de juzgar.

A diferencia de los cuentistas de la generación de 1925 —quienes se apartaban desdeñosamente del gran público y se apretaban alrededor de la aristocrática Revista de Occidente—, a diferencia de la generación de 1936 —quienes tuvieron que sobreponerse a la inercia y mala fe del ambiente— estos jóvenes que aparecieron después de 1950 aspiran a ganar la atención de vastos auditorios. Es decir, que quieren recobrar la posición que tuvo el escritor realista en el siglo XIX.

---

6. Otros cuentistas de esta promoción: Elena Soriano, María Luisa Gefaell, Francisco Alemán Sainz, Francisco García Pavón, José Corrales Egea, José Luis Castillo Puche, Lauro Olmo.

Derrotado el fascismo en la segunda guerra mundial, mejoraron las condiciones de la vida literaria en España. Poco a poco el público español empezó a interesarse por los jóvenes escritores. Seis u ocho casas editoriales de España —ayudadas por los numerosos premios literarios y por la propaganda de la crítica— decidieron abrir sus puertas a valores nuevos. Surgió así un grupo de narradores que, estimulados por las facilidades editoriales, se lanzaron a escribir con la ambición de triunfar con grandes tirajes y aun de vivir de la pluma. Muchos cedieron al gusto más bajo del público y, aunque produjeron éxitos de librería, no cuentan en la historia de la literatura. Pero hubo otros que, con toda dignidad, mantuvieron en alto sus ideales artísticos y al mismo tiempo ganaron el favor popular.

Estos jóvenes escritores denotan un serio espíritu profesional, aprovechan las tertulias, los periódicos, las editoriales y los premios. Tal profesionalismo —y la preocupación por el dinero— es parte de una actitud más exigente que la de antes. Forman un grupo compacto. Expresan así, marchando juntos en busca del reconocimiento público, su disconformidad con las condiciones de la vida intelectual de España. No cultivan el humor; y la risa es en ellos más bien una mueca. El tono dominante es patético, aun de trágica melancolía.

Su principal programa consiste en presentarse como hombres de su época. Sus narraciones suelen ser autobiográficas (evocaciones de infancia y adolescencia) o de una pertinaz y taciturna objetividad. En ambos casos, la imaginación parece no atreverse a inventar tramas y situaciones con la libertad de los verdaderos narradores. La literatura para ellos debe ser un testimonio. Más aún: un documento de la realidad en torno. Este género narrativo-documental podría ilustrarse con el ejemplo de Ignacio Aldecoa, seco, sobrio, sin las gracias de la fantasía, y también con el de Ana María Matute, con sus sombrías narraciones.

Todavía estamos muy cerca para poder apreciar el valor del renacimiento del cuento español en los últimos años. Sin embargo, hay ya figuras que son más que mera promesa: agreguemos a los mencionados antes, los nombres que José Luis Acquaroni, Manuel Pilares, Rafael Sánchez Ferlosio, Vicente Soto, Julián Ayesta, Vicente Carredano, Juan Goytisolo, Luis Romero.[7]

7. La lista es larguísima, Cela Trulock, Elena Quiroga, Medardo Fraile, Jesús Fernández Santos, Elisabeth Mulder, Luis de Castresana, Juan Guerrero Zamora, José María de Quinto, Ramón Nieto, Alfonso Albalá, Juan Emilio Aragonés, Carmen Martín Gaite, Juan Carlos Villacorta, Rafael Azcona, Jorge Ferrer-Vidal, Ramón Solís, Antonio Prieto, Pilar Paz Pasamar.

Quienes, de esta nómina juvenil, ganarán más estatura, depen-
derá de lo que ellos sepan hacer en el futuro. Y también de que
las circunstancias de la vida española les dejen hacer lo que
quieran.

Enrique Pupo Walker, «*Notas sobre la trayectoria y significación del cuento hispanoamericano*» * *(1973)*

El éxito asombroso alcanzado por la narrativa hispanoamericana contemporánea ha producido una avalancha de comentarios que se esfuerzan por explicar, entre otras cosas, lo que ese acontecimiento tiene de espectacular. En general, ha predominado la divulgación dirigida —quizá inevitablemente— hacia el diálogo polémico y las especulaciones más diversas. [1] Pasado, sin embargo, el momento de la euforia inicial y las generalizaciones noticiosas, interesa llegar a un enfoque más ajustado del hecho histórico y de los textos como tales. El análisis sistemático de un género o de un grupo importante de obras es indispensable en estos momentos, porque aún tenemos una visión superficial de cuestiones que interesan por igual al lector y al estudioso de la literatura. En mi opinión, hay algo fundamental que la crítica todavía no ha destacado con la claridad necesaria: el lugar que corresponde al cuento en el desarrollo y apogeo de la narrativa hispanoamericana.[2] Es un tema que interesa por muchas razones. La primera, si no la más importante, alude a un común mal entendido que no tiene razón de ser. Me refiero a que, durante muchos años, se ha querido ver el cuento como un apéndice o simple complemento de la

* Reproducido con permiso del autor, de *El cuento hispanoamericano ante la crítica* (Madrid: Ed. Castalia, 1973), pp. 9-21.

1. Existen, sin embargo, estudios de gran valor en que se ofrece una perspectiva clara y un conocimiento profundo del tema y sus antecedentes. Se destacan: *Los nuestros,* de Luis Harss y Barbara Dohmann (Buenos Aires, Editorial Sudamericana, 1966); *Narradores de América,* de Emir Rodríguez Monegal (Montevideo, Editorial Alfa, 1969) y *La nueva novela hispanoamericana* de Carlos Fuentes (México, Mortiz, 1969). Es de especial interés, en lo que se refiere al cuento, la colección de estudios que ha reunido la revista *Nueva Narrativa Hispanoamericana,* I (Septiembre, 1971).

2. Algunos de los estudios que aparecen en este libro fueron publicados en inglés en un tomo que preparé en colaboración con el profesor Alexander Severino y que publicó la revista *Studies in Short Fiction,* VIII, n.º 1, 1971.

novela, cuando en realidad no es ni una cosa ni la otra. Se trata, en verdad, de un género con características propias que exige una organización muy sutil de la materia narrativa.

Se comprenderá, entonces, que un enfoque de la ficción hispanoamericana que se empeñe en soslayar los logros admirables del cuento será, por lo menos, incompleto. De hecho, hay que tener en cuenta que, en más de un sentido, la superación formal de la narrativa hispanoamericana se ha llevado a cabo en los moldes opresores del cuento. Y en parte fue así porque el cuento ha sido el taller inicial de un gran número de narradores hispanoamericanos. Ha sido también, para muchos, el primer reto de tener que crear un momento vital que aparece en función de toda una vida.

El más breve repaso de bibliografías que se ocupan de la cuentística hispanoamericana revela de inmediato el impresionante desarrollo del cuento en todo el continente. La proliferación abrumadora del género no puede, ni debe, explicarse mediante el catálogo impertinente de fichas. Me ha parecido más útil apuntar algunos de los factores que han favorecido ese amplio ciclo de desarrollo. En lo que se refiere a la mecánica del proceso, es significativo que existen y han existido los vehículos necesarios para dar cabida a esa producción. Abundan en casi todos los países hispanoamericanos semanarios, revistas y suplementos que hacen del cuento parte habitual de su formato. Esto sorprende a muchos porque es casi lo contrario de lo que ocurre hoy en países como Inglaterra y Estados Unidos, donde es cada vez más difícil publicar un cuento.

En su raíz, la tradición narrativa hispanoamericana se remonta a las culturas precolombinas. En América, como en otras partes del mundo, el gusto por lo narrativo surge a la par del hacha y del fuego. Inevitablemente, con el transcurso de los siglos, la fábula autóctona pasó, en un complejo proceso de mestizaje cultural, a los moldes más refinados de la narrativa española y europea. Hermosos ejemplos de esa simbiosis se dan en *Los Comentarios Reales del Inca Garcilaso de la Vega*.[3] Con el tiempo la fusión de todo ese material legendario ha producido una gama inagotable de modalidades narrativas que se convirtieron, a la postre, en sustrato importantísimo de la literatura hispanoamericana. En este siglo, por ejemplo, los peruanos Enrique López Albújar (1872) y José María Arguedas (1911) han transformado antiquísi-

3. Para el lector interesado en esas narraciones puede ser muy valioso el estudio de José J. Arrom, «Hombre y mundo en dos cuentos del Inca Garcilaso», en *Certidumbre de América*, Madrid, 1971, Editorial Gredos, pp. 26-35.

mas leyendas incaicas en cuentos que ya son materia de antologías. Aún con mayor refinamiento, el guatemalteco Miguel Angel Asturias (1899) ha insertado en sus relatos el misterio de las leyendas de la cosmología maya. Y en Cuba, Brasil y Puerto Rico el folklore africano ha penerado en la obra de varios narradores importantes. Los cuentos afrocubanos de Lydia Cabrera (1900) representan, en mi opinión, lo mejor que esa modalidad puede ofrecer. Con frecuencia, esos relatos se forman en torno a un núcleo de viejas creencias ancestrales que, más de una vez, aparecen poéticamente resumidas en el hechizo de aves o maderas encantadas.

Ahora bien, en Hispanoamérica, como en otras partes del mundo, el cuento literario, como tal, es una creación del romanticismo. En forma embrionaria, el cuento existió durante muchos siglos a manera de narración interpolada en textos clásicos. A comienzos del siglo XIX, el cuento a menudo se encuentra supeditado a la literatura costumbrista. En el marco equívoco del costumbrismo, el peruano Ricardo Palma (1833-1919) fue quizá el único escritor hispanoamericano que logró transformar aquella literatura ocasional y pintoresca en relatos de indiscutible vitalidad imaginativa. Sus *Tradiciones peruanas* (1872-1911), casi siempre de raíz popular, resucitan el encanto de leyendas envejecidas y olvidadas. Palma convirtió la «Tradición» en un subgénero, en un tipo de estampa narrativa que oscila entre el cuento y la leyenda romántica. Pero, dicho sea de paso, Palma y sus imitadores prolongan la tradición descriptiva que ha predominado en buena parte de la literatura hispanoamericana. Desde sus orígenes, el carácter deslumbrante del mundo americano invitó a la contemplación y al registro minucioso del mundo físico. Esa propensión hacia una escritura rigurosamente descriptiva creó durante muchos años una situación de desequilibrio en el tejido de la ficción hispanoamericana. En la novela fue, por lo menos, tolerable el paisajismo vitalista que se cultiva aproximadamente hasta 1940. En el cuento, sin embargo, ese proceso decorativo terminó, casi siempre, por desquiciar la estructura narrativa. El cuento decimonónico en general aun entre españoles, se resiente de ese exagerado gusto por el detalle ambiental. En Hispanoamérica, desgraciadamente, más de un narrador regionalista de este siglo concibió la elaboración de paisajes y escenas locales como meta principal de la creación narrativa.

A pesar de los excesos coloristas, el cuento hispanoamericano de prinicipios de siglo fue encontrando en la ficción de Poe, Maupassant y Chejov modelos que prescribían, como nunca antes, los límites y posibilidades del género. Horacio Quiroga (1878-1937), el primer gran cuentista hispanoamericano, confesaba: «Poe era en aquella época el único autor que yo leía. Ese maldito loco había llegado a dominarme por completo; no había sobre la mesa un solo libro que no fuera de él. Toda mi cabeza estaba llena de Poe.» Y también en su «Decálogo del perfecto cuentista» aconseja al escritor joven: «Cree en el maestro —Poe, Maupassant, Kipling, Chejov—, como en Dios mismo.» En definitiva, al considerar la evolución del cuento, será difícil negar que esa conciencia de metas formales contribuyó de manera estimable al desarrollo formal del cuento.

Resulta claro, pues, que hacia fines del XIX comienza a definirse la poética del cuento. Pero también es útil reconocer que por aquellos años surgían corrientes literarias que impulsaron notablemente el desarrollo del cuento. Es un hecho establecido que el modernismo, en la prosa, prefirió la narración breve. El escritor modernista, sin pretenderlo quizá, impuso al relato las economías severas del lenguaje poético e hizo que el cuento gravitara hacia un foco capaz de producir la dilatación imaginativa que caracteriza al poema. En general, los cuentos del mexicano Manuel Gutiérrez Nájera (1859-1895) y de Rubén Darío (1867-1916), entre otros, son ejemplos de esa ficción que la palabra ha sido trabajada desde una actitud intensamente selectiva.

Paralelamente al modernismo se cultivó el relato de cariz naturalista, que viene a ser estéticamente el reverso de la moneda. La documentación objetiva de injusticias, miserias y experiencias embrutecedoras es lo medular en el cuento naturalista. De cierta forma, pues, esa ficción es el antídoto amargo que contrarresta los preciosismos del escritor modernista. Los cuentos de Baldomero Lillo (1867-1923) y Javier de Viana (1868-1926) demuestran con suficiente claridad cómo en manos de un escritor de talento el documento sórdido puede transformarse en creación artística. En Hispanoamérica el cuento es, sin lugar a dudas, lo mejor de la prosa naturalista. En el tejido de esos relatos se llevó a cabo una importante etapa evolutiva del género, y tiene razón Luis Leal caundo apunta: «En la técnica los naturalistas superan con mucho a los costumbristas; el cuento tiene ahora una estructura precisa, personajes bien caracterizados y descripciones del ambiente con una función definida en la trama; las condiciones ambientales son la causa del sesgo que toma el desarrollo de los personajes.» [4] En algunos textos capitales de finales y principios de siglo llega a pro-

4. *Historia del cuento hispanoamericano* (México, Ediciones De Andrea, 1966), p. 49.

ducirse una fusión de las dos tendencias predominantes en aquel momento. «El fardo» (1887) de Rubén Darío y «Egloga de verano» del venezolano Manuel Díaz Rodríguez (1868-1927) recogen, con la perfección verbal del modernista, los sucesos violentos y grotescos que exaltó el naturalismo.

Un tercer acontecimiento, esta vez más localizado, afectó notablemente el curso del cuento hispanoamericano. Me refiero a la Revolución mexicana de 1910: hecho de importancia capital en el mundo americano. De aquel proceso de transformación social surgió una literatura de gran interés en la que el cuento ocupa un sitio importante. En manos de la generación de Mariano Azuela (1873-1951), Gerardo Murillo (1877-1964) y José Vasconcelos (1881-1959), el cuento es casi siempre un bosquejo de incidentes o un mero reportaje de sucesos revolucionarios. Pero, una vez superada la lucha armada, nuevas generaciones produjeron una narrativa en que prevalece la creación de lo imaginario. No obstante, en líneas generales, se ha mantenido hasta hoy el diseño escueto y el lenguaje frugal de los primeros textos revolucionarios. En buena medida, el cuento, como todas las artes mexicanas de este siglo, se inspira en el hecho colectivo de la Revolución. Por ser así, el lenguaje de los relatos rechaza embellecimientos formales que tradicionalmente cultivó la literatura burguesa. Se produjo, de esa manera, una forma de escritura revolucionaria que se anticipa, con las limitaciones del caso, a otros movimientos revolucionarios de este siglo. A esa nueva actitud literaria pertenecen cuentos admirables de Francisco Rojas González (1904-1951), Jorge Ferretis (1902-1962), José Revueltas (1914) y Juan Rulfo (1918-1986).

En un esquema general del género se verá que en el período comprendido entre 1880 y 1940 el cuento evolucionó guiado por tres fuerzas propulsoras muy disímiles entre sí. Influyó, ante todo, la pasión formalista del modernismo y también la escritura visceral y escueta de los naturalistas. Y, algo más tarde, la narrativa de la Revolución mexicana dejó sentir su impacto renovador a lo largo del continente. No son esas las únicas tendencias que afectaron la evolución del cuento, pero sí, tal vez, las más importantes. La cuentística del realismo criollista fue abundante desde principios de siglo, pero es difícil precisar los rasgos primordiales de esa narrativa. Esa dificultad se debe a que en la mayoría de los casos el texto aparece viciado por una estrecha perspectiva regionalista, que no va más allá del semblante de las cosas y que se distrae con lo pasajero o con la más cruda protesta social.

A partir de los años cuarenta, sin embargo, el cuento explora posibilidades muy diversas. Decae cada vez más el regionalismo

37

criollista que agotaba sus exiguas posibilidades. Por razones que no puedo esbozar en estas notas, surgían otras tendencias y otros públicos. Podría incluso hablarse del relato fantástico, de realismo mágico, del cuento psicológico y demás. Pero con rótulos más o menos sugestivos no se aclarará lo que verdaderamente ocurría por aquella época. En los años de la postguerra, el cuento se verá cada vez más dominado por la obra de grandes creadores. En la década comprendida entre 1944 y 1954 aparecen libros capitales: *Ficciones* (1944), de Jorge Luis Borges (1899-1986); *Varia invención* (1949) de José Arreola (1918); *Bestiario* (1951) de Julio Cortázar (1914-1986); *El llano en llamas* (1953), de Juan Rulfo. entre otros. Es justamente entonces cuando empieza a desatarse ante el mundo el potencial imaginativo de la ficción hispanoamericana contemporánea. En todas partes se reconocía de inmediato el talento creador de toda una nueva generación de narradores. Y de esa pléyade será Borges el primer escritor hispanoamericano que logre genuino renombre internacional. Su obra narrativa comienza en 1935 con *Historia universal de la infamia,* pero sus libros fueron durante muchos años el placer de una exquisita minoría. En 1961, Borges compartió con Samuel Beckett el premio Formentor y, desde entonces, sus textos y personalidad se han convertido en temas preferidos de la crítica internacional. La bibliografía borgiana crece como un hongo gigantesco. Borges concede entrevistas en las que él dialoga incansablemente y con impresionante erudición sobre literatura, filosofía o sobre los temas más peregrinos que el lector pueda imaginar. Su interminable diálogo con la prensa y la crítica continúa tejiendo una fascinante leyenda en torno a su personalidad y su obra. El diálogo no es, como podría pensarse, marginal a sus textos, sino que, en más de un sentido, es parte de ellos. Sus libros y comentarios son, a la vez, una cantera inagotable para la investigación erudita que escudriña sus obras y le asedia despiadadamente. Son, sin embargo, sus narraciones y poemas maravillosamente lúcidos los que han conquistado la admiración de toda una multitud de lectores. La sencillez cristalina de su prosa y la universalidad de los temas que trata han permitido traducciones afortunadas de sus libros. Cabe señalar que Borges, siguiendo una pauta que ya estaba latente en la narrativa hispanoamericana, ha entronizado en sus libros una actitud de análisis que investiga la naturaleza de sus propias creaciones. Así, sus cuentos llegan a condensar, al mismo tiempo, el deleite narrativo y la dialéctica interna de la creación. Y es posible que ese rigor analítico de su prosa haya confundido a muchos lectores desacostumbrados a una escritura de esa índole.

Algunos críticos, que no han podido o querido entender la obra de Borges, le tildan de artificial o extranjerizante y le acusan inclusive de malgastar su talento en elucubraciones metafísicas que poco o nada tienen que ver con la realidad inmediata. El novelista y crítico mexicano Carlos Fuentes, hombre de izquierdas y de impresionante cultura literaria, no lo entiende así:

> Quien conoce a Buenos Aires sabe que el más fantástico vuelo de Borges ha nacido de su patio, de un zaguán o de una esquina de la capital porteña. Pero quien conoce a Buenos Aires también sabe que acaso ninguna otra ciudad del mundo grita con más fuerza: ¡Verbalízame! Una vieja *boutade* dice que los mexicanos descienden de los aztecas, los peruanos de los incas y los rioplatenses de los barcos. Ciudad sin historia, factoría, urbe transitiva, Buenos Aires necesita nombrarse a sí misma para saber que existe, para inventarse un pasado, para inventarse un porvenir.

> Y en otra parte añade: «Pues el sentido final de la prosa de Borges —*sin la cual no habría simplemente, moderna novela hispanoamericana*— es atestiguar primero que Latinoamérica carece de lenguaje y por ende debe construirlo.» [5]

Con Borges se inicia, pues, en la narrativa hispanoamericana una intensa exploración del lenguaje que hoy continúa en los textos principales de Julio Cortázar, Carlos Fuentes (1929), Guillermo Cabrera Infante (1929) y muchos otros. Se ha originado, por decirlo así, una escritura que se repliega sobre sí misma y que cuestiona desde sus entrañas la naturaleza de la obra literaria. Parte de lo que ese lenguaje se propone lo explica Cortázar al discutir la hechura de su novela principal:

> Toda *Rayuela* fue hecha a través del lenguaje. Es decir, hay un ataque directo al lenguaje en la medida en que, como se dice explícitamente en muchas partes del libro, nos engaña prácticamente a cada palabra que decimos. Los personajes del libro se obstinan en creer que el lenguaje es un obstáculo entre el hombre y su ser más profundo. La razón es sabida: empleamos un lenguaje completamente marginal con relación a cierto tipo de realidades más hondas, a las que quizá podríamos acceder si no nos dejáramos engañar por la facilidad con que el lenguaje todo lo explica o pretende explicar.[6]

5. Carlos Fuentes, pp. 25-26.
6. *Los nuestros*, p. 285.

Hoy, esa orientación revolucionaria o iconoclasta frente al lenguaje es rasgo primordial de casi toda la narrativa hispanoamericana. Desde el texto se ataca, en su raíz, la retórica empaquetada y vacía que ha deformado, desde hace muchos años, el ámbito literario y cultural de los países hispanos. Es una crítica que, si a primera vista se dirige al hecho lingüístico como tal, a la postre denuncia también los valores caducos o falsos en que se apoya la estructura social y política de muchos países americanos. Pero lo más admirable de ese esfuerzo crítico es que se manifiesta desde el tejido mismo de la obra y no desde el majadero alegato ideológico que, en fin de cuentas, sólo consigue asfixiar la solvencia estética del texto.

La producción de Borges, Juan Carlos Onetti (1909), Rulfo, Cortázar y Gabriel García Márquez (1927), entre otros, obsequia al lector contemporáneo con el lujo de un mundo diverso y original que a duras penas podría ofrecer la literatura de otro país occidental. Específicamente, la cuentística hispanoamericana contemporánea aporta un repertorio de temas y técnicas narrativas verdaderamente deslumbrante. En parte es así porque en esa labor creadora convergen escritores de formación, origen y edades muy diversas. No es, por tanto, la literatura que lleva el timbre monocorde de una generación nítidamente consolidada. Es todo lo contrario. La narrativa hispanoamericana de hoy, en conjunto, puede ser hasta desconcertante para lectores que se ven súbitamente frente al mundo apocalíptico de Borges, García Márquez y Arreola, la sencillez desgarradora de Rulfo, y el erotismo y las fantasías verbales de Severo Sarduy (1937), Lezama Lima (1910) y Cabrera Infante [7] (1929).

Este es el primer grupo (cada vez más numeroso) de escritores hispanoamericanos que ha podido vivir casi exclusivamente de la pluma. No se ven, como sus antecesores, prisioneros en la trampa burocrática que, a la postre, siempre lastima o mutila la facul-

7. A propósito de esa diversidad de mundos narrativos interesa la descripción que hace el erudito venezolano Ángel Rosemblat del nuevo lenguaje que ha creado la narrativa contemporánea: «El escritor hispanoamericano, cohibido ante el lenguaje, oscilaba entre el academicismo y el barbarismo. Hoy se ha soltado el pelo. Su lengua es propia y no subsidiaria de ninguna parte. Y como es propia, procede libremente, combina palabras, inventa palabras, juega con la sacrosanta sintaxis, rehabilita palabras condenadas antes al subsuelo de la lengua —se ponía a veces con la letra inicial y puntos suspensivos—, pero ya no reniega de ella, como en la época de Sarmiento, sino que se siente comprometido con ella y la trata con amor entrañable. Le ha dado así varias obras de primer orden. ¿No hay que esperar mucho más?» (*Nuestra lengua en ambos mundos*, Barcelona, Editorial Salvat, 1971, p. 162).

tad creadora. Como consecuencia de esta nueva libertad, muchos narradores pueden permitirse una entrega casi total al oficio de escribir bien, que no es lo mismo —como bien lo ha dicho García Márquez— que escribir en favor de las buenas causas:

> Yo pienso que nuestra contribución para que América tenga una vida mejor no será más eficaz que escribiendo buenas novelas. A los amigos que se sientan obligados de buena fe a señalarnos normas para escribir, quisiera hacerles ver que esas normas limitan la libertad de creación y que todo lo que limita la libertad de creación es reaccionario.[8]

Por razones obvias era de esperar que la narrativa hispanoamericana tuviera casi tanto éxito en España como en los países americanos. Lo mismo había ocurrido en otros períodos en que la literatura hispanoamericana pasaba por ciclos de gran vitalidad creadora. Vargas Llosa, García Márquez y el chileno José Donoso (1924) viven en Barcelona y allí han publicado algunos de sus libros principales. Los premios Biblioteca Breve, que auspicia la Editorial Seix-Barral, se han otorgado en los últimos años casi exclusivamente a escritores hispanoamericanos. Barcelona y Madrid, con sus grandes aparatos editoriales, difunden hoy la literatura hispanoamericana con tanta o más efectividad que las editoriales de Argentina o México.

También la multitud de premios nacionales e internacionales que se han otorgado a narradores hispanoamericanos han favorecido la difusión a gran escala de esa literatura. En Italia, por ejemplo, *Sobre héroes y tumbas* (1961), del argentino Ernesto Sábato (1911), llegó a la categoría del «best-seller», y otro tanto ha ocurrido con libros de Borges y García Márquez en Estados Unidos y en otros países. Es significativo también que esas obras de ficción sean material que utiliza la cinematografía internacional más exigente.[9] Creo que se trata, claramente, de un éxito artísti-

8. Miguel Fernández-Braso, *Gabriel García Márquez: Una conversación infinita* (Madrid, Editorial Azur, 1969), pp. 58-59.

9. Michelangelo Antonioni basa su conocida película *Blow-up* en el cuento de Cortázar «Las babas del diablo». Jean-Luc Godard aprovechó otro cuento de Cortázar «Autopista del Sur», para hacer su película monstruosa *Week-End*. Además, también Godard y Bertolucci han utilizado textos de Borges en sus películas tituladas *Alphaville* y *La estrategia de la araña*, respectivamente. Para una descripción más detallada del interés que esa narrativa suscita hoy, véase el artículo de Emir Rodríguez Monegal «Una escritura revolucionaria», *Revista Iberoamericana*, núms. 76-77, 1971, pp. 497-506.

co que rebasa las fronteras del hecho meramente literario. En medio de todo, es justo reconocer que la narrativa hispanoamericana contemporánea interesa no sólo por su originalidad y sutilezas sino también porque expresa inquietudes y vivencias que comparten millones de seres humanos en países muy diversos. Hace algunos años, el gran escritor mexicano Alfonso Reyes lamentaba que los hispanoamericanos «llegamos siempre con cien años de retraso a los banquetes de la civilización». Hoy, sin embargo, Octavio Paz, otro escritor mexicano de renombre, afirma con indudable satisfacción que «somos por primera vez contemporáneos de todos los hombres». Los hechos respaldan esa nueva certidumbre.

Sería el colmo de la ingenuidad pensar que el éxito logrado por la narrativa hispanoamericana puede explicarse sencillamente en razón de que hoy existen mejores vías de difusión o de que esa literatura la manejan sabios «entrepreneurs» del mercado literario. Sin duda todo eso cuenta, pero ese es el aspecto mecánico del fenómeno y nada más. No falta tampoco la estrechez de los que creen que el interés que despierta esa narrativa es consecuencia del espectacular vaivén político del mundo americano. Pero bien sabemos que la aceptación universal de una literatura requiere mucho más que astucias mercantiles o ideologías en boga.

En suma, no pueden ni deben intentarse dicotomías arbitrarias en la narrativa hispanoamericana. Pero sí conviene tener presente que el cuento ocupa dentro de ese espectro general un ámbito propio de extraordinaria riqueza, que no siempre entronca con los objetivos de la novela. Muchos de los narradores que he mencionado son, ante todo, cuentistas, aunque algunos hayan escrito novelas; tal es el caso de Borges, Revueltas, Arreola y Rulfo. Otros, como García Márquez y Cortázar, son maestros en ambos géneros. Pero, aunque así sea, si hemos de formarnos una idea clara del proceso de renovación que presenta la narrativa hispanoamericana tendremos que reconocer las aportaciones específicas del cuento, ya que es un género que registra pulsaciones muy particulares de la sensibilidad contemporánea. Y no debe olvidarse tampoco que el cuento ha sido, durante casi un siglo, fuerza catalítica y símbolo de perfección para varias generaciones de prosistas hispanoamericanos.

Mariano Baquero Goyanes, «El término cuento» * *(1967)*

Considera J. Corominas que la acepción de *narrar, relatar,* como derivada de *calcular, computar* (del latín *computare*) es tan antigua como esta otra originaria, pudiendo fijarse su presencia en la lengua castellana hacia 1140; fecha probable, según Menéndez Pidal, de la composición del *Cantar de Mío Cid.*

Cuento, etimológicamente, deriva de *computum (cálculo, cómputo).* Del enumerar objetos se pasó traslaticiamente, al enumerar hechos, al hacer recuento de los mismos.

En el citado *Cantar de Mío Cid* prevalece la acepción originaria, es decir la de cálculo o cuento numérico: *sean contados, escriviendo e contando, que non son contados, que non seríen contados, qui los podríe contar.* Pero también aparece, alguna vez, empleado el verbo *contar* con el sentido de *referir, narrar: cuenten gelo delant.* La voz *cuento* en el sentido de *acción y efecto de contar.*

La relación existente entre las dos operaciones, es decir, el puro calcular numérico y el relatar historias, podría quedar ejemplificada en una narración incluida en la *Disciplina Clericalis.* Se debe esta obra al judío español, nacido hacia 1062. Mosé Sefardí, quien, al convertirse al cristianismo, tomó el nombre de Pedro Alfonso. La *Disciplina Clericalis* está escrita en latín y reúne un conjunto de relatos procedentes de los proverbios y castigos árabes, fábulas y apólogos. Unos de esos relatos es el de un rey que tiene a su servicio a un narrador, encargado de contarle cinco fabulillas todas las noches. En una ocasión en que el rey no podía dormirse y pidió al fabulista que le contase más historias, éste relató la del aldeano que se vio precisado a pasar dos mil ovejas por un río, utilizando para ello una barquita en la que sólo cabían dos ovejas en cada viaje. En el momento en que el narrador, vencido

* Reproducido con permiso de Editorial Columba, Buenos Aires, de *¿Qué es el cuento?,* por Mariano Baquero Goyanes, pp. 9-19 (1967).

43

del sueño, comienza a dormirse, y el rey le pide que prosiga el relato, aquél contesta que será bueno esperar a que concluyan a pasar todas las ovejas, tiempo durante el cual bien podrá él descabezar un sueño. Se trata pues del tradicional motivo que Cervantes utilizó en el *Quijote*, al ponerlo en boca de Sancho Panza, en el episodio de los batanes (capítulo XX de la primera parte), cuando, para distraer a su amo durante la espera de la noche, narra el cuento de Lope Ruiz y de la pastora Torralba. El mismo relato paso, en el siglo XIII, al *Novellino* italiano.

Es, en definitiva, un típico cuento para dormir —en las letras actuales cabría recordar, con otro sentido, tema e intención, el *Cuento para dormir* del escritor húngaro Ferenç Molnar—, asociado al tópico de la enumeración *(cuento, cómputo)* de ovejas que pasan o saltan, para así llamar y provocar el sueño. Cervantes da un quiebro burlesco al relato, al asignarle, por boca de Sancho, unas propiedades casi mágicas; características más bien de otro tipo de cuentos tradicionales en los que el artificio del relato aparece ligado a algunas palabras o peculiaridades del mismo. En cambio, en el *Quijote* apócrifo Avellaneda vuelve a contar el cuento, situándolo en la línea procedente de la *Disciplina Clericalis*.

No creo que en toda la historia del género exista un ejemplo tan expresivo como éste de Pedro Alfonso, tan revelador de cómo un mismo étimo latino se bifurcó en un doblete romance: *cómputo-cuento* (un cultismo y una voz popular, la primera de las cuales quedó reservada para lo estrictamente numérico, en tanto que la segunda se vinculó al viejísimo quehacer humano de narrar hechos e historias curiosas).

En los más antiguos libros castellanos de narraciones breves no suele aparecer empleada, para designarlas, la palabra *cuentos*, sino más bien la denominación de *fábula* o *fabliellas, enxiemplos, apólogos, proverbios, castigos*, etc. Así en el *Calila e Dimna*, cuya traducción del árabe se sitúa hacia 1251, atribuida a Alfonso X el Sabio cuando era Infante, se encuentran frases como éstas: «Et posieron ejemplos e semejanzas en la arte que alcanzaron»; «et posieron e compararon los más destos ejemplos a las bestias salvajes e a las aves.»

Don Juan Manuel emplea la voz *fabliella* para el *Libro del Caballero y del Escudero*, y *ejemplo* para las narraciones de *El Conde Lucanor* (1335). En el siglo XIV, también, Juan Ruiz, Arcipreste de Hita, en el *Libro de Buen Amor*, emplea los términos *proverbio, fabla, estoria*, etc. Recuérdese asimismo el *Libro de los exemplos* o *Suma de ejemplos por A. B. C.*, de Clemente Sánchez de Vercial.

44

Un caso importante viene dado, también a finales de la Edad Media, por el mal llamado *Libro de los gatos*, título que procede de una mala lectura de *quentos*.

Ya en la época de los Reyes Católicos y después en la del emperador Carlos V, en la primera mitad del siglo XVI, penetra en España la palabra *novela* para designar el género a que venimos refiriéndonos. Y así, en las ediciones del *Decamerón*, de Boccaccio, aparecidas en 1494, 1496, 1524, 1539, 1543, 1550, traducen *cien novelas*.

La traslación a nuestra lengua de ese vocablo, *novela* —que todavía para Juan de Valdés, en su *Diálogo de la lengua*, era un italianismo no del todo aclimatado en el castellano—, trajo como consecuencia una cierta confusión en lo relativo a su equivalencia con el término de *cuento*, ya que con uno y otro se aludía a relatos breves, diferenciados de las extensas «historias fingidas», como el *Quijote*.

En la lengua italiana *novella* era un diminutivo formado sobre la palabra latina *nova* (en italiano *nuovas*, y con la significación de breve noticia, de pequeña historia. Y así aparece a finales del XIII el ya citado *Novellino* o *Libro di novelle e dil ber parlar gentile*, y luego las *Trecento novelle* de Franco Sachetti, las *Novelle* de Mateo Bandello, ya en el XVI; hasta llegar a la época moderna en que, por ejemplo, Edmundo de Amicis compone *Novelle* (1872), al igual que Giovanni Verga, *Novelle rusticane* (1883), etcétera.

En España la palabra *novela* acabó por designar la narración extensa, bien diferenciada, precisamente por sus dimensiones, del *cuento* como término utilizado tan sólo para designar un relato breve. Pero durante los siglos XVI y XVII no debió de darse tal diferenciación, y aunque comenzara a olvidarse la especial connotación diminutiva que comportaba la palabra *novela*, ésta continuaba utilizándose para designar narraciones breves. Así, Lope de Vega en sus *Novelas a Marcia Leonarda* (1621), consideraba que «en tiempo menos discreto que el de agora, aunque de hombres más sabios, se llamaban a las Novelas cuentos. Éstos se sabían de memoria, y nunca que me acuerde los vi escritos.» Opinión semejante era la sustentada por Cristóbal Suárez de Figueroa, el cual decía en *El pasajero* (1617): «Por novelas al uso entiendo ciertas patrañas y consejas, propias del brasero en tiempos de frío, que en suma vienen a ser unas bien compuestas fábulas, unas artificiosas mentiras.»

De uno de esos viejos términos, recordados por Suárez de Figueroa, se sirvió en 1578 Juan de Timoneda para titular una popular colección de cuentos *El patrañuelo;* es decir, un conjunto de ficciones de mentiras narrativas. A esta luz se comprende por qué Cervantes, partiendo de tan tradicional identificación entre *novela* y *embuste narrativo*, pudo decir en el capítulo IV de su *Viaje del Parnaso:*

> Yo he abierto en mis *Novelas* un camino
> por do la lengua castellana puede
> mostrar con propiedad un desatino.

Esas *Novelas* no eran otras que las *Ejemplares* (1613), en cuyo prólogo escribió: «A esto se aplicó mi ingenio, por aquí me lleva me inclinación, y más que me doy a entender (y es así) que yo soy el primero que he novelado en lengua castellana; que las muchas novelas que en ella andan impresas, todas son traducidas de lenguas extranjeras, y éstas son mías propias, no imitadas y hurtadas; mi ingenio las engendró, y las parió mi pluma, y van creciendo en los brazos de la estampa.»

Estas afirmaciones cervantinas parecen aludir a las distintas series de relatos de inspiración boccacciesca o, más ampliamente, italiana —Giraldi Cinthio, Massuccio Salernitano, Mateo Bandello, etc.—, que venían publicándose en lengua castellana e influyendo en narradores tan italianizantes como el ya citado Timoneda.

Cuando Cervantes se jacta de ser el primero que ha «novelado en lengua castellana», lo hace pensando en la originalidad temática de sus relatos *ejemplares*, tan diferenciados, en este aspecto, de los del *Patrañuelo*.

Desde una perspectiva moderna resulta obvio que la colección narrativa cervantina está integrada no por *cuentos* ni *novelas*, sino por lo que hoy llamaríamos *novelas cortas*. Para un español del xvi tal denominación hubiese resultado tautológica, habida cuenta del valor diminutivo que todavía conservaba la voz *novela*, aplicable tan sólo a un relato corto.

Se nos plantea, entonces, la siguiente cuestión: ¿Existía alguna diferencia en el siglo xvi y aun en el xvii, en el uso de *novela* y *cuento*, o ambas voces encubrían una misma especie literaria, tal como apuntaban Suárez de Figueroa y Lope de Vega?

Nuevamente el testimonio de Cervantes nos permitiría ver que, en líneas generales, se reservaba la voz·*cuento* para la narración oral, y *novela* para la escrita. Así en el *Quijote* observamos cómo las historias que aparecen narradas por algún personaje —v.gr., la de Crisóstomo y Marcela, contada por el cabrero Pedro— reciben el nombre de *cuentos:* «Donde se da fin al cuento de la pas-

46

tora Marcela con otros sucesos» (capítulo XIII de la 1.ª parte). Por el contrario, *El curioso impertinente* es presentada como *novela* por tratarse de una narración escrita. El cura halla unos papeles en la maleta que le enseña Juan Palomeque, el ventero: «Sacólos el huésped, y dándoselos a leer, vio hasta obra de ocho pliegos escritos de mano, y al principio tenían un título grande que decía: *Novela del curioso impertinente.*»

Existe algún otro pasaje en el *Quijote* en el que Cervantes vuelve a utilizar la palabra *cuento*, esta vez en un sentido plenamente popular y tradicional. Así en el capítulo XX de la 1.ª parte, cuando D. Quijote oye en la noche el extraño ruido de los batanes y se decide a lanzarse a la aventura, Sancho traba las patas de Rocinante y, en tanto llega el alba, se dispone a entretener a su amo narrándole cuentos:

«Díjole don Quijote que contase algún cuento para entretenerle, como se lo había prometido; a lo que Sancho dijo que sí hiciera, si le dejara el temor de lo que oía; pero con todo eso yo me esforzaré en decir una historia, que si la acierto a contar y no me van a la mano, es la mejor de las historias, y estéme vuestra merced atento, que ya comienzo.»

Alude aquí Cervantes a la gracia o especial toque del narrador —«y si la acierto a contar»—, si bien en este caso se caracteriza por lo digestivo de un relato que no es otro que el tradicional «cuento para dormir» al que antes aludimos.

La consideración del *cuento* como especie oral, susceptible de pasar de boca en boca, de narrador en narrador, es la que, en los siglos de oro, justifica las muchas alusiones a la oportunidad y gracia con que habían de proceder tales narradores. Así, Juan de Timoneda en su *Sobremesa y alivio de caminantes* (1563), coloca al frente de los relatos una «Epístola al lector», donde dice: «Curioso lector: Como oír, ver y leer sean tres causas principales, ejercitándolas, por do el hombre viene a alcanzar toda sciencia, esas mesmas han tenido fuerzas para conmigo en que me dispusiese a componer el libro presente, dicho *Alivio de caminantes*, en el que se contienen diversos y graciosos cuentos, afables dichos y muy sentenciosos. Así que fácilmente lo que yo en diversos años he oído, visto y leído, podrás brevemente saber de coro, para decir algunos cuentos de los presentes. Pero lo que más importa para ti y para mí, porque no nos tengan por friáticos, es que estando en conversación, y quieras decir algún contecillo, lo digas al propósito de lo que trataren...»

Recomendaciones parecidas hace el mismo Timoneda a sus lectores en la «Epístola» que va al frente del *Patrañuelo*: «yo te desvelaré con algunos graciosos y asesados cuentos, con tal que los sepas contar como aquí van relatados, para que no pierdan aquel asiento y lustre y gracia con que fueron compuestos.»

A este respecto conviene recordar que también Cervantes, por boca de Cipión en «El coloquio de los perros», alude a la personal gracia que deben tener los narradores orales de ciertos cuentos: «Y quiérote advertir de una cosa, de la cual verás la experiencia cuando te cuente los sucesos de mi vida, y es que los cuentos unos encierran y tienen la gracia en ellos mismos, otros en el modo de contarlos; quiero decir, que algunos hay que, aunque se cuenten sin preámbulos y ornamentos de palabras, dan contento; otros hay que es menester vestirlos de palabras, y con mudar la voz se hacen algo de monada, y de flojos y desmayados se vuelven agudos y gustosos.»

Esta valoración del cuento como algo cuya eficacia radica no sólo en su trama o argumento, sino también en la gracia, en el *buen toque* del narrador, se relaciona claramente con la tan renacentista conceptuación —la de Timoneda, por ejemplo— del cuento como chiste, facecia, ingeniosidad. El narrador portugués Francisco Rodríguez Lobo alude igualmente en su *Corte na aldeia e noites de invierno* (1619) a la oportunidad y gracia con que debe introducirse algún cuento en la conversación: «Los cuentos y dichos graciosos deben ser en la conversación como los pasamanos y guarniciones en los vestidos, que no parezca que cortaron la seda para ellos, sino que cayeron bien, y salieron con el color de la seda o del paño sobre los que los pusieron; porque hay algunos que quieren traer su cuento a fuerza de remos, cuando no les dan viento los oyentes, y aunque con otras cosas les cortes el hilo, vuelven a la tela, y lo hacen comer recalentado, quitándole el gusto y gracia que pudiera tener si cayera a caso y a propósito, que es cuando se habla en la materia de que se trata o cuando se contó otro semejante.»

En la imposibilidad de recoger aquí todos los aspectos implicados en la problemática del término *cuento*, quisiera resumir la cuestión volviendo, en cierto modo, al punto de partida: Una cosa es la aparición de la palabra *cuento* en la lengua castellana, y su utilización para designar relatos breves de tono popular y carácter oral, fundamentalmente; y otro, la aparición del género que solemos distinguir como *cuento literario*, precisamente para diferenciarlo del tradicional. Éste existía desde muy antiguo, en tanto que la decisiva fijación del otro, del literario, habría que situarla en el siglo XIX.

El hecho de que, en los siglos XVI y XVII, se emplease la voz

48

novela para designar, en concurrencia con la de *cuento*, un relato breve, engendró cierta confusión que todavía alcanza a algunos escritores del XIX cuando quieren diferenciar —así, Cecilia Böhl de Faber, *Fernán Caballero*— la novela extensa de la corta, y ésta del cuento tradicional, popular, oral. Tal proceso diferenciador llevó a *Fernán Caballero* a emplear el término *relación*, casi como equivalente de lo que los franceses entendían por *nouvelle:* «Las composiciones que los franceses y alemanes llaman *nouvelle* —escribía *Fernán*—, y que nosotros, por falta de otra voz más adecuada, llamamos *relaciones*, difieren de las novelas de costumbres *(romans de moeurs)*». Y en una carta a Hartzenzusch, del 28 de junio de 1852, repetía: «Si usted ha pensado en las otras novelillas (que yo llamo *relaciones*, pues no son *novelas*, y los franceses las llaman *nouvelles)*».

Si Cecilia Böhl de Faber emplea *relaciones* por *nouvelles*, a falta de otra voz más adecuada, ello significa que no consideraba apta la palabra *cuento*, reservada solamente para las narraciones populares: *Cuentos y poesías populares andaluces; Cuentos, oraciones, adivinas y refranes populares infantiles.* A imitación de los hermanos Grimm en Alemania, *Fernán* recogió tales relatos de la misma boca de los campesinos. Se ve pues con claridad que todavía a mediados del siglo XIX la voz *cuento* no había alcanzado suficiente rango literario para designar un género creacional. Y asimismo se comprueba que la voz *novela* era entonces empleada sólo con referencia a los relatos extensos. Se echaba de menos la existencia, en nuestra lengua, de un término equivalente al francés *nouvelle*, que designara el género intermedio entre el *roman* y el *conte.* Y así como en la lengua inglesa prevaleció la denominación de *short story* para significar el género que no es *roman* o *novel* (novela extensa) ni tampoco *tale* (cuento popular o infantil), en nuestra lengua se acuñó la ya citada y tautológica denominación de *novela corta.* Ésta pudo nacer en una época —el XIX— en que ya se había olvidado totalmente el valor diminutivo que la palabra *novela* tuvo antaño, cuando aún se percibía su sabor italiano.

Edgar Allan Poe [*traducción de las páginas sobre teoría del cuento*] * *(1842)*

...Es nuestro parecer que el cuento ofrece sin duda el campo
más favorable para el ejercicio del más alto talento que puede ser
proporcionado por el dominio de la prosa pura. Si se nos pregunta-
se de qué forma se ocuparía más provechosamente el más alto
genio para desplegar sus potencias, contestaría sin vacilar, en componer un poema en verso, que no exceda en su extensión lo que
pueda leerse en el tiempo de una hora. Únicamente dentro de este
límite puede existir el supremo orden de la verdadera poesía. Sobre
esta cuestión es preciso sólo mencionar ahora que en casi todas
las clases de composición, un rasgo de mayor importancia es la
unidad de efecto o de impresión. Es evidente además que no es
posible conservar cabalmente esta unidad en obras cuya lectura
no puede completarse en una sentada. Se puede continuar la lectura de una composición en prosa, por la misma naturaleza de
ésta, mucho más tiempo del que se puede persistir, con fines
positivos, la lectura de un poema. Éste, si verdaderamente cumple
las exigencias del sentimiento poético, induce a una exaltación del
alma que no puede sostenerse por largo tiempo. Toda conmoción
mayor es por fuerza transitorio; por lo tanto, un poema largo es
una paradoja. Es más; sin la unidad de impresión no se pueden
conseguir los efectos más profundos. Las epopeyas fueron vásta-
gos de un juicio imperfecto del Arte, y su imperio ha dejado de
existir. Un poema *demasiado* breve puede producir una impresión
vívida, la que sin embargo nunca será intensa ni duradera. El alma
no se conmueve profundamente sin cierta continuidad de esfuerzo, sin cierta duración o repetición del motivo. Debe sentirse la

* Extracto de «Twice-Told Tales. By Nathaniel Hawthorne. James Mun-
roe & Co., Boston». Traducido de: *The Complete Works of Edgar Allan Poe.*
Edited by James A. Harrison, vol. XI (New York: AMS Press, Inc., 1965),
pp. 106-109. Estamos conscientes de una traducción realizada por Julio Cortázar en *Obras en prosa de Edgar Allan Poe.* (Puerto Rico: Ediciones de la
Universidad de Puerto Rico, 1956, dos tomos).

caída de la gota de agua en la piedra... La concisión extrema degenera en lo epigramático, pero el pecado de la extensión extrema es aún más imperdonable. *In medio tutissimus ibis.*

Si se nos pidiera, sin embargo, señalar aquella clase de composición que, después de un poema tal como el que acabamos de describir, mejor cumpliría las exigencias del alto genio —le proporcionaría el mejor campo de empeño— hablaríamos sin vacilar del cuento en prosa, tal como aquí lo ejemplifica el señor Hawthorne. Nos referimos a la narrativa breve en prosa, que exigiría entre media hora y dos horas de lectura. La novela corriente es censurable, a causa de su extensión, por los motivos expuestos en sustancia anteriormente. En vista de que no puede leerse en una sentada, la novela por supuesto se priva de la fuerza inmensa derivada de la *totalidad.* Los intereses mundiales que intervienen durante las pausas en la lectura modifican, anulan o neutralizan, en mayor o menor grado, las impresiones proporcionadas por la obra. La mera discontinuación de la lectura, además, bastaría en sí misma para destruir la verdadera unidad. En el cuento breve, sin embargo, el autor puede realizar la plenitud de su intención, sea cuál fuera ésta. Durante la hora de la lectura, el alma del lector queda sujeta a la del escritor; no existiendo influencias externas ni extrínsecas, resultado de fatiga o de interrupción.

Un artista literario hábil ha construido un cuento. Si ha sido sabio, no ha ajustado sus pensamientos para acomodar sus incidentes; al contrario, después de haber concebido, con un cuidado premeditado, cierto efecto único o singular que resalte, inventará los episodios, combinará los acontecimientos que mejor le ayuden a establecer el efecto preconcebido. Si aun la primera frase no conduce a descubrir ese efecto, el artista ha malogrado su primer paso. No debe haber, en toda la composición, ni una palabra escrita que no contribuya directa e indirectamente al diseño preestablecido. Y es por estos medios, con este esmero y destreza, que se va pintando un cuadro que deja en la mente del que lo contempla un sentido de arte, un sentido de plena satisfacción. El designio del cuento se ha presentado sin tacha, porque ha sido sin interrupción, fin inalcanzable por la novela. La concisión desmedida es tan censurable aquí como en el poema; pero la extensión desmedida debe evitarse aún más.

Hemos declarado que el cuento manifiesta una nota de superioridad aún sobre el poema. En efecto, mientras que el *ritmo* de éste es una ayuda esencial en el desarrollo del concepto más elevado del poeta —el concepto de lo bello—, los artificios de este mismo ritmo son una barrera inseparable para el desarrollo de todas las cualidades de pensamientos o de expresión que se basan en la *Verdad*. Y es precisamente la Verdad, con frecuencia y en grado mayor, la que es el objetivo del cuento. Algunos de los mejores cuentos son cuentos de razonamiento. De esta forma, el campo de esta especie de composición, si no pertenece en una región tan elevada de la montaña de la Mente, es una meseta de extensión mucho más amplia que el dominio del mero poema. Sus productos no son nunca tan ricos, pero sí infinitamente más numerosos y más apreciados por la masa de la humanidad. En suma, el escritor del cuento en prosa puede aportar a su tema una gran variedad de modos o inflexiones de pensamiento y de expresión (por ejemplo el razonante, el sarcástico, o el humorístico), que no sólo son antagónicos a la naturaleza misma del poema, sino que son absolutamente proscritos por uno de sus atributos más particulares e indispensables; aludimos, por supuesto, al ritmo. Se puede agregar aquí, *par parenthèse*, que el autor que aspira a lo puramente bello en un cuento en prosa obra sujeto a un gran inconveniente, porque la belleza puede tratarse mejor en un poema. No así, sin embargo, el terror, la pasión, el horror, o un sinnúmero de otros tales conceptos. Y aquí se observa cuán prejuiciados son los reproches contra los *cuentos efectistas*, de los cuales excelentes ejemplos aparecieron en los primeros números de *Blackwood*. Las impresiones logradas habían sido elaboradas dentro de una esfera legítima de acción, y por lo tanto constituían un interés legítimo, aunque a veces exagerado. Daban gusto a los hombres de talento, aunque no faltaron otros tantos que los condenaron sin justas razones. El verdadero crítico no exigirá sino que se cumpla el designio concebido, a su grado más completo y por los medios aplicados de forma más conveniente...

II

EL CUENTISTA Y SU TEORÍA

A. LOS PRECURSORES

Leopoldo Alas («Clarín»). «La prensa y los cuentos» * *(1896)*

Sigo siempre con gran atención y mucho interés los cambios que va experimentando en nuestra patria la prensa periódica, cuya importancia para toda la vida de la cultura nacional es innegable, cualquiera que sea la opinión que se tenga de su influencia benéfica o nociva. Lejos de todas las exageraciones, lo más prudente es reconocer que el periodismo, y particularmente el periodismo español, tiene muchos defectos y causa graves males, así en política como en religión, derecho, arte, literatura, etc., etc.; pero sin negarse a la evidencia, no es posible desconocer que tales daños están compensados con muchos bienes, y sobre todo con el incalculable de cumplir un cometido necesario para la vida moderna, y en el cual es el periódico insustituible.

Por lo que toca a las letras, hay épocas en que la prensa española las ayuda mucho, les da casi, casi la poca vida que tienen; esto es natural en un país que lee poco, no estudia apenas nada y es muy aficionado a enterarse de todo sin esfuerzo; mas por lo mismo, por ese gran poder que el periodismo español tiene en nuestra literatura, cuando la prensa se tuerce y olvida o menosprecia su misión literaria, el daño que causa es grande.

A raíz de la revolución, y aún más, puede decirse, en los primeros años de la restauración, el periódico fue aquí muy literario y sirvió no poco para los conatos de florecimiento que hubo. Hoy, en general, comienza a decaer la literatura periodística, por el excesivo afán de seguir los gustos y los vicios del público en vez de guiarle, por culpas de orden económico y por otras causas que no es del caso explicar. La crítica particularmente ha bajado mucho, y poco a poco van sustituyendo en ella a los verdaderos literatos de vocación, de carrera, los que lo son por incidente, por ocasión, en calidad de medianías.

Por lo mismo que existe una decadencia, son muy de aplaudir

* Reproducido de *Crítica popular*, 1896.

55

los esfuerzos de algunas empresas periodísticas por conservar y aun aumentar el tono literario del periódico popular, sin perjuicio de conservarle sus caracteres peculiares de papel ligero, de pura actualidad y hasta vulgar, ya que esto parece necesario. Entre los varios expedientes inventados a este fin, puede señalarse la moda del cuento, que se ha extendido por toda la prensa madrileña. Es muy de alabar esta costumbre, aunque no está exenta de peligros. Por de pronto, obedece al afán de ahorrar tiempo; si al artículo de fondo sustituyen el suelto, la noticia; a la novela larga es natural que la sustituya el cuento. Sería de alabar que los lectores y lectoras del folletín apelmazado, *judicial* y muchas veces *justiciable*, escrito en un fracés traidor a su patria y a Castilla, se fuesen pasando del novelón al cuento; mejorarían en general de gusto estético y perderían mucho menos tiempo. El mal está en que muchos entienden que de la novela al cuento va lo mismo que del artículo a la noticia; no todos se creen Lorenzanas; pero ¿quién no sabe escribir una noticia? La relación no es la misma. El cuento no es más ni menos arte que la novela; no es más difícil como se ha dicho, pero tampoco menos; es otra cosa: es más difícil para el que no es *cuentista*. En general, sabe hacer cuentos el que es novelista, de cierto género, no el que no es artista. Muchos particulares que hasta ahora jamás se habían creído con aptitudes para inventar fábulas en prosa con el nombre de novelas, *han roto* a escribir cuentos, como si en la vida hubieran hecho otra cosa. Creen que es más modesto el papel de cuentista y se atreven con él sin miedo. Es una aberración. El que no sea artista, el que no sea poeta, en el lato sentido, no hará un cuento, como no hará una novela. Los alemanes, aun los del día, se precian de cultivar el género del cuento con aptitudes especiales, que explican por causas fisiológicas, climatológicas y sociológicas: Pablo Heyse, por ejemplo, es entre ellos tan ilustre como el novelista de novelas largas más famoso, y él se tiene, y hace bien, por tanto como un Freitag, un Raabe, o quien se quiera. Además, entre nosotros se reduce en rigor la diferencia de la novela y del cuento a las dimensiones, y en Alemania no es así, pues como observa bien Eduardo de Morsier, *El vaso roto*, de Mérimée, que tiene pocas páginas, es una verdadera novela (roman), y *La novela de la canonesa*, de Heyse, es una *nouvelle* y ocupa un volumen. En España no usamos para todo esto más que dos palabras: cuento, novela, y en otros países, como en Francia, v. gr., tienen *roman, conte, nouvelle* u otras equivalentes. Y sin embargo, el cuento y la *nouvelle* no son lo mismo. Pero lo peor no es esto, sino que se cree con aptitud para escribir cuentos, porque son cortos, el que reconoce no tenerla para otros empeños artísticos. El remedio de este espejismo de la vanidad depende, en el caso presente, de los directores de los periódicos.

De todas suertes, bueno es que las columnas de los papeles más leídos se llenen con narraciones y desahogos que muchas veces son efectivamente literarios, hurtando algún espacio a los pelotaris, a las causas célebres, a los toros y a los diputados ordinarios.

Emilia Pardo Bazán. Literatura francesa moderna, tomo III: El na-
turalismo [fragmento] * *(1912)*

...Para explicarnos el caso, estudiemos la índole del cuento y de
la *nouvelle,* o dígase *novelita.*

El cuento, hijo del apólogo, no se presta a disgresiones y am-
plificaciones: las campañas líricas, sentimentales y sociales de Jorge Sand y de Víctor Hugo, hinchan, dilatan las ideas; son admisi-
bles en la novela propiamente dicha, porque (Maupassant nos lo
advierte en el sustancioso prólogo de la suya, *Pedro y Juan*) para
la novela no hay reglas ni límites, ni cosa que más se diferencie
de una obra maestra de la novela, que otra: por ejemplo, *Don Qui-*
jote y *Nuestra Señora de París.* En el cuento hay que proceder de
distinto modo: concentrando. El cuento es, además, muy objetivo,
y en él y en la novelita, hasta los románticos buscan cierta imperso-
nalidad. *El último día de un condenado a muerte,* de Víctor Hugo,
que puede clasificarse entre las novelitas más patéticas, aunque de
propaganda en el fondo, es realista en su traza; es la verdad de un
cerebro en trágicos instantes.

Ha de ceñirse el cuentista al asunto, encerrar en breve espacio
una acción, drama o comedia. Todo elemento extraño le perjudica.
Carmen, de Mérimée, sería un modelo perfectísimo de novelita, si
no contuviese la disertación final sobre las costumbres, oriundez
y lengua de los gitanos. No es, pues, una diferencia de dimensiones
tan sólo lo que distingue a la novela larga del cuento o novela
breve. Es también una inevitable diversidad de procedimientos. Obsérvese esta diversidad en el texto nacional más conocido: el *Qui-*
jote. Compárese la parte que abarca las aventuras del Ingenioso
Hidalgo, con las novelitas intercaladas.

La forma del cuento es más trabada y artística que la de la novela, y ésta, en cambio, debe analizar y ahondar más que el cuen-

* Reproducido de *Literatura francesa moderna. Tomo III: El naturalis-*
mo [1912], con autorización de la Real Academia de la Lengua Gallega, La
Coruña.

to, sin que por eso deje de haber cuentos que (como suele decirse de los camafeos y medallas antiguas) en reducido espacio contienen tanta fuerza de arte, sugestión tan intensa o más que un relato largo, detenido y cargado de observación.

Al decir que la forma del cuento ha de ser doblemente artística, no entiendo por arte el atildamiento y galanura del estilo, sino su concisión enérgica, su propiedad y valentía, el dar a cada palabra valor propio, y, en un rasgo, evocar los aspectos de la realidad, o herir la sensibilidad en lo vivo.

El primor de la factura de un cuento está en la rapidez con que se narra, en lo exacto y sucinto de la descripción, en lo bien graduado del interés, que desde las primeras líneas ha de despertarse; pues si la novela, dentro del naturalismo, quiso renunciar al elemento que luego se llamó *novelesco*, o, por lo menos, reducir su importancia, no distinguiendo de asuntos y aun prefiriendo los más vulgares y triviales, el cuento jamás pudo sujetarse a este principio de la escuela. Cuando los cuentistas del naturalismo, empeñándose en aplicar al pie de la letra las doctrinas, prescindieron del asunto y del interés, hubo casos como el de la novelita de Huysmans, *A vau l'eau* (título difícil de traducir). Esta novelita cincelada, por falta de verdadero argumento no rivalizará nunca con las de Maupassant.

El cuento será, si se quiere, un subgénero, del cual apenas tratan los críticos; pero no todos los grandes novelistas son capaces de formar con maestría un cuento...

Azorín, «Prólogo» a Cavilar y contar * (1941)

Cavilar y contar: ése es el oficio del cuentista. Primero, naturalmente, se cavila, y luego se cuenta. Primero surge —cuando surge— un embrión de cuento en la mente, y más tarde se pone en el papel lo que se ha imaginado. El embrión lo hace nacer cualquier accidente imprevisto o previsto; un encuentro con un desconocido, las palabras de un amigo, una puerta cerrada, un pasillo al cabo del cual hay un balcón, el son de una esquila en el campo, el paisaje que contemplamos, la nube que pasa. Poco a poco ese tenue embrión va cobrando cuerpo; ya hay casi una trama en movimiento; luego esa trama se amplía otro poco más. No pensamos en el cuento que hemos de escribir, y cuando no pensamos es cuando el cuento sigue su evolución. Volvemos a él en plena conciencia; quitamos y añadimos; redondeamos lo que estaba esquinado; suprimimos efectos que nos habían placido en el primer instante... ¡Y ya está el cuento!

Falta contar, es decir, escribirlo. ¿Pondremos en el papel todo lo que hemos imaginado? Un cuento ha de ser narración breve. En esos términos angostos se ha de encerrar lo siguiente: exposición, desenvolvimiento y epílogo. Si el cuento no guarda armonía, proporción, equilibrio en todas sus partes, no será cuento bueno. La brevedad no ha de empecer tampoco a la plenitud artística. Dentro de tan apretados límites, bien se puede —si se sabe— encerrar una obra de arte. Obras de arte son los cuentos de Pedro Antonio de Alarcón, de Leopoldo Alas y de Emilia Pardo Bazán; estos tres cuentistas modernos son ya clásicos. En Alarcón domina el efecto dramático, en Leopoldo Alas, la observación moral y psicológica, en la Pardo Bazán el deseo —muy femenino— de desconcertar al

---

* Reproducido de *Cavilar y contar* (1941), con autorización de don Luis Blas Aritio y Margarita Caro Eguilior.

lector. El cuento es cosa moderna; nace con el periódico; la necesidad de constreñir la narración a una o a dos columnas hace que surja el cuento, narración abreviada. Cervantes hubiera sido, en nuestros días, con la necesidad periodística, un admirable cuentista; al igual que Maupassant, hubiera dejado dos o tres novelas y tres o cuatro centenares de cuentos. Los comentaristas tendrían motivos sobrados para encontrar en todos esos cuentos contradicciones e incoherencias. En los cuentos de Cervantes hubiera descollado, sin duda, la pintura fina de costumbres, la descripción del paisaje y una grata ausencia de tendencia aleccionadora. No existe tampoco esa tendencia en Pío Baroja, gran cuentista, entre los actuales; el lector de esos cuentos, habituado a esos cuentos, no experimenta el temor de que a un prejuicio sea sacrificada la belleza de la narración. La Naturaleza —contradicción siempre— manda en esas páginas, y la Naturaleza es obedecida.

He reunido en este volumen algunos de los cuentos que he escrito con más cariño; los escribí cuando tenía aún entusiasmo por las fábulas un tanto complicadas; a esa complicación fui desde la primitiva sencillez; a la primitiva sencillez creo que he retornado luego. No existe, sin embargo, en estos cuentos, sacrificio de lo natural a lo sorprendente trivial. Hay, sí, en muchos de ellos, un deseo de penetrar en un mundo misterioso. En la lejanía, más allá de las apariencias cercanas, he procurado que se entrevea una región ignota; en esa región ignota, lo que a nosotros nos parece azar es un orden preestablecido, y lo que reputamos misterioso es claridad eterna.

«*La estética del cuento*» * (1945)

...El cuento es a la prosa lo que el soneto al verso; llevo escritos más de cuatrocientos cuentos; el hábito facilita la gestación: por el hábito se explica, en parte, la fertilidad de un Lope de Vega o de un Jacinto Benavente; los dos más grandes dramaturgos que ha tenido España, como he dicho en otra ocasión. El cuento es cosa difícil; necesita tres períodos: prólogo, desenvolvimiento y epílogo. No se puede llevar al lector durante cierto trecho para enfrentarle luego con una vulgaridad. Desde el primer instante, análogamente de lo que sucede en el teatro, el lector ha de «entrar» en

* Reproducido de *Cuentos de Azorín* (1956), con autorización de don Luis Blas Aritio y Margarita Caro Eguilior.

el cuento. Después de escribir tantos cuentos, he llegado a la conclusión de que el verdadero cuento, el más artístico, es el que el cuentista forja con una minucia; el cuento con argumento de cierta truculencia está al alcance de todos. Naturalmente que la minucia de que se trata ha de ser cosa delicada. He enviado a *La Prensa*, de Buenos Aires, en los años que llevamos de paz, un centenar de cuentos sobre temas de la vida española; todo verdadero cuento se puede convertir en novela, puesto que, en realidad, es un embrión de novela. De los cuentos enviados por mí a la Argentina, tres han pasado a ser novelas; los titulados *María Fontán, Cecilia de Rianzares* y *Salvadora de Olbena*: tres retratos de mujer, tres mujeres a las que tengo verdadero cariño...

B. ÉPOCA MODERNA

Horacio Quiroga, «El manual del perfecto cuentista» * *(1925)*

Una larga frecuentación de las personas dedicadas entre nosotros a escribir cuentos, y alguna experiencia personal al respecto, me han sugerido más de una vez la sospecha de si no hay en el arte de escribir cuentos algunos trucos de oficio, algunas recetas de cómodo uso y efecto seguro, y si no podrían ellos ser formulados para pasatiempo de las muchas personas cuyas ocupaciones serias no les permiten perfeccionarse en una profesión mal retribuida por lo general, y no siempre bien vista.

Esta frecuentación de los cuentistas, los comentarios oídos, el haber sido confidente de sus luchas, inquietudes y desesperanzas, han traído a mi ánimo la convicción de que, salvo contadas excepciones en que un cuento sale bien, sin recurso alguno, todos los restantes se realizan por medio de recetas o trucs de procedimiento al alcance de todos, siempre, claro está, que se conozcan su ubicación y su fin.

Varios amigos me han alentado a emprender este trabajo, que podríamos llamar de divulgación literaria, si lo de literario no fuera un término muy avanzado para una anagnosia elemental.

Un día, pues, emprenderé esta obra altruísta, por cualquiera de sus lados, y piadosa, desde otro punto de vista.

Hoy apuntaré algunos de los trucs que me han parecido hallarse más a flor de ojo. Hubiera sido mi deseo citar los cuentos nacionales cuyos párrafos extracto más adelante. Otra vez será. Contentémonos por ahora con exponer tres o cuatro recetas de las más usuales y seguras, convencidos de que ellas facilitarán la práctica cómoda y casera de lo que se ha venido a llamar el más difícil de los géneros literarios.

* Aparecido por primera vez en *El Hogar*, abril 10, 1925. Reproducido de *Sobre literatura*. Montevideo: Ed. Arca, 1970.

Comenzaremos por el final. Me he convencido de que del mismo modo que en el soneto, el cuento empieza por el fin. Nada en el mundo parecería más fácil que hallar la frase final para una historia que, precisamente, acaba de concluir. Nada, sin embargo, es más difícil.

Encontré una vez a un amigo mío, excelente cuentista, llorando, de codos sobre un cuento que no podía terminar. Faltábale tan solo la frase final. Pero no la veía, sollozaba, sin lograr verla así tampoco.

He observado que el llanto sirve por lo general en literatura para vivir el cuento, al modo ruso; pero no para escribirlo. Podría asegurarse a ojos cerrados que toda historia que hace sollozar a su autor al escribirla, admite matemáticamente esta frase final:

«¡Estaba muerta!»

Por no recordarla a tiempo su autor, hemos visto fracasado más de un cuento de gran fuerza. El artista muy sensible debe tener siempre listos, como lágrimas en la punta de su lápiz, los admirativos.

Las frases breves son indispensables para finalizar los cuentos de emoción recóndita o contenida. Una de ellas es:

«Nunca más volvieron a verse.»

Puede ser más contenida aún:

«Sólo ella volvió el rostro.»

Y cuando la amargura y un cierto desdén superior priman en el autor, cabe esta sencilla frase:

«Y así continuaron viviendo.»

Otra frase de espíritu semejante a la anterior, aunque más cortante de estilo:

«Fue lo que hicieron.»

Y ésta, por fin, que por demostrar gran dominio de sí e irónica suficiencia en el género, no recomendaría a los principiantes:

«El cuento concluye aquí. Lo demás, apenas si tiene importancia para los personajes.»

Esto no obstante, existe un truc para finalizar un cuento, que no es precisamente final, de gran efecto siempre y muy grato a los prosistas que escriben también en verso. Es este el truc del «leit-motif».

Comienzo del cuento: «Silbando entre las pajas, el fuego invadía el campo, levantando grandes llamaradas. La criatura dormía...»

Final: «Allá a lo lejos, tras el negro páramo calcinado, el fuego apagaba sus últimas llamas...»

De mis muchas y prolijas observaciones, he deducido que el comienzo de un cuento no es, como muchos desean creerlo, una tarea elemental. «Todo es comenzar.» Nada más cierto: pero hay que hacerlo. Para comenzar se necesita, en el noventa y nueve por ciento de los casos, saber a dónde se va. «La primera palabra de un cuento —se ha dicho— debe ya estar escrita con miras al final.»

De acuerdo con este canon, he notado que el comienzo ex abrupto, como si ya el lector conociera parte de la historia que le vamos a narrar, proporciona al cuento insólito vigor. Y he notado asimismo que la iniciación con oraciones complementarias favorece grandemente estos comienzos. Un ejemplo:

«Como Elena no estaba dispuesta a concederlo, él, después de observarla fríamente, fue a coger su sombrero. Ella, por todo comentario, se encogió de hombros.»

Yo tuve siempre la impresión de que un cuento comenzando así tiene grandes posibilidades de triunfar. ¿Quién era Elena? Y él, ¿cómo se llamaba? ¿Qué cosa no le concedió Elena? ¿Qué motivos tenía él para pedírselo? ¿Y por qué observó fríamente a Elena, en vez de hacerlo furiosamente, como era lógico esperar?

Véase todo lo que del cuento se ignora. Nadie lo sabe. Pero la atención del lector ha sido cogido de sorpresa, y esto constituye un desideratum en el arte de contar.

He anotado algunas variantes a este truc de las frases secundarias. De óptimo efecto suele ser el comienzo condicional:

«De haberla conocido a tiempo, el diputado hubiera ganado un saludo, y la reelección. Pero perdió ambas cosas.»

A semejanza del ejemplo anterior, nada sabemos de estos personajes presentados como ya conocidos nuestros, ni de quién fuera tan influyente dama a quien el diputado no reconoció. El truc del interés está, precisamente, en ello.

«Como acababa de llover, el agua goteaba aún por los cristales. Y el seguir las líneas con el dedo fue la diversión mayor que desde su matrimonio hubiera tenido la recién casada.»

Nadie supone que la luna de miel pueda mostrarse tan parca de dulzura, al punto de hallarla por fin a lo largo de un vidrio en una tarde de lluvia.

De estas pequeñas diabluras está constituido el arte de contar. En un tiempo se acudió a menudo, como a un procedimiento eficacísimo, al comienzo del cuento en diálogo. Hoy el misterio del diálogo se ha desvanecido del todo. Tal vez dos o tres frases agudas arrastren todavía; pero si pasan de cuatro, el lector salta en seguida. «No cansar.» Tal es, a mi modo de ver, el apotegma inicial del perfecto cuentista. El tiempo es demasiado breve en esta miserable vida para perderlo de un modo más miserable aún.

De acuerdo con mis impresiones tomadas aquí y allá, deduzco que el truc más eficaz (o eficiente, como se dice en la Escuela Normal), se lo halla en el uso de dos viejas fórmulas abandonadas, y a las que en un tiempo, sin embargo, se entregaron con toda su buena fe los viejos cuentistas. Ellas son: «Era una hermosa noche de primavera» y «Había una vez...».

¿Qué intriga nos anuncian estos comienzos? ¿Qué evocaciones más insípidas, a fuerza de ingenuas, que las que despiertan estas dos sencillas y calmas frases? Nada en nuestro interior se violenta con ellas. Nada prometen, ni nada sugieren a nuestro instinto adivinatorio. Puédese, sin embargo, confiar seguro en su éxito... si el resto vale. Después de meditarlo mucho, no he hallado a ambas recetas más que un inconveniente: el de despertar terriblemente la malicia de los cultores del cuento. Esta malicia profesional es la misma con que se acogería el anuncio de un hombre que se dispusiera a revelar la belleza de una dama vulgarmente encubierta: «¡Cuidado! ¡Es hermosísima!»

Existe un truc singular, poco practicado, y, sin embargo, lleno de frescura cuando se lo usa con mala fe.

Este truc es el del lugar común. Nadie ignora lo que es en literatura un lugar común. «Pálido como la muerte» y «Dar la mano derecha por obtener algo» son dos bien característicos.

Llamamos lugar común de buena fe al que se comete arrastrado inconscientemente por el más puro sentimiento artístico; esta pureza de arte que nos lleva a loar en verso el encanto de las grietas de los ladrillos del andén de la estación del pueblecito de Cucullú, y la impresión sufrida por estos mismos ladrillos el día que la novia de nuestro amigo, a la que sólo conocíamos de vista, por casualidad los pisó.

Esta es la buena fe. La mala fe se reconoce en la falta de correlación entre la frase hecha y el sentimiento o circunstancia que la inspiran.

Ponerse pálido con la muerte ante el cadáver de la novia, es un lugar común. Deja de serlo cuando al ver perfectamente viva a la novia de nuestro amigo, palidecemos hasta la muerte.

«Yo insistía en quitarle el lodo de los zapatos. Ella, riendo se negaba. Y con un breve saludo, saltó al tren, enfangada hasta el tobillo. Era la primera vez que yo la veía; no me había seducido, ni interesado, ni he vuelto más a verla. Pero lo que ella ignora es que, en aquel momento, yo hubiera dado con gusto la mano derecha por quitarle el barro de los zapatos.»

Es natural y propio de un varón perder su mano por un amor, una vida o un beso. No lo es ya tanto para darla por ver de cerca los zapatos de una desconocida. Sorprende la frase fuera de su ubicación sicológica habitual; y aquí está la mala fe. El tiempo es breve. No son pocos los trucs que quedan por examinar. Creo firmemente que si añadimos a los ya estudiados el truc de la contraposición de adjetivos, el del color local, el truc de las ciencias técnicas, el del estilista sobrio, el del folklore, y algunos más que no escapan a la malicia de los colegas, facilitarán todos ellos en gran medida la confección casera, rápida y sin faltas, de nuestros mejores cuentos nacionales...

«Decálogo del perfecto cuentista» * (1927)

I

Cree en un maestro —Poe, Maupassant, Kipling, Chejov— como en Dios mismo.

II

Cree que su arte es una cima inaccesible. No sueñes en dominarla. Cuando puedas hacerlo, lo conseguirás sin saberlo tú mismo.

III

Resiste cuanto puedas a la imitación, pero imita si el influjo es demasiado fuerte. Más que ninguna otra cosa, el desarrollo de la personalidad es una larga paciencia.

IV

Ten fe ciega no en tu capacidad para el triunfo, sino en el ardor con que lo deseas. Ama a tu arte como a tu novia, dándole todo tu corazón.

* Aparecido por primera vez en *Babel*, julio 1927. Reproducido de *Sobre literatura*, Montevideo: Ed. Arca, 1970.

V

No empieces a escribir sin saber desde la primera palabra a dónde vas. En un cuento bien logrado, las tres primeras líneas tienen casi la importancia de las tres últimas.

VI

Si quieres expresar con exactitud esta circunstancia: «desde el río soplaba un viento frío», no hay en lengua humana más palabras que las apuntadas para expresarla. Una vez dueño de tus palabras, no te preocupes de observar si son entre sí consonantes o asonantes.

VII

No adjetives sin necesidad. Inútiles serán cuantas colas de color adhieras a un sustantivo débil. Si hallas el que es preciso, él sólo tendrá un color incomparable. Pero hay que hallarlo.

VIII

Toma a tus personajes de la mano y llévalos firmemente hasta el final, sin ver otra cosa que el camino que les trazaste. No te distraigas viendo tú lo que ellos no pueden o no les importa ver. No abuses del lector. Un cuento es una novela depurada de ripios. Ten esto por una verdad absoluta, aunque no lo sea.

IX

No escribas bajo el imperio de la emoción. Déjala morir, y evócala luego. Si eres capaz entonces de revivirla tal cual fue, has llegado en arte a la mitad del camino.

X

No pienses en tus amigos al escribir, ni en la impresión que hará tu historia, cuenta como si tu relato no tuviera interés más

70

que para el pequeño ambiente de tus personajes, de los que pudiste haber sido uno. No de otro modo se obtiene la *vida* en el cuento.

«La retórica del cuento» * (1928)

En estas mismas columnas, solicitado cierta vez por algunos amigos de la infancia que deseaban escribir cuentos sin las dificultades inherentes por lo común a su composición, expuse unas cuantas reglas y trucos, que, por haberme servido satisfactoriamente en más de una ocasión, sospeché podrían prestar servicios de verdad a aquellos amigos de la niñez.

Animado por el silencio —en literatura el silencio es siempre animador— en que había caído mi elemental anagnosia del oficio, complétela con una nueva serie de trucos eficaces y seguros, convencido de que uno por lo menos de los infinitos aspirantes al arte de escribir, debía de estar gestando en las sombras un cuento revelador.

Ha pasado el tiempo. Ignoro todavía si mis normas literarias prestaron servicios. Una y otra serie de trucos anotados con más humor que solemnidad llevaban el título común de *Manual del perfecto cuentista.*

Hoy se me solicita de nuevo, pero esta vez con mucha más seriedad que buen humor. Se me pide primeramente una declaración firme y explícita acerca del cuento. Y luego, una fórmula eficaz para evitar precisamente escribirlos en la forma ya desusada que con tan pobre éxito absorbió nuestras viejas horas.

Como se ve, cuanto era de desenfadada y segura mi posición al divulgar los trucos del perfecto cuentista, es de inestable mi situación presente. Cuanto sabía yo del cuento era un error. Mi conocimiento indudable del oficio, mis pequeñas trampas más o menos claras, sólo han servido para colocarme de pie, desnudo y aterido como una criatura, ante la gesta de una nueva retórica del cuento que nos debe amamantar.

«Una nueva retórica...» No soy el primero en expresar así los flamantes cánones. No está en juego con ellos nuestra vieja estética, sino una nueva nomenclatura. Para orientarnos en su hallaz-

* Aparecido por primera vez en *El Hogar*, 1928. Reproducido de *Sobre literatura.*

go, nada más útil que recordar lo que la literatura de ayer, la de hace diez siglos y la de los primeros balbuceos de la civilización, han entendido por cuento.

El cuento literario, nos dice aquélla, consta de los mismos elementos sucintos que el cuento oral, y es como éste el relato de una historia bastante interesante y suficientemente breve para que absorba toda nuestra atención.

Pero no es indispensable, adviértenos la retórica, que el tema a contar constituya una historia con principio, medio y fin. Una escena trunca, un incidente, una simple situación sentimental, moral o espiritual, poseen elementos de sobra para realizar con ellos un cuento.

Tal vez en ciertas épocas la historia total —lo que podríamos llamar argumento— fue inherente al cuento mismo. «¡Pobre argumento! —decíase—. ¡Pobre cuento!» Más tarde, con la historia breve, enérgica y aguda de un simple estado de ánimo, los grandes maestros del género han creado relatos inmortales.

En la extensión sin límites del tema y del procedimiento en el cuento, dos calidades se han exigido siempre: en el autor, el poder de transmitir vivamente y sin demoras sus impresiones; y en la obra, la soltura, la energía y la brevedad del relato, que la definen.

Tan específicas son estas cualidades, que desde las remotas edades del hombre, y a través de las más hondas convulsiones literarias, el concepto del cuento no ha variado. Cuando el de los otros géneros sufría según las modas del momento, el cuento permaneció firme en su esencia integral. Y mientras la lengua humana sea nuestro preferido vehículo de expresión, el hombre contará siempre, por ser el cuento la forma natural, normal e irremplazable de contar.

Extendido hasta la novela, el relato puede sufrir en su estructura. Constreñido en su enérgica brevedad, el cuento es y no puede ser otra cosa que lo que todos, cultos e ignorantes, entendemos por tal.

Los cuentos chinos y persas, los grecolatinos, los árabes de las «Mil y una noches», los del Renacimiento italiano, los de Perrault, de Hoffmann, de Poe, de Mérimée, de Bret-Harte, de Vega, de Chejov, de Maupassant, de Kipling, todos ellos son una sola y misma cosa en su realización. Pueden diferenciarse unos de otros como el sol y la luna. Pero el concepto, el coraje para contar, la intensidad, la brevedad, son los mismos en todos los cuentistas de todas las edades.

Todos ellos poseen en grado máximo la característica de entrar vivamente en materia. Nada más imposible que aplicarles las palabras: «Al grano, al grano...», con que se hostiga a un mal conta dor verbal. El cuentista que «no dice algo», que nos hace perder el tiempo, que lo pierde él mismo en divagaciones superfluas, puede verse a uno y otro lado buscando otra vocación. Ese hombre no ha nacido cuentista.

Pero ¿si esas divagaciones, digresiones y ornatos sutiles, poseen en sí mismos elementos de gran belleza? ¿Si ellos solos, mucho más que el cuento sofocado, realizan una excelsa obra de arte?

Enhorabuena, responde la retórica. Pero no constituyen un cuento. Sus divagaciones admirables pueden lucir en un artículo, en una fantasía, en un cuadro, en un ensayo, y con seguridad en una novela. En el cuento no tienen cabida, ni mucho menos pueden constituirlo por sí solas.

Mientras no se cree una nueva retórica, concluye la vieja dama, con nuevas formas de la poesía épica, el cuento es y será lo que todos, grandes y chicos, jóvenes y viejos, muertos y vivos, hemos comprendido por tal. Puede el futuro nuevo género ser superior, por sus caracteres y sus cultores, al viejo y sólido afán de contar que acucia al ser humano. Pero busquémosle otro nombre.

Tal es la cuestión. Queda así evacuada, por boca de la tradición retórica, la consulta que se me ha hecho.

En cuanto a mí, a mi desventajosa manía de entender el relato, creo sinceramente que es tarde ya para perderla. Pero haré cuanto esté en mí para no hacerlo peor.

«Ante el tribunal» * (1931)

Cada veinticinco o treinta años el arte sufre un choque revolucionario que la literatura, por su vasta influencia y vulnerabilidad, siente más rudamente que sus colegas. Estas rebeliones, asonadas, motines o como quiera llamárseles, poseen una característica dominante que consiste, para los insurrectos, en la convicción de que han resuelto por fin la fórmula del Arte Supremo.

Tal pasa hoy. El momento actual ha hallado a su verdadero dios, relegando al olvido toda la errada fe de nuestro pasado artístico. De éste, ni las grandes figuras cuentan. Pasaron. Hacia atrás,

* Aparecido por primera vez en El Hogar, 11 de septiembre, 1931. Reproducido de Idilio y otros cuentos. Montevideo: Claudio García y Cía, 1945.

desde el instante en que se habla, no existe sino una falange anónima de hombres que por error se consideraron poetas. Son los viejos. Frente a ella, viva y coleante, se alza la falange, también anónima, pero poseedora en conjunto y en cada uno de sus individuos, de la única verdad artística. Son los jóvenes, los que han encontrado por fin en ese mentido mundo literario el secreto de escribir bien.

Uno de estos días, estoy seguro, debo comparecer ante el tribunal artístico que juzga a los muertos, como acto premonitorio del otro, del final, en que se juzgará a los «vivos» y a los muertos.

De nada me han de servir mis heridas aún frescas de la lucha, cuando batallé contra otro pasado y otros yerros con saña igual a la que se ejerce hoy conmigo. Durante veinticinco años he luchado por conquistar, en la medida de mis fuerzas, cuanto hoy se me niega. Ha sido una ilusión. Hoy debo comparecer a exponer mis culpas, que yo estimé virtudes, y a librar del báratro en que se despeña a mi nombre, un átomo siquiera de mi personalidad.

No creo que el tribunal que ha de juzgarme ignore totalmente mi obra. Algo de lo que he escrito debe de haber llegado a sus oídos. Sólo esto podría bastar para mi defensa (¡cuál mejor, en verdad!), si los jueces actuantes debieran considerar mi expediente aislado. Pero como he tenido el honor de advertirlo, los valores individuales no cuentan. Todo el legajo pasatista será revisado en bloque, y apenas si por gracia especial se reserva para los menos errados la breve exposición de sus descargos.

Mas he ahí que según informes de este mismo instante, yo acabo de merecer esta distinción. ¿Pero qué esperanzas de absolución puedo acariciar, si convaleciente todavía de mi largo batallar contra la retórica, el adocenamiento, la cursilería y la mala fe artísticas, apenas se me concede en esta lotería cuya ganancia se han repartido de antemano los jóvenes, un minúsculo premio de aproximación?

Debo comparecer. En llano modo, cuando llegue la hora, he de exponer ante el fiscal acusador las mismas causales por las que condené a los pasatistas de mi época cuando yo era joven y no el anciano decrépito de hoy. Combatí entonces por que se viera en el arte una tarea seria y no vana, dura y no al alcance del primer desocupado...

—Perfectamente —han de decirme—; pero no generalice. Concrétese a su caso particular.

—Muy bien —responderé entonces—. Luché por que no se confundieran los elementos emocionales del cuento y de la novela; pues si bien idénticos en uno y otro tipo de relato, diferenciábanse esen-

74

cialmente en la acuidad de la emoción creadora que a modo de la corriente emocional adquiría gran tensión, cerraban su circuito en el cuento, mientras los narradores en quienes predominaba la cantidad, buscaban en la novela la amplitud suficiente. No ignoraban esto los pasatistas de mi tiempo. Pero aporté a la lucha mi propia carne, sin otro resultado, en el mejor de los casos. Tal es lo que hice, señores jueces, a fin de devolver al arte lo que es del arte, y el resto a la vanidad retórica.

—No basta esto para su descargo han de objetarme, sin duda.

—Bien —continuaré yo—. Luché por que el cuento (ya he de concretarme a mi sola actividad), tuviera una sola línea, trazada por una mano sin temblor desde el principio al fin. Ningún obstáculo, adorno o digresión debía acudir a flojar la tensión de su hilo. El cuento era, para el fin que le es intrínseco, una flecha que, cuidadosamente apuntada, parte del arco para ir a dar directamente en el blanco. Cuantas mariposas trataran de posarse sobre ella para adornar su vuelo, no conseguirían sino entorpecerlo. Esto es lo que me empeñé en demostrar, dando al cuento lo que es del cuento, y al verso su virtud esencial.

En este punto he de oír seguramente la voz severa de mis jueces que me observarán:

—Tampoco esas declaraciones lo descargan en nada de sus culpas... aun en el supuesto de que usted haya utilizado de ellas una milésima parte de su provecho.

—Bien —tornaré a decir con voz todavía segura, aunque ya sin esperanza alguna de absolución—. Ya sostuve, honorable tribunal, la necesidad en arte de volver a la vida cada vez que transitoriamente aquél pierde su concepto; toda vez que sobre la finísima urdimbre de la emoción se han edificado aplastantes teorías. Traté finalmente de probar que así como la vida no es un juego cuando se tiene conciencia de ella, tampoco lo es la expresión artística. Y este empeño en reemplazar con humoradas mentales la carencia de gravidez emocional, y esa total deserción de las fuerzas creadoras que en arte perciben el nombre de imaginación, todo esto fue lo que combatí por el espacio de veinticinco años, hasta venir hoy a dar, cansado y sangrante todavía de ese luchar sin tregua, ante este tribunal que debe abrir para mi nombre las puertas al futuro, o cerrarlas definitivamente...

...Cerradas. Para siempre cerradas. Debo abandonar todas las ilusiones que puse un día en mi labor. Así lo decide el honorable tribunal, y agobiado bajo el peso de la sentencia me alejo de allí a paso lento.

Una idea, una esperanza, un pensamiento fugitivo viene de

pronto a refrescar mi frente con su hálito cordial. Esos jueces...
Oh, no cuesta mucho prever decreptitud inminente en esos jóvenes que han borrado el ayer de una sola plumada, y que dentro
de otros treinta años —acaso menos— deberán comparecer ante
otro tribunal que juzgue de sus muchos erros. Y entonces, si se
me permite volver un instante del pasado..., entonces tendré un
poco de curiosidad por ver qué obras de estos jóvenes han logrado sobrevivir al dulce y natural olvido del tiempo.

Juan Bosch, «Apuntes sobre el arte de escribir cuentos» * (1958)

I

El cuento es un género antiquísimo, que a través de los siglos ha tenido y mantenido el favor público. Su influencia en el desarrollo de la sensibilidad general puede ser muy grande, y por tal razón el cuentista debe sentirse responsable de lo que escribe, como si fuera un maestro de emociones o de ideas.

Lo primero que debe aclarar una persona que se inclina a escribir cuentos es la intensidad de su vocación. Nadie que no tenga vocación de cuentista puede llegar a escribir buenos cuentos. Lo segundo se refiere al género. ¿Qué es un cuento? La respuesta ha resultado tan difícil que a menudo ha sido soslayada incluso por críticos excelentes, pero puede afirmarse que un cuento es el relato de un hecho que tiene indudable importancia. La importancia del hecho es desde luego relativa, mas debe ser indudable, convincente para la generalidad de los lectores. Si el suceso que forma el meollo del cuento carece de importancia, lo que se escribe puede ser un cuadro, una escena, una estampa, pero no es un cuento.

«Importancia» no quiere decir aquí novedad, caso insólito, acaecimiento singular. La propensión a escoger argumentos poco frecuentes como tema de cuentos puede conducir a una deformación similar a la que sufren en su estructura muscular los profesionales del atletismo. Un niño que va a la escuela no es materia propicia para un cuento, porque no hay nada de importancia en su viaje diario a las clases; pero hay sustancia para el cuento si el autobús en que va el niño se vuelca o se quema, o si al llegar a su escuela el niño halla que el maestro está enfermo o el edificio escolar se ha quemado la noche anterior.

* Reproducido con permiso del autor de *Cuentos escritos en el exilio* (Santo Domingo: Julio Pastigo e hijo, Impresores, 1968), 2.ª ed., pp. 7-32.

Aprender a discernir donde hay un tema para cuento es parte esencial de la técnica. Esa técnica es el oficio peculiar con que se trabaja el esqueleto de toda obra de creación; es la «tekné» de los griegos o, si se quiere, la parte de artesanado imprescindible en el bagaje del artista.

A menos que se trate de un caso excepcional, un buen escritor de cuentos tarda años en dominar la técnica del género, y la técnica se adquiere con la práctica más que con estudios. Pero nunca debe olvidarse que el género tiene una técnica y que ésta debe conocerse a fondo. Cuento quiere decir llevar cuenta de un hecho. La palabra proviene del latín *computus*, y es inútil tratar de rehuir el significado esencial que late en el origen de los vocablos. Una persona puede llevar cuenta de algo con números romanos, con números árabes, con signos algebraicos; pero tiene que llevar esa cuenta. No puede olvidar ciertas cantidades o ignorar determinados valores. Llevar cuenta es ir ceñido al hecho que se computa. El que no sabe llevar con palabras la cuenta de un suceso, no es cuentista.

De paso diremos que una vez adquirida la técnica, el cuentista puede escoger su propio camino, ser «hermético» o «figurativo» como se dice ahora, o lo que es lo mismo, subjetivo u objetivo; aplicar su estilo personal, presentar su obra desde su ángulo individual; expresarse como él crea que debe hacerlo. Pero no debe echarse en olvido que el género, reconocido como el más difícil en todos los idiomas, no tolera innovaciones sino de los autores que lo dominan en lo más esencial de su estructura.

El interés que despierta el cuento puede medirse por los juicios que les merece a críticos, cuentistas y aficionados. Se dice a menudo que el cuento es una novela en síntesis y que la novela requiere más aliento en el que la escribe. En realidad los dos géneros son dos cosas distintas; y es más difícil lograr un buen libro de cuentos que una novela buena. Comparar diez páginas de cuento con las doscientas cincuenta de una novela es una ligereza. Una novela de esa dimensión puede escribirse en dos meses; un libro de cuentos que sea bueno y que tenga doscienta cincuenta páginas, no se logra en tan corto tiempo. La diferencia fundamental entre un género y el otro está en la dirección: la novela es extensa; el cuento es intenso.

El novelista crea caracteres y a menudo sucede que esos caracteres se le rebelan al autor y actúan conforme a sus propias naturalezas, de manera que con frecuencia una novela no termina como el novelista lo había planeado, sino como los personajes de la obra lo determinan con sus hechos. En el cuento, la situación es diferente; el cuento tiene que ser obra exclusiva del cuentista. Él es el padre y el dictador de sus criaturas; no puede dejarlas libres ni tolerarles rebeliones. Esa voluntad de predominio del cuentista sobre sus personajes es lo que se traduce en tensión y por tanto en intensidad. La intensidad de un cuento no es producto obligado, como ha dicho alguien, de su corta extensión; es el fruto de la voluntad sostenida con que el cuentista trabaja su obra. Probablemente es ahí donde se halla la causa de que el género sea tan difícil, pues el cuentista necesita ejercer sobre sí mismo una vigilancia constante, que no se logra sin disciplina mental y emocional; y eso no es fácil.

Fundamentalmente, el estado de ánimo del cuentista tiene que ser el mismo para recoger su material que para escribir. Seleccionar la materia de un cuento demanda esfuerzo, capacidad de concentración y trabajo de análisis. A menudo parece más atrayente tal tema que tal otro; pero el tema debe ser visto no en su estado primitivo, sino como si estuviera ya elaborado. El cuentista debe ver desde el primer momento su material organizado en tema, como si ya estuviera el cuento escrito, lo cual requiere casi tanta tensión como escribir.

El verdadero cuentista dedica muchas horas de su vida a estudiar la técnica del género, al grado que logre dominarla en la misma forma en que el pintor consciente domina la pincelada: la da, no tiene que premeditarla. Esa técnica no implica, como se piensa con frecuencia, el final sorprendente. Lo fundamental en ella es mantener vivo el interés del lector y por tanto sostener sin caídas la tensión. La fuerza interior con que el suceso va produciéndose. El final sorprendente no es una condición imprescindible en el buen cuento. Hay grandes cuentistas, como Antón Chejov, que apenas lo usaron. «A la deriva», de Horacio Quiroga, no lo tiene, y es una pieza magistral. Un final sorprendente impuesto a la fuerza destruye otras buenas condiciones en un cuento. Ahora bien, el cuento debe tener su final natural como debe tener su principio.

No importa que el cuento sea subjetivo u objetivo; que el estilo del autor sea deliberadamente claro u oscuro, directo o indirecto: el cuento debe comenzar interesando al lector. Una vez cogido en ese interés el lector está en manos del cuentista y éste no debe soltarlo más. A partir del prinicpio el cuentista debe ser implacable con el sujeto de su obra; lo conducirá sin piedad hacia el destino que previamente le ha trazado; no le permitirá el menor desvío. Una sola frase aún siendo de tres palabras que no esté lógica y entrañablemente justificada por ese destino manchará el cuento y le quitará esplendor y fuerza. Kipling refiere que para él era más importante lo que tachaba que lo que dejaba; Quiroga afirma que un cuento es una flecha disparada hacia un blanco y ya se sabe que la flecha que se desvía no llega al blanco.

La manera natural de comenzar un cuento fue siempre el «había una vez» o «érase una vez». Esa corta frase tenía —y tiene aún en la gente del pueblo— un valor de conjuro; ella sola bastaba a despertar el interés de los que rodeaban al relator de cuentos. En su origen, el cuento no empezaba con descripciones de paisajes, a menos que se tratara de un paisaje descrito con escasas palabras para justificar la presencia o la acción del protagonista; comenzaba con éste, y pintándolo en actividad. Aún hoy, esa manera de comenzar es buena. El cuento debe iniciarse con el protagonista en acción, física o psicológica, pero acción; el principio no debe hallarse a mucha distancia del meollo mismo del cuento, a fin de evitar que el lector se canse.

Saber comenzar un cuento es tan importante como saber terminarlo. El cuentista serio estudia y practica sin descanso la entrada del cuento. Es en la primera frase donde está el hechizo de un buen cuento; ella determina el ritmo y la tensión de la pieza. Un cuento que comienza bien casi siempre termina bien. El autor queda comprometido consigo mismo a mantener el nivel de su creación a la altura en que la inició. Hay una sola manera de empezar un cuento con acierto; despertando de golpe el interés del lector. El antiguo «había una vez» o «érase una vez» tiene que ser suplido con algo que tenga su mismo valor de conjuro. El cuentista joven debe estudiar con detenimiento la manera en que inician sus cuentos los grandes maestros; debe leer, uno por uno, los primeros párrafos de los mejores cuentos de Maupassant, de Kipling, de Sherwood Anderson, de Quiroga, quien fue quizás el más consciente de todos ellos en lo que a la técnica del cuento se refiere.

Comenzar bien un cuento y llevarlo hacia su final sin una digresión, sin una debilidad, sin un desvío: he ahí en pocas palabras el núcleo de la técnica del cuento. Quien sepa hacer eso tiene el oficio de cuentista, conoce la «tekné» del género. El oficio es la parte formal de la tarea, pero quien no domina ese lado formal no llegará a ser buen cuentista. Sólo el que lo domine podrá transformar en cuento, mejorarlo con una nueva modalidad, iluminarlo con el toque de su personalidad creadora.

Ese oficio es necesario para el que cuenta cuentos en un mercado árabe y para el que los escribe en una biblioteca de París. No hay manera de conocerlo sin ejercerlo. Nadie nace sabiéndolo, aunque en ocasiones un cuentista nato puede producir un buen cuento por adivinación de artista. El oficio es obra del trabajo asiduo, de la meditación constante, de la dedicación apasionada. Cuentistas de apreciables cualidades para la narración han perdido su don porque mientras tuvieron dentro de sí temas escribieron sin detenerse a estudiar la técnica del cuento y nunca la dominaron; cuando la veta interior se agotó, les faltó la capacidad para elaborar, con asuntos externos a su experiencia íntima, la delicada arquitectura de un cuento. No adquirieron el oficio a tiempo, y sin el oficio no podían construir.

En sus primeros tiempos el cuentista crea en estado de semi-inconsciencia. La acción se le impone; los personajes y sus circunstancias le arrastran; un torrente de palabras luminosas se lanza sobre él. Mientras ese estado de ánimo dura, el cuentista tiene que ir aprendiendo la técnica a fin de imponerse a ese mundo hermoso y desordenado que abruma su mundo interior. El conocimiento de la técnica le permitirá señorear sobre la embriagante pasión como Yavé sobre el caos. Se halla en el momento apropiado para estudiar los principios en que descansa la profesión de cuentista, y debe hacerlo sin pérdida de tiempo. Los principios del género, no importa lo que crean algunos cuentistas noveles, son inalterables; por lo menos, en la medida en que la obra humana lo es.

La búsqueda y la selección del material es una parte importante de la técnica; de la búsqueda y de la selección saldrá el tema. Parece que estas dos palabras —búsqueda y selección— implican lo mismo; buscar es seleccionar. Pero no es así para el cuentista. Él buscará aquello que su alma desea; motivos campesinos o de mar, episodios de hombres del pueblo o de niños, asuntos de amor o de trabajo. Una vez obtenido el material, escogerá el que más se avenga con su concepto general de la vida y con el tipo de cuento que se propone escribir.

Esa parte de la tarea es sagradamente personal; nadie puede intervenir en ella. A menudo la gente se acerca a novelistas y cuentistas para contarles cosas que le han sucedido, «temas para novelas y cuentos», que no interesan al escritor porque nada le dicen a su sensibilidad. Ahora bien, si nadie debe intervenir en la selección del tema, hay un consejo útil que dar a los cuentistas jóvenes: que estudien el material con minuciosidad y seriedad; que estudien concienzudamente el escenario de su cuento, el personaje y su ambiente, su mundo psicológico y el trabajo con que se gana la vida.

Escribir cuentos es una tarea seria y además hermosa. Arte difícil, tiene el premio en su propia realización. Hay mucho que

81

decir sobre él. Pero lo más importante es esto: El que nace con la vocación de cuentista trae al mundo un don que está en la obligación de poner al servicio de la sociedad. La única manera de cumplir con esa obligación es desenvolviendo sus dotes naturales, y para lograrlo tiene que aprender todo lo relativo a su oficio; qué es un cuento y qué debe hacer para escribir buenos cuentos. Si encara su vocación con seriedad, estudiará a conciencia, trabajará, se afanará por dominar el género, que es sin duda muy rebelde, pero dominable. Otros lo han logrado. Él también puede lograrlo.

II

El cuento es un género literario escueto, al extremo de que un cuento no debe construirse sobre más de un hecho. El cuentista, como el aviador, no levanta vuelo para ir a todas partes y ni siquiera a dos puntos a la vez; e igual que el aviador se halla forzado a saber con seguridad adonde se dirige antes de poner la mano en las palancas que mueven su máquina.

La primera tarea que el cuentista debe imponerse es la de aprender a distinguir con precisión cual hecho puede ser tema de un cuento. Habiendo dado con un hecho, debe saber aislarlo, limpiarlo de apariencias hasta dejarlo libre de todo cuanto no sea expresión legítima de su sustancia; estudiarlo con minuciosidad y responsabilidad. Pues cuando el cuentista tiene ante sí un hecho en su ser más auténtico, se halla frente a un verdadero tema. El hecho es el tema, y en el cuento no hay lugar sino para un tema.

Ya he dicho que aprender a discernir dónde hay un tema de cuento es parte esencial de la técnica del cuento. Técnica, entendida en el sentido de la «tekné» griega, es esa parte de oficio o artesanado indispensable para construir una obra de arte. Ahora bien, el arte del cuento consiste en situarse frente a un hecho y dirigirse a él resueltamente, sin darles caracteres de hechos a los sucesos que marcan el camino hacia el hecho; todos esos sucesos están subordinados al hecho hacia el cual va el cuentista; él es el tema.

Aislado el tema, y debidamente estudiado desde todos sus ángulos, el cuentista puede aproximarse a él como más le plazca, con el lenguaje que le sea habitual o connatural, en forma directa o indirecta. Pero en ningún momento perderá de vista que se dirige hacia ese hecho y no a otro punto. Toda palabra que pueda darle categoría de tema a un acto de los que se presentan en esa marcha hacia el tema, toda palabra que desvíe al autor un milímetro del tema, están fuera de lugar y deben ser aniquiladas tan pronto aparezcan; toda idea ajena al asunto escogido es yerba mala, que no dejará crecer la espiga del cuento con salud, y la yerba mala, como aconseja el Evangelio, debe ser arrancada de raíz.

Cuando el cuentista esconde el hecho a la atención del lector, lo va sustrayendo frase a frase de la visión de quien lo lee pero lo mantiene presente en el fondo de la narración y no lo muestra sino sorpresivamente en las cinco o seis palabras finales del cuento, ha construido el cuento según la mejor tradición del género. Pero los casos en que puede hacer esto sin deformar el curso natural del relato no abundan. Mucho más importante que el final de sorpresa es mantener en avance continuo la marcha que lo lleva del punto de partida al hecho que ha escogido como tema. Si el hecho se halla antes de llegar al final, es decir, si su presencia no coincide con la última escena del cuento, pero la manera de llegar a él fue recta y la marcha se mantuvo en ritmo apropiado, se ha producido un buen cuento.

Todo lo contrario resulta si el cuentista está dirigiéndose hacia dos hechos. En ese caso la marcha será zigzagueante, la línea no podrá ser recta, lo que el cuentista tendrá al final será una página confusa, sin carácter; cualquier cosa, pero no un cuento. Hace poco recordaba que cuento quiere decir llevar la cuenta de un hecho. El origen de la palabra que define el género está en el vocablo latino «computus», el mismo que hoy usamos para indicar que llevamos cuenta de algo. Hay un oculto sentido matemático en la rigurosidad del cuento; como en las matemáticas, en el cuento no puede haber confusión de valores.

El cuentista avezado sabe que su tarea es llevar al lector hacia ese hecho que ha escogido como tema, y que debe llevarlo sin decirle en qué consiste el hecho. En ocasiones resulta útil desviar la atención del lector haciéndole creer, mediante una frase discreta, que el hecho es otro. En cada párrafo, el lector deberá pensar que ya ha llegado al corazón del tema; sin embargo no está en él y ni siquiera ha comenzado a entrar en el círculo de sombras o de luz que separa el hecho del resto del relato.

El cuento debe ser presentado al lector como un fruto de numerosas cáscaras que van siendo desprendidas a los ojos de un niño goloso. Cada vez que comienza a caer una de las cáscaras, el lector esperará la almendra de la fruta; creerá que ya no hay cortezas y que ha llegado el momento de gustar el anhelado manjar vegetal. De párrafo en párrafo, la acción interna y secreta del cuento seguirá por debajo de la acción interna y visible; estará oculta por las acciones accesorias, por una actividad que en verdad no tiene otra finalidad que conducir al lector hacia el hecho. En suma, serán cáscaras que al desprenderse irán acercando el fruto a la boca del goloso.

Ahora bien, en cuanto al hecho que da el tema, ¿cómo conviene que sea? Humano, o por lo menos humanizado. Lo que pretende el cuentista es herir la sensibilidad o estimular las ideas del lector; luego, hay que dirigirse a él a través de sus sentimientos o de su pensamiento. En las fábulas de Esopo como en los cuentos de Rudyard Kipling, en los relatos infantiles de Andersen como en las parábolas de Oscal Wilde, animales, elementos y objetos tienen alma humana. La experiencia íntima del hombre no ha traspasado los límites de su propia esencia; para él, el universo infinito y la matéria mensurable existen como reflejo de su ser. A pesar de la creciente humildad a que lo somete la ciencia, él seguirá siendo por mucho tiempo el rey de la creación, que vive orgánicamente en función de señor supremo de la actividad universal. Nada interesa al hombre más que el hombre mismo. El mejor tema para un cuento será siempre un hecho humano, o por lo menos, relatado en términos esencialmente humanos.

La selección del tema es un trabajo serio y hay que acometerlo con seriedad. El cuentista debe ejercitarse en el arte de distinguir con precisión cuándo un tema es apropiado para un cuento. En esta parte de la tarea entra a jugar el don nato del relatador. Pues sucede que el cuento comienza a formarse en ese acto, en ese instante de la selección del hecho-tema. Por sí solo, el tema no es en verdad el germen del cuento, pero se convierte en tal germen precisamente en el momento en que el cuentista lo escoge por tema.

Si el tema no satisface ciertas condiciones, el cuento será pobre o francamente malo aunque su autor domine a perfección la manera de presentarlo. Lo pintoresco, por ejemplo, no tiene calidad para servir de tema; en cambio puede serlo, y muy bueno, para un artículo de costumbres o para una página de buen humor.

El tema requiere un peso específico que lo haga universal. Puede ser muy local en su apariencia, pero debe ser universal en su valor intrínseco. El sufrimiento, el amor, el sacrificio, el heroísmo, la generosidad, la crueldad, la avaricia, son valores universales, positivos o negativos, aunque se presenten en hombres y mujeres cuyas vidas no traspasan las lindes de lo local; son universales en el habitante de las grandes ciudades, en el de la jungla americana o en el de los iglús esquimales.

Todo lo dicho hasta ahora se resume en estas pocas palabras: si bien el cuentista tiene que tomar un hecho y aislarlo de sus apariencias para construir sobre él su obra, no basta para el caso un hecho cualquiera; debe ser un hecho humano o que conmueva a los hombres, y debe tener categoría universal. De esa especie de hechos está lleno el mundo; están llenos los días y las horas, y adonde quiera que el cuentista vuelva los ojos hallará hechos que son buenos temas.

Ahora bien, si en ocasiones esos hechos que nos rodean se presentan en tal forma que bastaría con relatarlos para tener cuentos, lo cierto es que comúnmente el cuentista tiene que estudiar el hecho para saber cual de sus ángulos servirá para un cuento. A veces el cuento está determinado por la mecánica misma del hecho, pero también puede estarlo por su ausencia, por sus motivaciones o por su apariencia formal. Un ladronzuelo cogido en fraganti puede dar un cuento excelente si quien lo sorprende robando es un hermano, agente de policía, o si la causa del robo es el hambre de la madre del descuidero; y puede ser también un magnífico cuento si se trata del primer robo del autor y el cuentista sabe presentar el desgarrón psicológico que supone traspasar la barrera que hay entre el mundo normal y el mundo de los delincuentes. En los tres casos el hecho-tema sería distinto; en el primero, se hallaría en la circunstancia de que el hermano del ladrón es agente de policía; en el segundo, en el hambre de la madre; en el tercero, en el desgarrón psicológico. De donde puede colegirse por qué hemos insistido en que el hecho que sirve de tema debe estar libre de apariencias y de todo cuanto no sea expresión legítima de su sustancia. Pues en estos tres posibles cuentos el tema parece ser la captura del ladronzuelo mientras roba, y resulta que hay tres temas distintos, y en los tres la captura del joven delincuente es un camino hacia el corazón del hecho-tema.

Aprender a ver un tema, saber seleccionarlo, y aun dentro de él hallar el aspecto útil para desarrollar el cuento, es parte importantísima en el arte de escribir cuentos. La rígida disciplina mental y emocional que el cuentista ejerce sobre sí mismo comienza a actuar en el acto de escoger el tema. Los personajes de una novela contribuyen en la redacción del relato por cuanto sus caracteres, una vez creados, determinan en mucho el curso de la acción. Pero en el cuento toda la obra es del cuentista y esa obra está determinada sobre todo por la calidad del tema. Antes de sentarse a escribir la primera palabra, el cuentista debe tener una idea precisa de cómo va a desenvolver su obra. Si esta regla no se sigue, el resultado será débil. Por caso de adivinación, en un cuentista nato de gran poder, puede darse un cuento muy bueno sin seguir esta regla; pero ni aún el mismo autor podrá garantizar de antemano qué saldrá de su trabajo cuando ponga la palabra final. En cambio, otra cosa sucede si el cuentista trabaja conscientemente y organiza su construcción al nivel del tema que elige.

Así como en la novela la acción está determinada por los caracteres de sus protagonistas, en el cuento el tema da la acción. La diferencia más drástica entre el novelista y el cuentista se halla en que aquél sigue a sus personajes mientras que éste tiene que gobernarlos. La acción del cuento está determinada por el tema pero tiene que ser dictatorialmente regida por el cuentista; no puede desbordarse ni cumplirse en todas sus posibilidades, sino únicamente en los términos estrictamente imprescindibles al desenvolvimiento del cuento y entrañablemente vinculados al tema. Los personajes de una novela pueden dedicar diez minutos a hablar de un cuadro que no tiene función en la trama de la novela; en un cuento no debe mencionarse siquiera un cuadro si él no es parte importante en el curso de la acción.

El cuento es el tigre de la fauna literaria; si le sobra un kilo de grasa o de carne no podrá garantizar la cacería de sus víctimas. Huesos, músculos, piel, colmillos y garras nada más, el tigre está creado para atacar y dominar a las otras bestias de la selva. Cuando los años le agregan grasa a su peso, le restan elasticidad en los músculos, aflojan sus colmillos o debilitan sus poderosas garras, el majestuoso tigre se halla condenado a morir de hambre.

El cuentista debe tener alma de tigre para lanzarse contra el lector, o instinto de tigre para seleccionar el tema y calcular con exactitud a qué distancia está su víctima y con qué fuerza debe precipitarse sobre ella. Pues sucede que en la oculta trama de ese arte difícil que es escribir cuentos, el lector y el tema tienen un mismo corazón. Se dispara a uno para herir al otro. Al dar su salto asesino hacia el tema, el tigre de la fauna literaria está saltando también sobre el lector.

III

Hay una acepción del vocablo «estilo» que lo identifica con el modo, la forma, la manera particular de hacer algo. Según ella, el uso, la práctica o la costumbre en la ejecución de ésta o aquella obra implica un conjunto de reglas que debe ser tomado en cuenta a la hora de realizar esa obra.

¿Se conoce algún estilo, en el sentido de modo o forma, en la tarea de escribir cuentos?

Sí. Pero como cada cuento es un universo en sí mismo, que demanda el don creador en quien lo realiza, hagamos desde este momento una distinción precisa: el escritor de cuentos es un artista; y para el artista —sea cuentista, novelista, poeta, escritor, pintor, músico— las reglas son leyes misteriosas, escritas para él por un senado sagrado que nadie conoce; y esas leyes son ineludibles.

Cada forma, en arte, es producto de una suma de reglas, y en cada conjunto de reglas hay divisiones: las que dan a una obra su carácter como género, y las que rigen la materia con que se realiza. Unas y otras se mezclan para formar el todo de la obra artística, pero las que gobiernan la materia con que esa obra se realiza resultan determinantes en la manera peculiar de expresarse que tiene el artista. En el caso del autor de cuentos, el medio de creación de que se sirve es la lengua, cuyo mecanismo debe conocer a cabalidad.

Del conjunto de reglas hagamos abstracción de las que gobiernan la materia expresiva. Esas son el bagaje primario del artista, y con frecuencia él las domina sin haberlas estudiado a fondo. Especialmente en el caso de la lengua, parece no haber duda de que el escritor nato trae al mundo un conocimiento instintivo de su mecanismo que a menudo resulta sorprendente, aunque tampoco parece haber duda de que ese don mejora mucho cuando el conocimiento instintivo se lleva a la conciencia por la vía del estudio.

Hagamos abstracción también de las reglas que se refieren a la manera peculiar de expresarse de cada autor. Ellas forman el estilo personal, dan el sello individual, la marca divina que distingue el artista entre la multitud de sus pares.

Quedémonos por ahora con las reglas que confieren carácter a un género dado; en nuestro caso, el cuento. Esas reglas establecen la forma, el modo de producir un cuento.

La forma es importante en todo arte. Desde muy antiguo se sabe que en lo que atañe a la tarea de crearla, la expresión artística se descompone en dos factores fundamentales: tema y forma. En algunas artes la forma tiene más valor que el tema; ese es el caso de la escultura, la pintura y la poesía, sobre todo en los últimos tiempos.

La estrecha relación de todas las artes entre sí, determinada por el carácter que le imprime al artista la actitud del conglomerado social ante los problemas de su tiempo —de su generación—, nos lleva a tomar nota de que a menudo un cambio en el estilo de ciertos géneros artísticos influye en el estilo de otros. No nos hallamos ahora en el caso de investigar si en realidad se produce esa influencia con intensidad decisiva o si todas las artes cambian de estilo a causa de cambios profundos introducidos en lá sensibilidad por otros factores. Pero debemos admitir que hay influencias. Aunque estamos hablando del cuento, anotemos de paso que la escultura, la pintura y la poesía de hoy se realizan con la vista puesta en la forma más que en el tema. Esto puede parecer una observación estrafalaria, dado que precisamente esas artes han escapado a las leyes de la forma al abandonar sus antiguos modos de expresión. Pero en realidad, lo que abandonaron fue su sujeción al tema para entregarse exclusivamente a la forma. La pintura y la escultura abstractas son sólo materia y forma, y el sueño de sus cultivadores es expulsar el tema en ambos géneros. La poesía actual se inclina a quedarse sólo con las palabras y la manera de usarlas, al grado que muchos poemas modernos que nos emocionan no resistirían un análisis del tema que llevan dentro.

Volveremos sobre este asunto más tarde. Por ahora recordemos que hay un arte en el que tema y forma tienen igual importancia en cualquier época: es la música. No se concibe música sin tema, lo mismo en el Mozart del siglo XVIII que en el Bartok del siglo XX. Por otra parte, el tema musical no podría existir sin la forma que lo expresa. Esta adecuación de tema y forma se explica debido a que la música debe ser interpretada por terceros.

Pero en la novela y en el cuento, que no tienen intérpretes sino espectadores del orden intelectual, el tema es más importante que la forma, y desde luego mucho más importante que el estilo con que el autor se expresa.

Todavía más: en el cuento el tema importa más que en la novela. Pues en su sentido estricto el cuento es el relato de un hecho, uno solo, y ese hecho —que es el tema— tiene que ser importante, debe tener importancia por sí mismo, no por la manera de presentarlo.

Antes dije que «un cuento no puede construirse sobre más de un hecho. El cuentista, como el aviador, no levanta vuelo para ir a todas partes y ni siquiera a dos puntos a la vez; e igual que el aviador, se halla forzado a saber con seguridad adónde se dirige antes de poner la mano en las palancas que mueven su máquina.»

La convicción de que el cuento tiene que ceñirse a un hecho, y sólo a uno, es lo que me ha llevado a definir el género como «el relato de un hecho que tiene indudable importancia.» A fin de evitar que el cuentista novel entendiera por hecho de indudable importancia un suceso poco común, expliqué en esa misma oportunidad que «la importancia del hecho es desde luego relativa; mas debe ser indudable, convincente para la generalidad de los lectores»; y más adelante decía que «importancia no quiere decir aquí novedad, caso insólito, acaecimiento singular. La propensión a escoger argumentos poco frecuentes como tema de cuentos puede conducir a una deformación similar a la que sufren en su estructura muscular los profesionales del atletismo.»

Hasta ahora se ha tenido la brevedad como una de las leyes fundamentales del cuento. Pero la brevedad es una consecuencia natural de la esencia misma del género, no un requisito de la forma. El cuento es breve porque se halla limitado a relatar un hecho y nada más que uno. El cuento puede ser largo, y hasta muy largo, si se mantiene como relato de un solo hecho. No importa que un cuento esté escrito en cuarenta páginas, en sesenta, en ciento diez; siempre conservará sus características si es el relato de un solo acontecimiento, así como no las tendrá si se dedica a relatar más de uno, aunque lo haga en una sola página.

Es probable que el cuento largo se desarrolle en el porvenir como el tipo de obra literaria de más difusión, pues el cuento tiene la posibilidad de llegar al nivel épico sin correr el riesgo de meterse en el terreno de la epopeya, y alcanzar ese nivel con personajes y ambientes cotidianos, fuera de las fronteras de la historia y en prosa monda y lironda, es casi un milagro que confiere al cuento una categoría artística en verdad extraordinaria. [1]

«El arte del cuento consiste en situarse frente a un hecho y dirigirse a él resueltamente, sin darles caracteres de hechos a los sucesos que marcan el camino hacia el hecho...» dije antes. Obsérvese que el novelista sí da caracteres de hechos a los sucesos que marcan el camino hacia el hecho central que sirve de tema a

1. Debemos esta aguda observación a Thomas Mann, quien en «Ensayo sobre Chejov», traducción de Aquilino Luque (en *Revista Nacional de Cultura*, Caracas, Venezuela, marzo-abril de 1960, págs. 52 y siguiente), dice que Chejov había sido para él «un hombre de la forma pequeña, de la narración breve que no exigía la heroica perseverancia de años y decenios, sino que podía ser liquidada en unos días o unas semanas por cualquier frívolo del Arte. Por todo esto abrigaba yo un cierto menosprecio (por la obra de Chejov), sin acabar de apercibirme de la dimensión interna, de la fuerza genial que logran lo breve y lo suscinto que en su caso admirable con condición encierran toda la plenitud de la vida y se elevan decididamente a un nivel épico...».

su relato; y es la descripción de esos sucesos —a los que podemos calificar de secundarios— y su entrelazamiento con el suceso principal, lo que hace de la novela un género de dimensiones mayores, de ambiente más variado, personajes más numerosos y tiempo más largo que el cuento.

El tiempo del cuento es corto y concentrado. Esto se debe a que es el tiempo en que acaece un hecho —uno solo, repetimos—, y el uso de ese tiempo en función de caldo vital del relato exigen del cuentista una capacidad especial para tomar el hecho en su esencia, en las líneas más puras de la acción.

Es ahí, en lo que podríamos llamar el poder de expresar la acción sin desvirtuarla con palabras, donde está el secreto de que el cuento pueda elevarse a niveles épicos. Thomas Mann sintió el aliento épico en algunos cuentos de Chejov —y sin duda de otros autores—, pero no dejó constancia de que conociera la causa de aliento. La causa está en que la epopeya es el relato de los actos heroicos, y el que los ejecuta —el héroe— es un artista de la acción; así, mediante la virtud de describir la acción pura, un cuentista lleva a categoría épica el relato de un hecho realizado por hombres y mujeres que no son héroes en el sentido convencional de la palabra, el cuentista tiene el don de crear la atmósfera de la epopeya sin verse obligado a recurrir a los grandes actores del drama histórico y a los episodios en que figuraron.

¿No es esto un privilegio en el mundo del arte?

Aunque hayamos dicho que en el cuento el tema importa más que la forma, debemos reconocer que hay una forma —en cuanto manera, uso o práctica de hacer algo—. para poder expresar la acción pura, y que sin sujetarse a ella no hay cuento de calidad. La mayor importancia del tema en el género cuento no significa, pues, que la forma puede ser manejada a capricho por el aspirante a cuentista. Si lo fuera, ¿cómo podríamos distinguir entre cuento, novela e historia, géneros parecidos pero diferentes?

A pesar de la familiaridad de los géneros, una novela no puede ser escrita con forma de cuento o de historia, ni un cuento con forma de novela o de relato histórico, ni una historia como si fuera novela o cuento.

Para el cuento hay una forma. ¿Cómo se explica, pues, que en los últimos tiempos, en la lengua española —porque no conocemos caso parecido en otros idiomas— se pretenda escribir cuentos que no son cuentos en el orden estricto del vocablo?

Un eminente crítico chileno escribió hace algunos años que «junto al cuento tradicional, al cuento 'que puede contarse', con principio, medio y fin, el conocido y clásico, existen otros que flotan, elásticos, vagos, sin contornos definidos ni organización rigurosa. Son interesantísimos y, a veces, de una extremada delicadeza; superan a menudo a sus parientes de antigua prosapia; pero ¿cómo negarlo, cómo discutirlo? Ocurre que no son cuentos; son otra cosa: divagaciones, relatos, cuadros, escenas, retratos imaginarios, estampas, trozos o momentos de vida; son y pueden ser mil cosas más; pero, insistimos, no son cuentos, no deben llamarse cuentos. Las palabras, los nombres, los títulos, calificaciones y clasificaciones tienen por objeto aclarar y distinguir, no oscurecer o confundir las cosas. Por eso al pan conviene llamarlo pan. Y al cuento, cuento.» [2]

Pero sucede que como hemos dicho hace poco, un cambio en el estilo de ciertos géneros artísticos se refleja en el estilo de otros. La pintura, la escultura y la poesía están dirigiéndose desde hace algún tiempo a la síntesis de materia y forma, con abandono del tema; y esta actitud de pintores, escultores y poetas ha influido en la concepción del cuento americano, o el cuento de nuestra lengua ha resultado influido por las mismas causas que han determinado el cambio de estilo en pintura, escultura y poesía.

Por una o por otra razón, en los cuentistas nuevos de América se advierte una marcada inclinación a la idea de que el cuento debe acumular imágenes literarias sin relación con el tema. Se aspira a crear un tipo de cuento —el llamado «cuento abstracto»—, que acaso podrá llegar a ser un género literario nuevo, producto de nuestro agitado y confuso siglo XX, pero que no es ni será cuento.

Ahora bien, ¿cuál es la forma del cuento?

En apariencia, la forma está implícita en el tipo de cuento que se quiere escribir. Los hay que se dirigen a relatar una acción, sin más consecuencias; los hay cuya finalidad es delinear un carácter o destacar el aspecto saliente de una personalidad; otros ponen de manifiesto problemas sociales, políticos, emocionales, colectivos o individuales; otros buscan conmover al lector, sacudiendo su sensibilidad con la presentación de un hecho trágico o dramático; los hay humorísticos, tiernos, de ideas. Y desde luego, en cada caso el cuentista tiene que ir desenvolviendo el tema en forma apropiada a los fines que persigue.

Pero esa forma es la de cada cuento y cada autor; la que cambia y se ajusta no sólo al tipo de cuento que se escribe sino también a la manera de escribir del cuentista. Diez cuentistas dife-

2. Alona (Hernán Díaz Arrieta), «Crónica Literaria», en *El Mercurio*, Santiago de Chile, 21 de agosto de 1955.

rentes pueden escribir diez cuentos dramáticos, tiernos, humorísticos, con diez temas distintos y con diez formas de expresión que no se parezcan entre sí; y los diez cuentos pueden ser diez obras maestras.

Hay, sin embargo, una forma sustancial; la profunda, la que el lector corriente no aprecia, a pesar de que a ella y sólo a ella se debe que el cuento que está leyendo le mantenga hechizado y atento al curso de la acción que va desarrollándose en el relato o al destino de los personajes que figuran en él. De manera intuitiva o consciente, esa forma ha sido cultivada con esmero por todos los maestros del cuento.

Esa forma tiene dos leyes ineludibles, iguales para el cuento hablado y para el escrito; que no cambian porque el cuento sea dramático, trágico, humorístico, social, tierno, de ideas, superficial o profundo; que rigen el alma del género lo mismo cuando son animales o plantas, agua o aire, seres humanos, aristócratas, artistas o peones.

La primera ley es la ley de la fluencia constante.

La acción no puede detenerse jamás; tiene que correr con libertad en el cauce que le haya fijado el cuentista, dirigiéndose sin cesar al fin que persigue el autor; debe correr sin obstáculos y sin meandros; debe moverse al ritmo que imponga el tema —más lento, más vivaz—, pero moverse siempre. La acción puede ser objetiva o subjetiva, externa o interna, física o psicológica; puede incluso ocultar el hecho que sirve de tema si el cuentista desea sorprendernos con un final inesperado. Pero no puede detenerse.

Es en la acción donde está la sustancia del cuento. Un cuento tierno debe ser tierno porque la acción en sí misma tenga cualidad de ternura, no porque las palabras con que se escribe el relato aspiren a expresar ternura; un cuento dramático lo es debido a la categoría dramática del hecho que le da vida, no por el valor literario de las imágenes que lo exponen. Así, pues, la acción por sí misma, y por su única virtualidad, es lo que forma el cuento. Por tanto, la acción debe producirse sin estorbos, sin que el cuentista se entrometa en su discurrir buscando impresionar al lector con palabras ajenas al hecho para convencerlo de que el autor ha captado bien la atmósfera del suceso.

La segunda ley se infiere de lo que acabamos de decir y puede expresarse así: el cuentista debe usar sólo las palabras indispensables para expresar la acción.

La palabra puede exponer la acción, pero no puede suplantarla. Miles de frases son incapaces de decir tanto como una acción. En el cuento, la frase justa y necesaria es la que dé paso a la acción, en el estado de mayor pureza que pueda ser compatible con la tarea de expresarla a través de palabras y con la manera peculiar que tenga cada cuentista de usar su propio léxico.

Toda palabra que no sea esencial al fin que se ha propuesto el cuentista resta fuerza a la dinámica del cuento y por tanto lo hiere en el centro mismo de su alma. Puesto que el cuentista debe ceñir su relato al tratamiento de un solo hecho —y de no ser así no está escribiendo un cuento—, no se halla autorizado a desviarse de él con frases que alejan al lector del cauce que sigue la acción.

Podemos comparar el cuento con un hombre que sale de su casa a evacuar una diligencia. Antes de salir ha pensado por dónde irá, qué calles tomará, qué vehículo usará; a quién se dirigirá, qué le dirá. Lleva un propósito conocido. No ha salido a ver qué encuentra, sino que sabe lo que busca.

Ese hombre no se parece al que divaga, pasea; se entretiene mirando flores en un parque, oyendo hablar a dos niños, observando una bella mujer que pasa; entra en un museo para matar el tiempo; se mueve de cuadro en cuadro; admira aquí el estilo impresionista de un pintor y más allá el arte abstracto de otro.

Entre esos dos hombres, el modelo del cuentista debe ser el primero, el que se ha puesto en acción para alcanzar algo. También el cuento es un tema en acción para llegar a un punto. Y así como los actos del hombre de marras están gobernados por sus necesidades, así la forma del cuento está regida por su naturaleza activa.

En la naturaleza activa del cuento reside su poder de atracción, que alcanza a todos los hombres de todas las razas en todos los tiempos.

Caracas, septiembre de 1958.

93

Julio Cortázar, «Algunos aspectos del cuento» * (1962)

Me encuentro hoy ante ustedes en una situación bastante paradójica. Un cuentista argentino se dispone a cambiar ideas acerca del cuento sin que sus oyentes y sus interlocutores, salvo algunas excepciones, conozcan nada de su obra. El aislamiento cultural que sigue perjudicando a nuestros países, sumado a la injusta incomunicación a que se ve sometida Cuba en la actualidad, han determinado que mis libros, que son ya unos cuantos, no hayan llegado más que por excepción a manos de lectores tan dispuestos y tan entusiastas como ustedes. Lo malo de esto no es tanto que ustedes no hayan tenido oportunidad de juzgar mis cuentos, sino que yo me siento un poco como un fantasma que viene a hablarles sin esa relativa tranquilidad que da siempre el saberse precedido por la labor cumplida a lo largo de los años. Y esto de sentirme como un fantasma debe ser ya perceptible en mí, porque hace unos días una señora argentina me aseguró en el hotel Riviera que yo no era Julio Cortázar, y ante mi estupefacción agregó que el auténtico Julio Cortázar es un señor de cabellos blancos, muy amigo de un pariente suyo, y que no se ha movido nunca de Buenos Aires. Como yo hace doce años que resido en París, comprenderán ustedes que mi calidad especial se ha intensificado notablemente después de esta revelación. Si de golpe desaparezco en mitad de una frase, no me sorprenderé demasiado; y a lo mejor salimos todos ganando.

Se afirma que el deseo más ardiente de un fantasma es recobrar por lo menos un asomo de corporeidad, algo tangible que lo devuelva por un momento a su vida de carne y hueso. Para lograr un poco de tangibilidad ante ustedes, voy a decir en pocas palabras cuál es la dirección y el sentido de mis cuentos. No lo hago por mero placer informativo, porque ninguna reseña teórica puede sustituir la obra en sí; mis razones son más importantes que ésa. Puesto que voy a ocuparme de algunos aspectos del cuento como género literario, y es posible que algunas de mis ideas sorprendan o choquen a quienes las escuchen, me parece de una elemental honradez definir el tipo de narración que me interesa, señalando mi especial manera de entender el mundo. Casi todos los cuentos que he escrito pertenecen al género llamado fantástico por falta de mejor nombre, y se opone a ese falso realismo que consiste en creer que todas las cosas pueden describirse y explicarse como lo daba sentado el optimismo filosófico y científico del siglo XVIII, es decir, dentro de un mundo regido más o menos armoniosamente por un sistema de leyes, de principios, de relaciones de causa a efecto, de psicología definidas, de geografías bien cartografiadas. En mi caso, la sospecha de otro orden más secreto y menos comunicable, y el fecundo descubrimiento de Alfred Jarry, para quien el verdadero estudio de la realidad no residía en las leyes sino en las excepciones a esas leyes, han sido algunos de los principios orientadores de mi búsqueda personal de una literatura al margen de todo realismo demasiado ingenuo. Por eso, si en las ideas que siguen encuentran ustedes una predilección por todo lo que en el cuento es excepcional, trátese de los temas o incluso de las formas expresivas, creo que esta presentación de mi propia manera de entender el mundo explicará mi toma de posición y mi enfoque del problema. En último extremo podrá decirse que sólo he hablado del cuento tal y como yo lo practico. Y sin embargo no creo que sea así. Tengo la certidumbre de que existen ciertas constantes, ciertos valores que se aplican a todos los cuentos, fantásticos o realistas, dramáticos o humorísticos. Y pienso que tal vez sea posible mostrar aquí esos elementos invariables que dan a un buen cuento su atmósfera peculiar y su calidad de obra de arte.

La oportunidad de cambiar ideas acerca del cuento me interesa por diversas razones. Vivo en un país —Francia— donde este género tiene poca vigencia, aunque en los últimos años se nota entre escritores y lectores un interés creciente por esa forma de expresión. De todos modos, mientras los críticos siguen acumulando teoría y manteniendo enconadas polémicas acerca de la novela, casi nadie se interesa por la problemática del cuento. Vivir como cuentista en un país donde esta forma expresiva es un producto casi exótico, obliga forzosamente a buscar en otras literaturas el alimento que allí falta. Poco a poco, en sus textos originales o mediante traducciones, uno va acumulando casi rencorosamente una enorme cantidad de cuentos del pasado y del presente, y llega el día en que puede hacer un balance, intentar una aproximación valorativa a ese género de tan difícil definición, tan huidizo en sus múltiples y antagónicos aspectos, y en última instancia tan secreto y replegado en sí mismo, caracol del lenguaje, hermano misterioso de la poesía en otra dimensión del tiempo literario.

Pero además de ese alto en el camino que todo escritor debe hacer en algún momento de su labor, hablar del cuento tiene un interés especial para nosotros, puesto que casi todos los países americanos de lengua española le están dando al cuento una importancia excepcional, que jamás había tenido en otros países latinos como Francia o España. Entre nosotros, como es natural en las literaturas jóvenes, la creación espontánea precede casi siempre al examen crítico, y está bien que así sea. Nadie puede pretender que los cuentos sólo deban escribirse luego de conocer sus leyes. En primer lugar, no hay tales leyes; a lo sumo cabe hablar de puntos de vista, de ciertas constantes que dan una estructura a ese género tan poco encasillable; en segundo lugar, los teóricos y los críticos no tienen por qué ser los cuentistas mismos, y es natural que aquéllos sólo entren en escena cuando exista ya un acervo, un acopio de literatura que permita indagar y esclarecer su desarrollo y sus cualidades. En América, tanto en Cuba como en México o Chile o Argentina, una gran cantidad de cuentistas trabaja desde comienzos del siglo, sin conocerse mucho entre sí, descubriéndose a veces de manera casi póstuma. Frente a ese panorama sin coherencia suficiente, en el que pocos conocen a fondo la labor de los demás, creo que es útil hablar del cuento por encima de las particularidades nacionales e internacionales, porque es un género que entre nosotros tiene una importancia y una vitalidad que crecen de día en día. Alguna vez se harán las antologías definitivas —como las hacen en los países anglosajones, por ejemplo— y se sabrá hasta dónde hemos sido capaces de llegar. Por el momento no me parece inútil hablar del cuento en abstracto, como género literario. Si nos hacemos una idea convincente de esa forma de expresión literaria, ella podrá contribuir a establecer una escala de valores para esa antología total que está por hacerse. Hay demasiada confusión, demasiados malentendidos en este terreno. Mientras los cuentistas siguen adelante su tarea, ya es tiempo de hablar de esa tarea en sí misma, al margen de las personas y de las nacionalidades. Es preciso llegar a tener una idea de lo que es el cuento, y eso es siempre difícil en la medida en que las ideas tienden a lo abstracto, a desvitalizar su contenido, mientras que a su vez la vida rechaza angustiada ese lazo que quiere echarle la conceptuación para fijarla y categorizarla. Pero si no tenemos una idea viva de lo que es el cuento habremos perdido el tiempo, porque un cuento, en última instancia, se mueve en ese plano del hombre donde la vida y la expresión escrita de esa vida libran una batalla fraternal, si se me permite el término; y el resultado de esa batalla es el cuento mismo, una síntesis viviente a la vez que una vida sintetizada, algo así como un temblor de agua dentro de un cristal, una fugacidad en una permanencia. Sólo con imágenes se puede transmitir esa alquimia secreta que explica la profunda resonancia que un gran cuento tiene en nosotros, y que explica también por qué hay muy pocos cuentos verdaderamente grandes.

Para entender el carácter peculiar del cuento se lo suele comparar con la novela, género mucho más popular y sobre el cual abundan las preceptivas. Se señala, por ejemplo, que la novela se desarrolla en el papel, y por lo tanto en el tiempo de lectura, sin otros límites que el agotamiento de la materia novelada; por su parte, el cuento parte de la noción de límite, y en primer término de límite físico, al punto que en Francia, cuando un cuento excede de las veinte páginas, toma ya el nombre de «nouvelle», género a caballo entre el cuento y la novela propiamente dicha. En ese sentido, la novela y el cuento se dejan comparar analógicamente con el cine y la fotografía, en la medida en que una película es en principio un «orden abierto», novelesco, mientras que una fotografía lograda presupone una ceñida limitación previa, impuesta en parte por el reducido campo que abarca la cámara y por la forma en que el fotógrafo utiliza estéticamente esa limitación. No sé si ustedes han oído hablar de su arte a un fotógrafo profesional; a mí siempre me ha sorprendido el que se exprese tal como podría hacerlo un cuentista en muchos aspectos. Fotógrafos de la calidad de un Cartier-Bresson o de un Brassaï definen su arte como una aparente paradoja: la de recortar un fragmento de la realidad, fijándole determinados límites, pero de manera tal que ese recorte actúe como una explosión que abre de par en par una realidad mucho más amplia, como una visión dinámica que trasciende espiritualmente el campo abarcado por la cámara. Mientras en el cine, como en la novela, la captación de esa realidad más amplia y multiforme se logra mediante el desarrollo de elementos parciales, acumulativos, que no excluyen, por supuesto, una síntesis que dé el «clima» de la obra, en una fotografía o un cuento de gran calidad se procede inversamente, es decir que el fotógrafo o el cuentista se ven precisados a escoger y limitar una imagen o un acaecimiento que sean *significativos*, que

97

no solamente valgan por sí mismos sino que sean capaces de actuar en el espectador o en el lector como una especie de *apertura*, de fermento que proyecta la inteligencia y la sensibilidad hacia algo que va mucho más allá de la anécdota visual o literaria contenidas en la foto o en el cuento. Un escritor argentino, muy amigo del boxeo, me decía que en ese combate que se entabla entre un texto apasionante y su lector, la novela gana siempre por puntos, mientras que el cuento debe ganar por knockout. Es cierto, en la medida en que la novela acumula progresivamente sus efectos en el lector, mientras que un buen cuento es incisivo, mordiente, sin cuartel desde las primeras frases. No se entienda esto demasiado literalmente, porque el buen cuentista es un boxeador muy astuto, y muchos de sus golpes iniciales pueden parecer poco eficaces cuando, en realidad, están minando ya las resistencias más sólidas del adversario. Tomen ustedes cualquier gran cuento que prefieran, y analicen su primera página. Me sorprendería que encontraran elementos gratuitos, meramente decorativos. El cuentista sabe que no puede proceder acumulativamente, que no tiene por aliado el tiempo; su único recurso es trabajar en profundidad, verticalmente, sea hacia arriba o hacia abajo del espacio literario. Y esto, que así expresado parece una metáfora, expresa sin embargo lo esencial del método. El tiempo del cuento y el espacio del cuento tienen que estar como condensados, sometidos a una presión espiritual y formal para provocar esa «apertura» a que me refería antes. Basta preguntarse por qué un determinado cuento es malo. No es malo por el tema, porque en literatura no hay temas buenos ni malos, hay solamente un buen o mal tratamiento del tema. Tampoco es malo porque los personajes carecen de interés, ya que hasta una piedra es interesante cuando de ella se ocupan un Heney James o un Franz Kafka. Un cuento es malo cuando se le escribe sin esa tensión que debe manifestarse desde las primeras palabras o las primeras escenas. Y así podemos adelantar ya que las nociones de significación de intensidad y de tensión han de permitirnos, como se verá, acercarnos mejor a la estructura misma del cuento.

Decíamos que el cuentista trabaja con un material que calificamos de significativo. El elemento significativo del cuento parecería residir principalmente *en su tema*, en el hecho de escoger un acaecimiento real o fingido que posea esa misteriosa propiedad de irradiar algo más allá de sí mismo, al punto que un vulgar episodio doméstico, como ocurre en tantos admirables relatos de una Katherine Mansfield o de un Sherwood Anderson, se convierta en el resumen implacable de una cierta condición humana, o en el símbolo quemante de un orden social o histórico. Un cuento es significativo cuando quiebra sus propios límites con esa explosión de energía espiritual que ilumina bruscamente algo que va mucho más allá de la pequeña y a veces miserable anécdota que cuenta. Pienso, por ejemplo, en el tema de la mayoría de los admirables relatos de Antón Chéjov. ¿Qué hay allí que no sea tristemente cotidiano, mediocre, muchas veces conformista o inútilmente rebelde? Lo que se cuenta en esos relatos es casi lo que de niños, en las aburridas tertulias que debíamos compartir con los mayores, escuchábamos contar a los abuelos o a las tías; la pequeña, insignificante crónica familiar de ambiciones frustradas, de modestos dramas locales, de angustias a la medida de una sala, de un piano, de un té con dulces. Y sin embargo, los cuentos de Katherine Mansfield, de Chéjov, son significativos, algo estalla en ellos mientras los leemos y nos propone una especie de ruptura de lo cotidiano que va mucho más allá de la anécdota reseñada. Ustedes se han dado ya cuenta de que esa significación misteriosa no reside solamente en el tema del cuento, porque en verdad la mayoría de los malos cuentos que todos hemos leído contienen episodios similares a los que tratan los autores nombrados. La idea de significación no puede tener sentido si no la relacionamos con las de intensidad y de tensión, que ya no se refieren solamente al tema sino al tratamiento literario de ese tema, a la técnica empleada para desarrollar el tema. Y es aquí donde, bruscamente, se produce el deslinde entre el buen y el mal cuentista. Por eso habremos de detenernos con todo el cuidado posible en esta encrucijada, para tratar de entender un poco más esa extraña forma de vida que es un cuento logrado, y ver por qué está vivo mientras otros, que aparentemente se le parecen, no son más que tinta sobre papel, alimento para el olvido.

Miremos la cosa desde el ángulo del cuentista y en este caso, obligatoriamente, desde mi propia versión del asunto. Un cuentista es un hombre que de pronto, rodeado de la inmensa algarabía del mundo, comprometido en mayor o menor grado con la realidad histórica que lo contiene, escoge un determinado tema y hace con él un cuento. Este escoger un tema no es tan sencillo. A veces el cuentista escoge, y otras veces siente como si el tema se le impusiera irresistiblemente, lo empujara a escribirlo. En mi caso, la gran mayoría de mis cuentos fueron escritos —cómo decirlo— al margen de mi voluntad, por encima o por debajo de mi conciencia razonante, como si yo no fuera más que un medium por el cual pasaba y se manifestaba una fuerza ajena. Pero esto, que puede depender del temperamento de cada uno, no altera el hecho esencial, y es que en un momento dado *hay tema*, ya sea inventado o escogido voluntariamente, o extrañamente impuesto desde un plano donde nada es definible. Hay tema, repito, y ese tema va a volverse cuento. Antes de que ello ocurra, ¿qué podemos decir del tema en sí? ¿Por qué ese tema y no otro? ¿Qué razones mueven consciente o inconscientemente al cuentista a escoger un determinado tema?

A mí me parece que el tema del que saldrá un buen cuento es siempre *excepcional*, pero no quiero decir con esto que un tema deba ser extraordinario, fuera de lo común, misterioso o insólito. Muy al contrario, puede tratarse de una anécdota perfectamente trivial y cotidiana. Lo excepcional reside en una cualidad parecida a la del imán; un buen tema atrae todo un sistema de relaciones conexas, coagula en el autor, y más tarde en el lector, una inmensa cantidad de nociones, entrevisiones, sentimientos y hasta ideas que flotaban virtualmente en su memoria o su sensibilidad; un buen tema es como un sol, un astro en torno al cual gira un sistema planetario de que muchas veces no se tenía conciencia hasta que el cuentista, astrónomo de palabras, nos revela su existencia. O bien, para ser más modestos y más actuales a la vez, un buen tema tiene algo de sistema atómico, de núcleo en torno al cual giran los electrones; y todo eso, al fin y al cabo, ¿no es ya como una proposición de vida, una dinámica que nos insta a salir de nosotros mismos y a entrar en un sistema de relaciones más complejo y más hermoso? Muchas veces me he preguntado cuál es la virtud de ciertos cuentos inolvidables. En el momento los leímos junto con muchos otros, que incluso podían ser de los mismos autores. Y he aquí que los años han pasado, y hemos vivido y olvidado tanto; pero esos pequeños, insignificantes cuentos, esos granos de arena en el inmenso mar de la literatura, siguen ahí, latiendo en nosotros. ¿No es verdad que cada uno tiene su colección de cuentos? Yo tengo la mía, y podría dar algunos nombres. Tengo «William Wilson», de Edgar Poe, tengo «Bola de sebo», de Guy de Maupassant. Los pequeños planetas giran y giran: ahí está «Un recuerdo de Navidad», de Truman Capote, «Tlön, Uqbar, Orbis Tertius», de Jorge Luis Borges, «Un sueño realizado», de Juan Carlos Onetti, «La muerte de Iván Ilich», de Tolstoy, «Fifty Grand», de Hemingway, «Los soñadores», de Izak Dinesen, y así podría seguir y seguir... Ya habrían advertido ustedes que no todos esos cuentos son obligatoriamente de antología. ¿*Por qué* perduran en la memoria? Piensen en los cuentos que no han podido olvidar y verán que todos ellos tienen la misma característica: son aglutinantes de una realidad infinitamente más vasta que

100

la de su mera anécdota, y por eso han influido en nosotros con una fuerza que no haría sospechar la modestia de su contenido aparente, la brevedad de su texto. Y ese hombre que en un determinado momento elige un tema y hace con él un cuento será un gran cuentista si su elección contiene —a veces sin que él lo sepa conscientemente— esa fabulosa apertura de lo pequeño hacia lo grande, de lo individual y circunscrito a la esencia misma de la condición humana. Todo cuento perdurable es como la semilla donde está durmiendo el árbol gigantesco. Ese árbol crecerá en nosotros, dará su sombra en nuestra memoria.

Sin embargo, hay que aclarar mejor esta noción de temas significativos. Un mismo tema puede ser profundamente significativo para un escritor, y anodino para otro; un mismo tema despertará enormes resonancias en un lector, y dejará indiferente a otro. En suma, puede decirse que no hay temas absolutamente significativos o absolutamente insignificantes. Lo que hay es una alianza misteriosa y compleja entre cierto escritor y cierto tema en un momento dado, así como la misma alianza podrá darse luego entre ciertos cuentos y ciertos lectores. Por eso, cuando decimos que un tema es significativo, como en el caso de los cuentos de Chéjov, esa significación se ve determinada en cierta medida por algo que está fuera del tema en sí, por algo que está antes y después del tema. Lo que está antes es el escritor, con su carga de valores humanos y literarios, con su voluntad de hacer una obra que tenga un sentido; lo que está después es el tratamiento literario del tema, la forma en que el cuentista, frente a su tema, lo ataca y sitúa verbalmente y estilísticamente, lo estructura en forma de cuento, y lo proyecta en último término hacia algo que excede el cuento mismo. Aquí me parece oportuno mencionar un hecho que me ocurre con frecuencia, y que otros cuentistas amigos conocen tan bien como yo. Es habitual que en el curso de una conversación, alguien cuente un episodio divertido o conmovedor o extraño, y que dirigiéndose luego al cuentista presente le diga: «Ahí tienes un tema formidable para un cuento; te lo regalo.» A mí me han regalado en esa forma montones de temas, y siempre he contestado amablemente: «Muchas gracias», y jamás he escrito un cuento con ninguno de ellos. Sin embargo, cierta vez una amiga me contó distraídamente las aventuras de una criada suya en París. Mientras escuchaba su relato, sentí que eso podía llegar a ser un cuento. Para ella esos episodios no eran más que anécdotas curiosas; para mí, bruscamente, se cargaban de un sentido que iba mucho más allá de su simple y hasta vulgar contenido. Por eso, toda vez que me han preguntado: ¿Cómo distinguir entre un tema

101

insignificante —por más divertido o emocionante que pueda ser— y otro significativo?, he respondido que el escritor es el primero en sufrir ese efecto indefinible pero avasallador de ciertos temas, y que precisamente por eso es un escritor. Así como para Marcel Proust el sabor de una magdalena mojada en el té abría bruscamente un inmenso abanico de recuerdos aparentemente olvidados, de manera análoga el escritor reacciona ante ciertos temas en la misma forma en que su cuento, más tarde, hará reaccionar al lector. Todo cuento está así predeterminado por el aura, por la fascinación irresistible que el tema crea en su creador.

Llegamos así al fin de esta primera etapa del nacimiento de un cuento, y tocamos el umbral de su creación propiamente dicha. He aquí al cuentista, que ha escogido un tema valiéndose de esas sutiles antenas que le permiten reconocer los elementos que luego habrán de convertirse en obra de arte. El cuentista está frente a su tema, frente a ese embrión que ya es vida, pero que no ha adquirido todavía su forma definitiva. Para él ese tema tiene sentido, tiene significación. Pero si todo se redujera a eso, de poco serviría; ahora, como último término del proceso, como juez implacable, está esperando el lector, el eslabón final del proceso creador, el cumplimiento o el fracaso del ciclo. Y es entonces que el cuento tiene que nacer puente, tiene que nacer pasaje, tiene que dar el salto que proyecte la significación inicial, descubierta por el autor, a ese extremo más pasivo y menos vigilante y muchas veces hasta indiferente que llamamos lector. Los cuentistas inexpertos suelen caer en la ilusión de imaginar que les bastará escribir lisa y llanamente un tema que los ha conmovido, para conmover a su turno a los lectores. Incurren en la ingenuidad de aquel que encuentra bellísimo a su hijo, y da por supuesto que los demás lo ven igualmente bello. Con el tiempo, con los fracasos, el cuentista capaz de superar esa primera etapa ingenua, aprende que en literatura no bastan las buenas intenciones. Descubre que para volver a crear en el lector esa conmoción que lo llevó a él a escribir el cuento, es necesario un oficio de escritor, y que ese oficio consiste, entre muchas otras cosas, en lograr ese clima propio de todo gran cuento, que obliga a seguir leyendo, que atrapa la atención, que aísla al lector de todo lo que lo rodea para después, terminado el cuento, volver a conectarlo con su circunstancia de una manera nueva, enriquecida, más honda o más hermosa. Y la única forma en que puede conseguirse ese secuestro momentáneo del lector es mediante un estilo basado en la intensidad y en la tensión, un estilo en el que los elementos formales y expresivos se ajusten, sin la menor concesión, a la índole del tema, le den su forma visual y auditiva más penetrante y original, lo vuelvan único, inolvidable, lo fijen para siempre en su tiempo y en su ambiente y en su sentido más primordial. Lo que llamo intensidad en un cuento consiste en la eliminación de todas las ideas o situaciones intermedias, de todos los rellenos o fases de transición que la novela permite e incluso exige. Ninguno de ustedes habrá olvidado «El tonel de amontillado» de Edgar Poe. Lo extraordinario de este cuento es la brusca prescindencia de toda descripción de ambiente. A la tercera o cuarta frase estamos en el corazón del drama, asistiendo al cumplimiento implacable de una venganza. «Los asesinos», de Hemingway, es otro ejemplo de intensidad obtenida mediante la eliminación de todo lo que no converja esencialmente al drama. Pero pensemos ahora en los cuentos de Joseph Conrad, de D. H. Lawrence, de Kafka. En ellos, con modalidades típicas de cada uno, la intensidad es de otro orden, y yo prefiero darle el nombre de tensión. Es una intensidad que se ejerce en la manera con que el autor nos va acercando lentamente a lo contado. Todavía estamos muy lejos de saber lo que va a ocurrir en el cuento, y sin embargo no podemos sustraernos a su atmósfera. En el caso de «El tonel de amontillado» y de «Los asesinos», los hechos despojados de toda preparación, saltan sobre nosotros y nos atrapan; en cambio, en un relato demorado y caudaloso de Henry James —«La lección del maestro», por ejemplo— se siente de inmediato que los hechos en sí carecen de importancia, que todo está en las fuerzas que los desencadenaron, en la malla sutil que los precedió y los acompaña. Pero tanto la intensidad de la acción como la tensión interna del relato son el producto de lo que antes llamé el oficio de escritor, y es aquí donde nos vamos acercando al final de este paseo por el cuento. En mi país, y ahora en Cuba, he podido leer cuentos de los autores más variados: maduros o jóvenes, de la ciudad y del campo, entregados a la literatura por razones estéticas o por imperativos sociales del momento, comprometidos o no comprometidos. Pues bien, y aunque suene a perogrullada, tanto en la Argentina como aquí los buenos cuentos los están escribiendo quienes dominan el oficio en el sentido ya indicado. Un ejemplo argentino aclarará mejor esto. En nuestras provincias centrales y norteñas existe una larga tradición de cuentos orales, que los gauchos se transmiten de noche en torno al fogón, que los padres siguen contando a sus hijos, y que de golpe pasan por la pluma de un escritor regionalista y, en una abrumadora mayoría de casos, se convierten en pésimos cuentos. ¿Qué ha sucedido? Los relatos en sí son sabrosos, traducen y resumen la experiencia,

103

el sentido del humor y el fatalismo del hombre de campo; algunos incluso se elevan a la dimensión trágica o poética. Cuando uno los escucha de boca de un viejo criollo, entre mate y mate, siente como una anulación del tiempo, y piensa que también los aedos griegos contaban así las hazañas de Aquiles para maravilla de pastores y viajeros. Pero en ese momento, cuando debería surgir un Homero que hiciese una Ilíada o una Odisea de esa suma de tradiciones orales, en mi país surge un señor para quien la cultura de las ciudades es un signo de decadencia, para quien los cuentistas que todos amamos son estetas que escribieron para el mero deleite de clases sociales liquidadas, y ese señor entiende en cambio que para escribir un cuento lo único que hace falta es poner por escrito un relato tradicional, conservando todo lo posible el tono hablado, los giros campesinos, las incorrecciones gramaticales, eso que llaman el color local. No sé si esa manera de escribir cuentos populares se cultiva en Cuba; ojalá que no, porque en mi país no ha dado más que indigestos volúmenes que no interesan ni a los hombres de campo, que prefieren seguir *escuchando* los cuentos entre dos tragos, ni a los lectores de la ciudad, que estarán muy echados a perder pero que se tienen bien leídos a los clásicos del género. En cambio —y me refiero también a la Argentina— hemos tenido a escritores como un Roberto J. Payró, un Ricardo Güiraldes, un Horacio Quiroga y un Benito Lynch que, partiendo también de temas muchas veces tradicionales, escuchados de boca de viejos criollos como un Don Segundo Sombra, han sabido potenciar ese material y volverlo obra de arte. Pero Quiroga, Güiraldes y Lynch conocían a fondo el oficio de escritor, es decir que sólo aceptaban temas significativos, enriquecedores, así como Homero debió desechar montones de episodios bélicos y mágicos para no dejar más que aquellos que han llegado hasta nosotros gracias a su enorme fuerza mítica, a su resonancia de arquetipos mentales, de hormonas psíquicas como llamaba Ortega y Gasset a los mitos. Quiroga, Güiraldes y Lynch eran escritores de dimensión universal, sin prejuicios localistas o étnicos o populistas; por eso, además de escoger cuidadosamente los temas de sus relatos, los sometían a una forma literaria, la única capaz de transmitir al lector todos sus valores, todo su fermento, toda su proyección en profundidad y en altura. Escribían tensamente, mostraban intensamente. No hay otra manera de que un cuento sea eficaz, haga blanco en el lector y se clave en su memoria.

El ejemplo que he dado puede ser de interés para Cuba. Es evidente que las posibilidades que la Revolución ofrece a un cuentista son casi infinitas. La ciudad, el campo, la lucha, el trabajo, los distintos tipos psicológicos, los conflictos de ideología y de carácter; y todo eso como exacerbado por el deseo que se ve en ustedes de actuar, de expresarse, de comunicarse como nunca habían podido hacerlo antes. Pero todo eso, ¿cómo ha de traducirse en grandes cuentos, en cuentos que lleguen al lector con la fuerza y la eficacia necesarias? Es aquí donde me gustaría aplicar concretamente lo que he dicho en un terreno más abstracto. El entusiasmo y la buena voluntad no bastan por sí solos, como tampoco basta el oficio de escritor por sí solo para escribir los cuentos que fijen literariamente (es decir, en la admiración colectiva, en la memoria de un pueblo) la grandeza de esta Revolución en marcha. Aquí, más que en ninguna otra parte, se requiere hoy una fusión total de esas dos fuerzas, la del hombre plenamente comprometido con su realidad nacional y mundial, y la del escritor lúcidamente seguro de su oficio. En ese sentido no hay engaño posible. Por más veterano, por más experto que sea un cuentista, si le falta una motivación entrañable, si sus cuentos no nacen de una profunda vivencia, su obra no irá más allá del mero ejercicio estético. Pero lo contrario sería aún peor, porque de nada valen el fervor, la voluntad de comunicar un mensaje, si se carece de los instrumentos expresivos, estilísticos, que hacen posible esa comunicación. En este momento estamos tocando el punto crucial de la cuestión. Yo creo, y lo digo después de haber pasado largamente todos los elementos que entran en juego, que escribir para una revolución, que escribir dentro de una revolución, que escribir revolucionariamente, no significa, como creen muchos, escribir obligadamente acerca de la revolución misma. Jugando un poco con las palabras, Emmanuel Carballido decía aquí hace unos días que en Cuba sería más revolucionario escribir cuentos fantásticos que cuentos sobre temas revolucionarios. Por supuesto la frase es exagerada, pero produce una impaciencia muy reveladora. Por mi parte, creo que el escritor revolucionario es aquel en quien se fusionan indisolublemente la conciencia de su libro compromiso individual y colectivo, con esa otra soberana libertad cultural que confiere el pleno dominio de su oficio. Si ese escritor, responsable y lúcido, decide escribir literatura fantástica, o psicológica, o vuelta hacia el pasado, su acto es un acto de libertad dentro de la revolución, y por eso es también un acto revolucionario aunque sus cuentos no se ocupen de las formas individuales o colectivas que adopta la revolución. Contrariamente al estrecho criterio de muchos que confunden literatura con pedagogía, literatura con enseñanza, literatura con adoctrinamiento ideológico, un escritor revolucionario tiene todo el derecho de dirigirse a un lector mucho más complejo, mucho más exigente en materia espiritual de lo que imaginan los escritores y los críticos improvisados por las circunstancias y convencidos de que su mundo personal es el único mundo existente, de que las preocupaciones del momento son las únicas preocupaciones válidas. Repitamos, aplicándola a lo que nos rodea en Cuba, la admirable frase de Hamlet a Horacio: «Hay muchas más cosas en el cielo y en la tierra de lo que supone tu filosofía...» Y pensemos que a un escritor no se le juzga solamente por el tema de sus cuentos o sus novelas, sino por su presencia viva en el seno de la colectividad, por el hecho de que el compromiso total de su persona es una garantía indesmentible de la verdad y de la necesidad de su obra, por más ajena que ésta pueda parecer a las circunstancias del momento. Esa obra no es ajena a la revolución porque no sea accesible a todo el mundo. Al contrario, prueba que existe un vasto sector de lectores potenciales que, en un cierto sentido, están mucho más separados que el escritor de las metas finales de la revolución, de esas metas de cultura, de libertad, de pleno goce de la condición humana que los cubanos se han fijado para admiración de todos los que aman y los comprenden. Cuanto más alto apunten los escritores que han nacido para eso más altas serán las metas finales del pueblo al que pertenecen. ¡Cuidado con la fácil demagogia de exigir una literatura accesible a todo el mundo! Muchos de los que la apoyan no tienen otra razón para hacerlo que la de su evidente incapacidad para comprender una literatura de mayor alcance. Piden clamorosamente temas populares, sin sospechar que muchas veces el lector, por más sencillo que sea, distinguirá instintivamente entre un cuento popular mal escrito y un cuento más difícil y complejo pero que lo obligará a salir por un momento de su pequeño mundo circundante y le mostrará otra cosa, sea lo que sea, pero otra cosa, algo diferente. No tiene sentido hablar de temas populares a secas. Los cuentos sobre temas populares sólo serán buenos si se ajustan, como cualquier otro cuento, a esa exigente y difícil mecánica interna que hemos tratado de mostrar en la primera parte de esta charla. Hace años tuve la prueba de esta afirmación en la Argentina, en una rueda de hombres de campo a la que asistíamos unos cuantos escritores. Alguien leyó un cuento basado en un episodio de nuestra guerra de independencia, escrito con una deliberada sencillez para ponerlo, como decía su autor, «al nivel del campesino». El relato fue escuchado cortésmente, pero era fácil advertir que no había tocado fondo. Luego uno de nosotros leyó «La pata de mono», el justamente famoso cuento de W. W. Jacobs. El interés, la emoción, el espanto, y finalmente el entusiasmo fueron extraordinario. Recuerdo que pasamos el resto de la noche hablando de hechicería, de brujos, de venganzas diabólicas. Y estoy seguro de que el cuento de Jacobs sigue vivo en el recuerdo de esos gauchos analfabetos, mientras que el cuento supuestamente popular, fabricado para ellos, con su vocabulario, sus aparentes posibilidades intelectuales y sus intereses patrióticos, ha de estar tan olvidado como el escritor que lo fabricó. Yo he visto la emoción que entre la gente sencilla provoca una representación de *Hamlet*, obra difícil y sutil si las hay, y que sigue siendo tema de estudios eruditos y de infinitas controversias. Es cierto que esa gente no puede comprender muchas cosas que apasionan a los especialistas en teatro isabelino. ¿Pero qué importa? Sólo su emoción importa, su maravilla y su transporte frente a la tragedia del joven príncipe danés. Lo que prueba que Shakespeare escribía verdaderamente para el pueblo, en la medida en que su tema era profundamente significativo para cualquiera —en diferentes planos, sí, pero alcanzando un poco a cada uno— y que el tratamiento teatral de ese tema tenía la intensidad propia de los grandes escritores, y gracias a la cual se quiebran las barreras intelectuales aparentemente más rígidas, y los hombres se reconocen y fraternizan en un plano que está más allá o más acá de la cultura. Por supuesto, sería ingenuo creer que toda gran obra puede ser comprendida y admirada por las gentes sencillas; no es así, y no puede serlo. Pero la admiración que provocan las tragedias griegas o las de Shakespeare, el interés apasionado que despiertan muchos cuentos y novelas nada sencillos ni accesibles, debería hacer sospechar a los partidarios del mal llamado «arte popular» que su noción del pueblo es parcial, injusta, y en último término peligrosa. No se le hace ningún favor al pueblo si se le propone una literatura que pueda asimilar sin esfuerzo, pasivamente, como quien va al cine a ver películas de cowboys. Lo que hay que hacer es educarlo, y eso es en una primera etapa tarea pedagógica y no literaria. Para mí ha sido una experiencia reconfortante ver cómo en Cuba los escritores que más admiro participan en la revolución dando lo mejor de sí mismos, sin cercenar una parte de sus posibilidades en aras de un supuesto arte popular que no será útil a nadie. Un día Cuba contará con un acervo de cuentos y de novelas que contendrá transmutada al plano estético, eternizada en la dimensión temporal del arte, su gesta revolucionaria de hoy. Pero esas obras no habrán sido escritas por obligación, por consignas de la hora. Sus temas nacerán cuando sea el momento, cuando el escritor sienta que debe plasmarlos en cuentos o novelas o piezas de teatro o

107

poemas. Sus temas contendrán un mensaje auténtico y hondo, porque no habrán sido escogidos por un imperativo de carácter didáctico o proselitista, sino por una irresistible fuerza que se im-
pondrá al autor, y que éste, apelando a todos los recursos de su
arte y de su técnica, sin sacrificar nada a nadie, habrá de transmitir al lector como se transmiten las cosas fundamentales de sangre a sangre, de mano a mano, de hombre a hombre.

«Del cuento breve y sus alrededores» * (1969)

León L. affirmait qu'il n'y avait qu'une chose de plus épouvantable que l'Epouvante: la journée normale, le quotidien, nous-mêmes sans le cadre forgé par l'Epouvante.
—Dieu a créé la mort. Il a créé la vie. Soit, déclamait LL. Mais ne dites pas que c'est Lui que a également créé la «journée normale», la «vie de-tous-les-jours». Grande est mon impiéte, soit. Mais devant cette calomnie, devant ce blasphème, elle recule.

PIOTR RAWICZ *Le sang du ciel*

Alguna vez Horacio Quiroga intentó un «decálogo del perfecto cuentista», cuyo mero título vale ya como una guiñada de ojo al lector. Si nueve de los preceptos son considerablemente prescindibles, el último me parece de una lucidez impecable: «Cuenta como si el relato no tuviera interés más que para el pequeño ambiente de tus personajes, de los que pudiste haber sido uno. No de otro modo se obtiene la *vida* en el cuento.»

La noción de pequeño ambiente de su sentido más hondo al consejo, al definir la forma cerrada del cuento, lo que ya en otra ocasión he llamado su esfericidad; pero a esa noción se suma otra igualmente significativa, la de que el narrador pudo haber sido uno de los personajes, es decir que la situación narrativa en sí debe nacer y darse dentro de la esfera, trabajando del interior hacia el exterior, sin que los límites del relato se vean trazados como quien modela una esfera de arcilla. Dicho de otro modo, el sentimiento de la esfera debe preexistir de alguna manera al acto de escribir el cuento, como si el narrador, sometido por la forma que asume, se moviera implícitamente en ella y la llevara a su extrema tensión, lo que hace precisamente la perfección de la forma esférica.

Estoy habando del cuento contemporáneo, digamos el que nace con Edgar Allan Poe, y que se propone como una máquina infalible destinada a cumplir su misión narrativa con la máxima economía de medios; precisamente, la diferencia entre el cuento y lo que los franceses llaman *nouvelle* y los anglosajones *long short story* se basa en esa implacable carrera contra el reloj que es un cuento plenamente logrado: basta pensar en «The Cask of Amontillado», «Bliss», «Las ruinas circulares» y «The Killers». Esto no quiere decir que cuentos más extensos no puedan ser igualmente perfectos, pero me parece obvio que las narraciones arquetípicas de los últimos cien años han nacido de una despiadada eliminación de todos los elementos privativos de la *nouvelle* y de la novela, los exordios, circunloquios, desarrollos y demás recursos narrativos; si un cuento largo de Henry James o de D. H. Lawrence puede ser considerado tan genial como aquéllos, preciso será convenir en que estos autores trabajaron con una apertura temática y linguística que de alguna manera facilitaba su labor, mientras que lo siempre asombroso de los cuentos contra el reloj está en que potencian vertiginosamente un mínimo de elementos, probando que ciertas situaciones o terrenos narrativos privilegiados pueden traducirse en un relato de proyecciones tan vastas como la más elaborada de las *nouvelles*.

Lo que sigue se basa parcialmente en experiencias personales cuya descripción mostrará quizá, digamos desde el exterior de la esfera, algunas de las constantes que gravitan en un cuento de este tipo. Vuelvo al hermano Quiroga para recordar que dice: «Cuenta como si el relato no tuviera interés más que para el pequeño ambiente de sus personajes, *de los que pudiste ser uno*». La noción de ser uno de los personajes se traduce por lo general en el relato en primera persona, que nos sitúa de rondón en un plano interno. Hace muchos años, en Buenos Aires, Ana María Barrenechea me reprochó amistosamente un exceso en el uso de la primera persona, creo que con referencia a los relatos de «Las armas secretas», aunque quizá se trataba de los de «Final del juego». Cuando le señalé que había varios en tercera persona, insistió en que no era así y tuve que probárselo libro en mano. Llegamos a la hipótesis de que quizá la tercera actuaba como una primera persona disfrazada, y que por eso la memoria tendía a homogeneizar monótonamente la serie de relatos del libro.

En ese momento, o más tarde, encontré una suerte de explicación por la vía contraria, sabiendo que cuando escribo un cuento busco instintivamente que sea de alguna manera ajeno a mí en tanto demiurgo, que eche a vivir con una vida independiente, y que el lector tenga o pueda tener la sensación de que en cierto modo está leyendo algo que ha nacido por sí mismo, en sí mismo y hasta de sí mismo, en todo caso con la mediación pero jamás la presencia manifiesta del demiurgo. Recordé que siempre me han irritado los relatos donde los personajes tienen que quedarse como al margen mientras el narrador explica por su cuenta (aunque esa cuenta sea la mera explicación y no suponga interferencia demiúrgica) detalles o pasos de una situación a otra. El signo de un gran cuento me lo da eso que podríamos llamar su autarquía, el hecho de que el relato se ha desprendido del autor como una pompa de jabón de la pipa de yeso. Aunque parezca paradójico, la narración en primera persona constituye lo más fácil y quizá mejor solución del problema, porque *narración* y *acción* son ahí una y la misma cosa. Incluso cuando se habla de terceros, quien lo hace es parte de la acción, está en la burbuja y no en la pipa. Quizá por eso, en mis relatos en tercera persona, he procurado casi siempre no salirme de una narración *strictu senso,* sin esas tomas de distancia que equivalen a un juicio sobre lo que está pasando. Me parece una vanidad querer intervenir en un cuento con algo más que con el cuento en sí.

Esto lleva necesariamente a la cuestión de la técnica narrativa, entendiendo por esto el especial enlace en que se sitúan el narrador y lo narrado. Personalmente ese enlace se me ha dado siempre como una polarización, es decir que si existe el obvio puente de un lenguaje yendo de una voluntad de expresión a la expresión misma, a la vez ese puente me separa, como escritor, del cuento como cosa escrita, al punto que el relato queda siempre, con la última palabra, en la orilla opuesta. Un verso admirable de Pablo Neruda: *Mis criaturas nacen de un largo rechazo,* me parece la mejor definición de un proceso en el que escribir es de alguna manera exorcitar, rechazar criaturas invasoras proyectándolas a una condición que paradójicamente les da existencia universal a la vez que las sitúa en el otro extremo del puente, donde ya no está el narrador que ha soltado la burbuja de su pipa de yeso. Quizá sea exagerado afirmar que todo cuento breve plenamente logrado, y en especial los cuentos fantásticos, son productos neuró-

111

ticos, pesadillas o alucinaciones neutralizadas mediante la objetivación y el traslado a un medio exterior al terreno neurótico; de todas maneras, en cualquier cuento breve memorable se percibe esa polarización, como si el autor hubiera querido desprenderse lo antes posible y de la manera más absoluta de su criatura, exorcisándola con la única forma en que le era dado hacerlo: escribiéndola.

Este rasgo común no se lograría sin las condiciones y la atmósfera que acompañan el exorcismo. Pretender liberarse de criaturas obsesionantes a base de mera técnica narrativa puede quizá dar un cuento, pero al faltar la polarización esencial, el rechazo catártico, el resultado literario será precisamente eso, literario; al cuento le faltará la atmósfera que ningún análisis estilístico lograría explicar, el aura que pervive en el relato y poseerá al lector como había poseído, en el otro extremo del puente, al autor. Un cuentista eficaz puede escribir relatos literariamente válidos, pero si alguna vez ha pasado por la experiencia de librarse de un cuento como quien se quita de encima una alimaña, sabrá la diferencia que hay entre posesión y cocina literaria, y a su vez un buen lector de cuentos distinguirá infaliblemente entre lo que viene de un territorio indefinible y ominoso, y el producto de un mero *métier*. Quizás el rasgo diferencial más penetrante —lo he señalado ya en otra parte— sea la tensión interna de la trama narrativa. De una manera que ninguna técnica podría enseñar o proveer, el gran cuento breve condensa la obsesión de la alimaña, es una presencia alucinante que se instala desde las primeras frases para fascinar al lector, hacerle perder contacto con la desvaída realidad que lo rodea, arrasarlo a una sumersión más intensa y avasalladora. De un cuento así se sale como de un acto de amor, agotado y fuera del mundo circundante, al que se vuelve poco a poco con una mirada de sorpresa, de lento reconocimiento, muchas veces de alivio y tantas otras de resignación. El hombre que escribió ese cuento pasó por una experiencia todavía más extenuante, porque de su capacidad de transvasar la obsesión dependía el regreso a condiciones más tolerables; y la tensión del cuento nació de esa eliminación fulgurante de ideas intermedias, de etapas preparatorias, de toda la retórica literaria deliberada, puesto que había en juego una operación en alguna medida fatal que no toleraba pérdida de tiempo; estaba allí, y sólo de un manotazo podía arrancársela del cuello o de la cara. En todo caso así me tocó escribir muchos de mis cuentos; incluso en algunos relativamente largos, como *Las armas secretas*, la angustia omnipotente a lo largo de todo un día me obligó a trabajar empecinadamente hasta terminar

112

el relato y sólo entonces, sin cuidarme de releerlo, bajar a la calle y caminar por mí mismo, sin ser ya Pierre, sin ser ya Michèle.

Esto permite sostener que cierta gama de cuentos nace de un estado de trance, anormal para los cánones de la normalidad al uso, y que el autor los escribe mientras está en lo que los franceses llaban un «état second». Que Poe haya logrado sus mejores relatos en ese estado (paradójicamente reservaba la frialdad racional para la poesía, por lo menos en la intensión) lo prueba más acá de toda evidencia testimonial el efecto traumático, contagioso y para algunos diabólico de *The Telltale Heart*, o de *Berenice*. No faltará quien estime que exagero esta noción de un estado exorbitado como el único terreno donde puede nacer un gran cuento breve; haré notar que me refiero a relatos donde el tema mismo contiene la «anormalidad», como los citados de Poe, y que me baso en mi propia experiencia toda vez que me vi obligado a escribir un cuento para evitar algo mucho peor. ¿Cómo describir la atmósfera que antecede y envuelve el acto de escribirlo? Si Poe hubiera tenido ocasión de hablar de eso, estas páginas no serían intentadas, pero él calló ese círculo de su infierno y se limitó a convertirlo en *The Black Cat* o en *Ligeia*. No sé de otros testimonios que puedan ayudar a comprender el proceso desencadenante y condicionante de un cuento breve digno de recuerdo; apelo entonces a mi propia situación de cuentista y veo a un hombre relativamente feliz y cotidiano, envuelto en las mismas pequeñeces y dentistas de todo habitante de una gran ciudad, que lee el periódico y se enamora y va al teatro y que de pronto, instantáneamente, en un viaje en el subte, en un café, en un sueño, en la oficina mientras revisa una traducción sospechosa acerca del analfabetismo en Tanzania, deja de ser él-y-su-circunstancia y sin *razón* alguna, sin preaviso, sin el aura de los epilépticos, sin la crispación que precede a las grandes jaquecas, sin nada que le dé tiempo a apretar los dientes y a respirar hondo, *es un cuento*, una masa informe sin palabras ni caras ni principio ni fin, pero ya un cuento, algo que solamente puede ser un cuento y además en seguida, inmediatamente, Tanzania puede irse al demonio porque este hombre meterá una hoja de papel en la máquina y empezará a escribir aunque sus jefes en las Naciones Unidas en pleno le caigan por las orejas, aunque su mujer lo llame porque se está enfriando la sopa, aunque ocurran cosas tremendas en el mundo y haya que escuchar las informaciones radiales o bañarse o telefonear a los amigos. Me acuerdo de una cita curiosa, creo que de Roger Fry; un niño precozmente dotado para el dibujo explicaba su método de composición diciendo: *First I think and then I draw a line*

113

around my think (sic). En el caso de estos cuentos sucede exactamente lo contrario: la línea verbal que los dibujará arranca sin ningún «think» previo, hay como un enorme coágulo, un bloque total que ya es el cuento, eso es clarísimo aunque nada pueda parecer más oscuro, y precisamente ahí reside esa especie de analogía onírica de signo inverso que hay en la composición de tales cuentos, puesto que todos hemos soñado cosas meridianamente claras que, una vez despiertos, eran un coágulo informe, una masa sin sentido. ¿Se sueña despierto al escribir un cuento breve? Los límites del sueño y la vigilia, ya se sabe: basta preguntarle al filósofo chino o a la mariposa. De todas maneras si la analogía es evidente, la relación es de signo inverso por lo menos en mi caso, puesto que arranco del bloque informe y escribo algo que sólo entonces se convierte en un cuento coherente y válido *per se*. La memoria, traumatizada sin duda por una experiencia vertiginosa, guarda en detalle las sensaciones de esos momentos, y me permite racionalizarlos aquí en la medida de lo posible. Hay la masa que es el cuento (¿pero qué cuento? No lo sé y lo sé, todo está visto por algo mío que no es mi conciencia pero que vale más que ella en esa hora fuera del tiempo y la razón), hay la angustia y la ansiedad y la maravilla, porque también las sensaciones y los sentimientos se contradicen en esos momentos, escribir un cuento así es simultáneamente terrible y maravilloso, hay una desesperación exaltante, una exaltación desesperada; es ahora o nunca, y el temor de que pueda ser nunca exacerba el ahora, lo vuelve máquina de escribir corriendo a todo teclado, olvido de la circunstancia, abolición de la circundante. Y entonces la masa negra se aclara a medida que se avanza, increíblemente las cosas son de una extrema facilidad como si el cuento ya estuviera escrito con una tinta simpática y uno le pasara por encima el pincelito que lo despierta. Escribir un cuento así no da ningún trabajo, absolutamente ninguno; todo ha ocurrido antes y ese antes, que aconteció en un plano donde «la sinfonía se agita en la profundidad», para decirlo con Rimbaud, es el que ha provocado la obsesión, el coágulo abominable que había que arrancarse a tirones de palabras. Y por eso, porque todo está decidido en una región que diurnamente me es ajena, ni siquiera el remate del cuento presenta problemas, sé que puedo escribir sin detenerme, viendo presentarse y sucederse los episodios, y que el desenlace está tan incluido en el coágulo inicial como el punto de partida. Me acuerdo de la mañana en que me cayó encima *Una flor amarilla*: el bloque amorfo era la noción del hombre que encuentra a un niño que se le parece y tiene la deslumbradora intuición de que somos inmortales.

Escribí las primeras escenas sin la menor vacilación, pero no sabía lo que iba a ocurrir, ignoraba el desenlace de la historia. Si en ese momento alguien me hubiera interrumpido para decirme: «Al final el protagonista va a envenenar a Luc», me hubiera quedado estupefacto. Al final el protagonista envenena a Luc, pero eso llegó como todo lo anterior, como una madeja que se desovilla a medida que tiramos; la verdad es que en mis cuentos no hay el menor mérito *literario*, el menor esfuerzo. Si algunos se salvan del olvido es porque he sido capaz de recibir y transmitir sin demasiadas pérdidas esas latencias de una psiquis profunda, y el resto es una cierta veteranía para no falsear el misterio, conservarlo lo más cerca posible de su fuente, con su temblor original, su balbuceo arquetípico.

Lo que precede habrá puesto en la pista al lector: no hay diferencia genética entre este tipo de cuentos y la poesía como la entendemos de magia de segundo grado, tentativa de posesión ontológica y no ya física como en la magia propiamente dicha, el cuento no tiene intenciones esenciales, no indaga ni transmite un conocimiento o un «mensaje». El génesis del cuento y del poema es sin embargo el mismo, nace de un repentino extrañamiento, de un *desplazarse* que altera el régimen «normal» de la conciencia; en un tiempo en que las etiquetas y los géneros ceden a una estrepitosa bancarrota, no es inútil insistir en esta afinidad que muchos encontrarán fantasiosa. Mi experiencia me dice que, de alguna manera, un cuento breve como los que he tratado de caracterizar no tiene una *estructura de prosa*. Cada vez que me ha tocado revisar la traducción de uno de mis relatos (o intentar la de otros autores, como alguna vez con Poe) he sentido hasta qué punto la eficacia y el *sentido* del cuento dependían de esos valores que dan su carácter específico al poema y también al jazz: la tensión, el ritmo, la pulsación interna, lo imprevisto dentro de parámetros pre-vistos, esa *libertad fatal* que no admite alteración sin una pérdida irrestañable. Los cuentos de esta especie se incorporan como cicatrices indelebles a todo lector que los merezca: son criaturas vivientes, organismos completos, ciclos cerrados, y respiran. *Ellos* respiran, no el narrador, a semejanza de los poemas perdurables y a diferencia de toda prosa encaminada a transmitir la respiración del narrador, a *comunicarla* a manera de un teléfono de palabras. Y si se pregunta: Pero entonces, ¿no hay comunicación entre el poeta (el cuentista) y el lector?, la respuesta es obvia: La comunicación se opera *desde* el poema o el cuento, no *por medio* de ellos. Y esa comunicación no es la que intenta el prosista, de teléfono a teléfono; el poeta y el narrador

115

urden criaturas autónomas, objetos de conducta imprevisible, y sus consecuencias ocasionales en los lectores no se diferencian esencialmente de las que tienen para el autor, primer sorprendido de su creación, lector azorado de sí mismo.

Breve oda sobre los cuentos fantásticos. Primera observación: lo fantástico como nostalgia. Toda *suspension of disbelief* obra como una tregua en el seco, implacable asedio que el determinismo hace al hombre. En esa tregua, la nostalgia introduce una variante en la afirmación de Ortega: hay hombres que en algún momento cesan de ser ellos y su circunstancia, hay una hora en la que se anhela ser uno mismo y lo inesperado, uno mismo y el momento en que la puerta que antes y después da al zaguán se entorna lentamente para dejarnos ver el prado donde relincha el unicornio.

Segunda observación: lo fantástico exige un desarrollo temporal ordinario. Su irrupción altera instantáneamente el presente, pero la puerta que da al zaguán ha sido y será la misma en el pasado y el futuro. Sólo la alteración momentánea dentro de la regularidad delata lo fantástico, pero es necesario que lo excepcional pase a ser también la regla sin desplazar las estructuras ordinarias entre las cuales se ha insertado. Descubrir en una nube el perfil de Beethoven sería inquietante si durara diez segundos antes de deshilacharse y volverse fragata o paloma; su carácter fantástico sólo se afirmaría en caso de que el perfil de Beethoven siguiera allí mientras el resto de las nubes se conduce con su desintencionado desorden sempiterno. En la mala literatura fantástica, los perfiles sobrenaturales suelen introducirse como cuñas instantáneas y efímeras en la sólida masa de lo consuetudinario; así, una señora que se ha ganado el odio minucioso del lector, es meritoriamente estrangulada a último minuto gracias a una mano fantasmal que entra por la chimenea y se va por la ventana sin mayores rodeos, aparte de que en esos casos el autor se cree obligado a proveer una «explicación» a base de antepasados vengativos o maleficios malayos. Agrego que la peor literatura de este género es sin embargo la que opta por el procedimiento inverso, es decir el desplazamiento de lo temporal ordinario por una especie de «full-time» de lo fantástico, invadiendo la casi totalidad del escenario con gran despliegue de cotillón sobrenatural, como en el socorrido modelo de la casa encantada donde todo rezuma manifestaciones insólitas, desde que el protagonista hace sonar el aldabón de las primeras frases hasta la ventana de la buhardilla donde culmina espasmódicamente el relato. En los dos extremos (insuficiente instalación en la circunstancia ordinaria, y re-

116

chazo casi total de esta última) se peca por impermeabilidad, se trabaja con materias heterogéneas momentáneamente vinculadas pero en las que no hay ósmosis, articulación convincente. El buen lector siente que nada tienen que hacer allí esa mano estranguladora ni ese caballero que de resultas de una apuesta se instala para pasar la noche en una tétrica morada. Este tipo de cuentos que abruma las antologías del género recuerda la receta de Edward Lear para fabricar un pastel cuyo glorioso nombre he olvidado: Se toma un cerdo, se lo ata a una estaca y se le pega violentamente, mientras por otra parte se prepara con diversos ingredientes una masa cuya cocción sólo se interrumpe para seguir apaleando al cerdo. Si al cabo de tres días no se ha logrado que la masa y el cerdo formen un todo homogéneo, puede considerarse que el pastel es un fracaso, por lo cual se soltará al cerdo y se tirará la masa a la basura. Que es precisamente lo que hacemos con los cuentos donde no hay ósmosis, donde lo fantástico y lo habitual se yuxtaponen sin que nazca el pastel que esperábamos saborear estremecidamente.

III

HACIA UNA TEORÍA DEL CUENTO

A. DEFINICIONES

*Caruos Mastrángelo, «Elementos para una definición del cuento» * (1963)*

Que la literatura no sea una ciencia ni, mucho menos, una ciencia exacta, no significa que la crítica literaria carezca absolutamente de ciertas normas que, por elásticas o imprecisas, no son menos existentes. Quienquiera que estudie a los grandes maestros, analizando sus cuentos más famosos y ateniéndose a lo que hay de común en éstos, llegará a las mismas o aproximadas conclusiones a que hemos llegado nosotros. Y fundiendo estas conclusiones con algunos juicios parcialmente acertados de diversos autores, los elementos cardinales para una definición del cuento resultan los siguientes:

1.º un cuento es una serie breve y escrita de incidentes;

2.º de ciclo acabado y perfecto como un círculo;

3.º siendo muy esencial el argumento, el asunto o los incidentes en sí;

4.º trabados éstos en una única e ininterrumpida ilación;

5.º sin grandes intervalos de tiempo ni de espacio;

6.º rematados por un final imprevisto, adecuado y natural.

1.º ¿Por qué *una serie, y breve, de incidentes*? Porque generalmente no basta uno sólo. Hay un delicioso cuento de Guillermo Estrella, *La araña*, que desarrolla un asunto tan insignificante que únicamente un cuentista fino y consumado como él pudo hacer del mismo un cuento. En cierta ocasión descubre sobre el vidrio

* Reproducido con permiso de la Librería Hachette, Eds., de *El cuento argentino* (Buenos Aires, 1963), págs. 103-111 [se omiten algunas particularidades de la tipografía y presentación].

121

de su ventana una inofensiva arañita «casera». Este hallazgo, con la consiguiente descripción del animalito, constituye el primer *incidente*. Pero esto no es un cuento. En días subsiguientes la araña aparece de nuevo y el autor comienza a observarla y a conocerla. Estos nuevos hechos se van pareciendo a un cuento, mas todavía no lo son. Un día el observador descubre que el animal, nuevamente sobre el vidrio, empieza a tender una emboscada a su futura víctima, distendiendo sus tentáculos, hasta que se abalanza sobre una mosca y la devora. Recién ahora es un cuento, y bien terminado. Lo de *breve* ya no se discute: «no hay cuento de mil páginas», etc. En realidad, casi nunca pasan de las 7.000 u 8.000 palabras (20 a 25 páginas aproximadamente; aunque la mayoría apenas si cuentan con la mitad).

2.º ¿Por qué *de ciclo acabado y perfecto como un círculo?* Porque un buen cuento, por corto o largo que sea, es siempre *un todo* armónico y concluido, como un organismo vivo o un órgano en perfecto funcionamiento, donde nada falta ni sobra.

3.º ¿Por qué *es muy esencial el argumento*, el asunto o los incidentes en sí? Porque en el cuento, insistimos, no hay tiempo, motivo, ni espacio para describir ambientes, personajes, ni caracteres, salvo el caso especial en que se base en esos elementos. En el cuento nos interesa solamente *lo que está sucediendo y cómo terminará*.[1]

---

1. «...la diferencia entre novela a secas y novela corta va más allá de la simple extensión —intenta aclarar Eduardo A. Dughera—. En aquélla se puede desarrollar un argumento trascendental o insignificante, simple o complejo, pues ello no cuenta, con tal que estén bien delineados ideas, ambientes, tipos y el autor se valga de un buen diálogo para acentuar caracteres». *En la novela corta, por lo contrario, lo fundamental es el argumento, el cual debe poseer, entre otras menores, la facultad de provocar en el lector una sola vibración emocional, porque si esta se diversifica y permite la entrada arbitraria del relleno, la tensión dramática se afloja y el fracaso está a la vista.* Refiriéndose luego a la novela extensa, señala la bifurcación repetida del hilo de la trama. *Y nada de eso ofrece ni puede ofrecer la novela corta.* Los conceptos más importantes de Dughera, que coinciden en un todo con los nuestros, son los que hemos reproducido [y subrayado] y que están de acuerdo también con el N.º 4 de nuestros «Elementos». El único error de Dughera consiste, a nuestro juicio, en confundir la novela corta con el cuento. Las características que él con tanto acierto señala corresponden a éste y no a aquélla, pues la diferencia entre novela a secas —como él dice— y la novela corta es mucho menor, y es quizá una cuestión de tamaño más que de forma y estructura, como hemos visto ya.

4.º ¿Por qué trabados los incidentes *en una única e ininterrumpida ilación*? Porque es la columna vertebral del cuento como forma literaria, y que nadie ha señalado, a excepción de Quiroga. En la novela, en la novela breve y aun en el relato, las ilaciones o líneas de interés o de incidentes —como los problemas, los ambientes, los caracteres y los personajes— pueden ser tantos como al autor se le ocurra. Cuando en un trabajo narrativo, aunque sea corto, el autor abandona un asunto o personaje para tomar otro independiente, desde ese instante deja de ser un cuento. Si bien no es lo común, éste puede admitir diversos ambientes y personajes, siempre que todo obedezca a *una sola línea temática y de interés*. En este sentido, el cuento es el menos realista, sincero y exacto de los géneros narrativos. Mucho menos copiante y fiel, como expresión objetiva de la realidad, que el relato y la novela. Porque el cuentista —casi siempre un inventor, un verdadero creador— en su concepción, en su estilo y en su técnica hace un verdadero estrujamiento, escorzo o escamoteo de la realidad en su conjunto, para tomar y utilizar sólo lo que a él le convenga para su designio artístico. Y la más pequeña desviación o digresión puede resultarle nefasta. Este es uno de los rasgos más notables en los mejores cuentos de quien enseñaba: «Toma a tus personajes de la mano y llévalos firmemente hasta el final sin ver otra cosa que el camino que les trazaste.» En cambio se equivoca Quiroga cuando expresa: «Un cuento es una novela depurada de ripios.» Mas de inmediato recapacita: «Ten esto por una verdad absoluta, aunque no lo sea.»

El artista, si es hábil —escribía Charles Baudelaire, refiriéndose a la novela corta— no ajustará sus pensamientos a los incidentes, sino que, habiendo concebido deliberadamente, a placer, un efecto a producir, inventará los incidentes, combinará los acontecimientos más apropiados para conseguir el efecto deseado. Si la primera frase no está escrita con el fin de preparar esa impresión final, la obra será defectuosa desde el principio. En toda la composición no debe deslizarse una sola palabra que no contenga una intención, que no tienda, directa o indirectamente, a completar el propósito premeditado.[2]

5.º ¿Por qué *...sin grandes intervalos de tiempo ni de espacio*? Porque *la unidad de tiempo, de espacio y de asunto* es otro

2. El único posible error de esta magnífica tesis de Baudelaire es el que mencionáramos al citar a Dughera: corresponde al cuento más que a la novela corta. Si bien ambos autores tocan distintos puntos, en un momento dado sus conclusiones casi llegan a identificarse.

de los signos de estas composiciones ejemplares. Todo sucede en poco tiempo y en un lugar determinado. Son raros los cuentos maestros cuyos sucesos no transcurran en pocas horas o días y en un mismo pueblo o lugar. Se dirá que los hay que ocurren en meses y hasta años. Pero quizá abunden más los que, esencialmente, se desarrollan en pocos minutos. Tampoco abundan los que comienzan en América, siguen en Europa y terminan en la China, o a la inversa, por así decir, como es frecuente en cualquier novela. *La tristeza, La cerilla sueca, Historia de una anguila* y tantos otros de Chéjov; *El retrato oval, El pozo y el péndulo, La carta robada* y los más populares cuentos de Poe; un incontable número de trabajos de Maupassant y su inmortal *Bola de sebo,* con algunas características de novela breve pero un verdadero cuento en su médula; *La aldea de los muertos* y algunos otros de Kipling; *Mateo Falcone,* correspondiente a Mérimée; *Cavallería Rusticana,* por Verga; *El abismo,* de Andreiev; *El regalo de Reyes* por O'Henry; *Cambio de hombres,* de Joseph Cross (seudónimo de Howard Nemerow y W. R. Johnson); *Los expulsados de Poker-Flat,* el genial cuento de Francisco Bret-Harte; *El desierto, El almohadón de plumas, A la deriva, Los mensú, El solitario,* que son las mejores creaciones de Quiroga; *La selva de los reptiles,* por Joaquín V. González; *El viento blanco,* de Dávalos; *El número cuatro,* y varios más, de Guillermo Estrella; *Noche de Reyes,* y otros, de Gudiño Krämer; *Cuento de Hadas,* de Barletta; *La inundación,* de Martínez Estrada, uno de los más excepcionales cuentos escritos en el país; todas estas composiciones imperecederas, que merecen la inclusión en una antología universal del cuento, y no pocas más, argentinas y sobre todo extranjeras, que sería demasiado largo enumerar, se desarrollan en su núcleo esencial en un solo lugar o región y en su mayoría no duran ni años ni meses, como tantas novelas y relatos.

6.º ¿Por qué ...*un final imprevisto, adecuado y natural?* Porque es otra de las cualidades inherentes al cuento. Exceptuando el concepto expresado en el número 4, acaso podría afirmarse: *el final lo es todo en el cuento.* Por eso, después de leerse millares y millares de trabajos breves, al hacerse un balance restan muy pocos buenos o que puedan denominarse realmente cuentos. Esto es quizá el factor principal que ha originado afirmaciones como la siguiente, de Pedro Ortiz Barili: «Por cada cuento bueno el genio literario ha dado a luz diez buenas novelas. Por cada cuentista brillante los anales de la literatura mundial registran diez brillantes novelistas. Cervantes, con ser Cervantes, no logró reeditar en ninguno de sus cuentos la hazaña que significa su novela inmortal...»

El relato y la novela, especialmente la novela larga, soportan un final mediocre y hasta malo. Puede decirse: «He leído una buena novela con un final que "no me convence"». Este «no me convence» puede incluir un contenido ideológico, psicológico, moral, sentimental o emocional, que no satisface plenamente al lector. Pero la novela «en su conjunto» le agrada. Ese «conjunto» en el cuento vale muy poco o nada. Y cuando se dice de un cuento que su final «no convence», es poco menos que afirmar que el cuento mismo «no convence».

Siendo pues tan importante la terminación, no debe dejar entreverse hasta el instante mismo del fin. Si esto es grave, más lo es que el lector lo sospeche en el momento de iniciar la lectura como suele sucederles a algunos autores noveles.

El polo opuesto es el desenlace tan ilógico o rebuscado que resulte, literalmente «traído de los cabellos». Esto es tan desastroso como lo otro. Por eso la conclusión ha de ser simultáneamente imprevista, adecuada y natural.

Explicar todo esto parecerá bizantino y redundante, pero creemos que la excesiva claridad no está de más.

Resumiendo: El final debe serlo realmente, de acuerdo al claro significado de esta palabra. Vale decir: un desenlace que cierre perfectamente el ciclo empezado, que remate el período del asunto, de la emoción y del interés. Cuando el lector de un cuento vuelve la hoja para seguir leyendo, y el autor lo ha terminado ya, es lo peor que puede sucederle al lector, al cuento y, sobre todo, al cuentista.

Luis Leal, «El cuento como género literario» * *(1966)*

El hecho de que en el cuento moderno tenga un origen reciente no indica que sea un género enteramente nuevo. Sus relaciones con el antiguo cuento, con el relato, con la leyenda romántica, con el cuadro de costumbres y hasta con el mito, son eviden-
tes. El cuento moderno, según lo define Poe en sus comentarios
(1842) a *Twice Told Tales* de Hawthorne, no es, no puede ser oral,
como lo fueron las más antiguas narraciones de la humanidad. El
cuento moderno es una obra artística que ha conservado algunas
de las características del antiguo cuento (la brevedad, el interés
anecdótico), que ha desechado otras (la finalidad didáctica o moral) y que ha añadido nuevas dimensiones estéticas desconocidas
antes del siglo XIX, como lo son la elaborada estructura, el interés
en el tiempo, el impacto emocional, la conciencia de estilo, etc.
El cuento moderno no siempre, como el cuento clásico, se estructura en torno a los elementos tradicionales conocidos por los retóricos como introducción, desarrollo, punto culminante y desenlace. El cuento moderno es más flexible en su estructura, más
amplio en su contenido, más acogedor de temas, más expresivo
en su estilo. Pero siempre dentro de ciertos límites, que pasamos
a explorar.

Si bien Poe no nos dejó una definición del cuento moderno,
sí nos informó de sus características, según él las entendía. Para
Poe el nuevo cuento debería ser corto, esto es, lo suficientemente
corto para que pueda ser leído en una sesión de lectura; según
H. G. Wells, para que pueda ser leído entre quince y cincuenta
minutos. Límite que según Poe se debe a que el cuentista se propone dar a su obra unidad de impresión. «Si cualquier obra literaria —escribió Poe— es demasiado larga para ser leída en una

* Reproducido con permiso de Ediciones de Andrea, de *Historia del
cuento hispanoamericano*, México, 2.ª ed. ampliada y revisada, 1971, pp. 7-12
(1.ª ed., 1966).

sola sesión, debemos resignarnos a perder el efecto inmensamente importante que se deriva de la unidad de impresión —porque si son necesarias dos sesiones, los asuntos del mundo intervienen y todo lo que signifique totalidad queda destruido por completo.»

La extensión del cuento, por tanto, es el resultado del principio de la «unidad de impresión». El mismo principio obliga al cuentista a limitar la fábula —característica esencial en toda obra de ficción— a un solo suceso aislado en la vida de un personaje o en relación a otro. Su esencia es dar, en síntesis, el drama de una situación en la vida de un personaje. Esa unidad de impresión —resultado de la estructuración artística de la fábula— y el empleo de un solo episodio en la vida del personaje son las características esenciales del cuento moderno. Podría decirse, en breves palabras, que el cuento literario es una narración breve, fingida, que trata de un solo asunto, crea un ambiente en el cual se mueve el personaje, produce, por medio de la elaboración estética del argumento, una sola impresión e imparte una emoción.

La unidad de impresión es el elemento de mayor importancia en el cuento. Para obtenerla el cuentista se ve obligado a usar unidad de acción y ésta, a su vez, implica un punto culminante y un desenlace únicos. El desenlace único, hacia el cual convergen todos los elementos del cuento, le da a la narración gran intensidad. No todos los cuentistas, por supuesto, llegan a obtenerla; en verdad, en algunos cuentos en los cuales la creación del ambiente es lo más importante, el desenlace es relativamente débil. Pero ni en estos cuentos deja de ser el desenlace el punto hacia el cual se dirigen todos los elementos del cuento, tendencia que determina que la narración corta moderna sea un microcosmos compacto, de perspectivas bien delimitadas, pero la cual puede obtener gran intensidad y complejidad.

Comparado con la novela, el cuento es relativamente breve. Dicha brevedad, sin embargo, no puede ser medida en número de páginas o de palabras; depende de la unidad estructural, que es el resultado de querer dar una impresión única. Según uno de los maestros hispanoamericanos del género, el uruguayo Horacio Quiroga, el cuento debe ser «bastante interesante y suficientemente breve para que absorba nuestra atención». En «La crisis del cuento nacional» el autor de «La gallina degollada» declara que 3.500 palabras, o sea doce o quince páginas, son más que suficientes para que el cuentista se desenvuelva holgadamente. Ya hemos visto que Wells lo limita en el tiempo a cincuenta minutos de lectura. Quiroga reconocía, por supuesto, que no es posible poner límite a la concepción de un cuento, ni juzgar de su eficiencia por el número de líneas; pero el cuentista no debe de usar una cantidad superior a la requerida para dar expresión, con rigor de síntesis, a la situación única. Enrique Anderson Imbert, en *El cuento español* (1959), ha hecho esta observación: «Profesores con afición a las estadísticas han propuesto estas defíniciones: novela, un mínimo de 50.000 palabras; novela corta, de 30.000 a 50.000; cuento de 100 a 2.000 palabras en los muy cortos y de 2.000 a 30.000 en los normales. Medido con el reloj, el cuento —según Edgar Allan Poe— es una lectura que insume de media hora a dos horas.» Ya hemos dicho, sin embargo, que el cuento no debe de ser medido por el número de palabras (hay cuentos que tienen menos de 100), sino por los elementos formales que lo identifican.

Por endeble que sea, el cuento debe tener un elemento narrativo, elemento que, precisamente, es lo que lo diferencia del simple relato. En el *cuento* algo se cuenta, algo ocurre, por insignificante que sea; aun en los cuentos de ambiente, algo pasa. Así lo entendía Quiroga. Otro cuentista hispanoamericano contemporáneo, Jorge Luis Borges, va aún más allá, al deslindar entre cuento y novela, apuntando que en el cuento lo importante es la anécdota, mientras que en la novela el personaje es lo que predomina. El cuento para Borges tiene su germen en la situación, la novela en el personaje. Por eso el cuento no puede ser, como afirmaba Quiroga, una novela sin ripios, ya que la esencial diferencia radica en el desarrollo de la situación única en aquél y en la creación del personaje a través de innumerables situaciones en ésta.

El cuentista, como el miniaturista, como el fotógrafo, como el sonetista, se ve obligado a dar expresión a su tema en una forma externa rigurosamente limitada. Si franquea los límites de esa forma, el cuento deja de ser cuento para convertirse en cuadro, estampa, relato o simple prosa poética; o en novela corta, leyenda, simple anécdota, epigrama, alegoría. Los límites del cuento son, en primer lugar, la existencia de un mínimo soporte narrativo, ficticio, original (para excluir a la leyenda); luego, la unidad de impresión, y por último el interés primordial en el desarrollo de la fábula y no en la caracterización del personaje. Dentro de estos límites, las variaciones de estructura interna son ilimitadas. Y así, pueden darse tantas variantes de estructura interna como haya creadores de talento.

La estructura interna la determina la relación entre las diversas partes de que consta el cuento (título, marco, introducción, exposición, punto culminante, desenlace, epílogo) y la integración de los diversos elementos artísticos (motivos, símbolos, imágenes, temas), todos ellos comunes a otros géneros literarios. No menos importante en la estructura es el punto de vista desde el cual se relata la anécdota, el fluir del tiempo y la distribución del espacio. A través de la elaboración artística de todos esos elementos el cuento crea un macrocosmos en el cual se mueven los personajes. El éxito del cuento depende de la pericia con que el narrador sepa manejar esos elementos. Las posibilidades para dar expresión a la anécdota, como hemos dicho, son infinitas.

La limitada forma externa impone al cuentista la tarea de elaborar la narración sin desperdiciar ni una palabra. El principio de la economía le hace arreglar las partes y los elementos del cuento de tal manera que todos ellos tengan una función. En el cuento hasta el título tiene que ser seleccionado pensando en su función estructural. El título sirve no sólo para interesar al lector sino también para darle forma a la anécdota o para sugerir el desenlace; con frecuencia introduce la imagen clave de la narración; pensemos en «La casa de Asterión» de Borges, «Espuma y nada más», de Téllez, «El árbol» de María Luisa Bombal o «Axolotl» de Cortázar.

El arte de narrador de ficciones consiste en obtener un equilibrio entre la presentación de la realidad y la creación estética; el cuento gira en torno a dos polos: la realidad y el arte, o sea la creación de una narración verídica pero al mismo tiempo despegada de la realidad. Para crear la verosimilitud el cuentista se vale de los motivos realistas; nos sorprende encontrarnos con el nombre de Emir Rodríguez Monegal en un cuento fantástico de Borges. También puede hacer uso de ambientes y personajes sacados de la realidad circundante o de la historia. Si los motivos realistas predominan el cuento se convierte en cuadro costumbrista, anécdota histórica o relato autobiográfico. Los motivos, personajes y ambientes tradicionales predominan, por supuesto, en la leyenda, los divinos en el mito y los populares en el cuento oral. Para evitar esos extremos es necesario que el cuentista establezca una distancia estética, valiéndose de un marco, de la introducción de motivos retóricos o de la utilización de motivos artísticos, los «innecesarios» adornos de la proverbial flecha de Quiroga.

El marco del cuento, que consiste en el pretexto (real o fingido) por el cual el autor cuenta la narración, o de un motivo que dé unidad al relato, no es un elemento esencial, ya que muchas veces no lo encontramos. Pero sin duda es de gran utilidad para crear la distancia entre el narrador y su materia, lo mismo que entre el asunto y el lector. Si no hay marco el cuento puede dar principio con la introducción, donde el autor crea el interés y obliga al lector a seguir leyendo. Lo reducido del cuento prohíbe

129

que la introducción se explaye en descripciones superfluas o comentarios baladíes. La introducción, parte integrante del resto del cuento, sirve para crear, además del interés, el tono emocional que ha de predominar en la narración. Es aquí donde el cuentista crea el escenario, describe el ambiente, determina el tiempo y pone en pie a los personajes. Cuentos hay, por supuesto, que no dan principio en la introducción, sino *in medias res,* con una escena en que se introduce un aspecto de la fábula, que después se explica por medio de un vistazo retrospectivo. La función principal de la exposición es la de presentar la intriga y desarrollar el enredo. La base de la intriga es la situación (en el cuento es única) que se caracteriza por el conflicto entre el personaje o personajes y el medio físico o social, entre el protagonista y otros personajes, o en el alma del personaje. Es este conflicto lo que determina, en parte, si el cuento ha de ser sicológico, social o fantástico. En la exposición da principio la tensión, que llega a su más alto nivel en el punto culminante. El cambio que ocurra aquí determina el desenlace, que puede ser cómico o trágico, sorpresivo o natural, enigmático o fantástico. A veces el desenlace es calificado en un epílogo, que muchas veces sirve también para cerrar el marco.

El argumento de un cuento consiste en la narración escueta de los hechos. La trama, en cambio, es la narración de los hechos explicados por sus causas y adornados con motivos artísticos, lo mismo que unidos a través del uso de imágenes, símbolos y motivos estructurales que se repiten. En la trama el énfasis recae sobre la exposición de los hechos y no sobre éstos. En su desarrollo es de capital importancia el punto de vista, el fluir del tiempo y la estructuración del espacio. El fluir del tiempo, precisamente, es lo que distingue al cuento contemporáneo del cuento clásico. El mejor ejemplo de esa preocupación por el tiempo es la obra narrativa de Alejo Carpentier. El problema aquí consiste, por supuesto, en saber ampliar el tiempo sin perder la unidad temporal.

Al elemento narrativo (anecdótico) se le da unidad estructurándolo en torno a un tema, el cual nos permite pensar en la narración como una totalidad. Es por eso que los motivos deben de estar bien integrados, ya que es eso lo que crea la unidad de impresión emocional.

Un cuento, hemos dicho, es un microcosmos en el cual un personaje se mueve en un ambiente determinado. Como resultado de los límites de la forma externa, el número de personajes es siempre limitado. Pero también, son personajes ya formados. El cuentista no tiene tiempo de caracterizarlos, ni es ese su propósito.

El personaje sirve para encarnar la anécdota, la situación única en su vida, que se enfoca.

Tan importante como la anécdota, la estructura y la distancia estética, lo es el estilo. Los cuentos mal escritos no perduran. Todo buen cuento está escrito con conciencia de estilo. Es el estilo lo que da carácter a una narración y, al mismo tiempo, nos transmite la actitud del autor ante la realidad, lo mismo que ante el propio lenguaje.

La definición y análisis del cuento que aquí se ha presentado se basa en las narraciones cortas que hasta hoy se han escrito. Es obvio que dicha definición no podrá servir para toda obra, tanto del pasado como del presente y del futuro. Tampoco podemos juzgar el valor de una obra en tanto se ajuste a la definición ideal que se ha formado de antemano de lo que debe ser este o aquel género literario. Puede ser que mañana se publique, o que ya se haya publicado, un cuento que viole alguna de las normas que lo definen y que siga siendo cuento. Pero creemos que hay un límite que, si es franqueado, el cuento deja de ser cuento para convertirse en otro género, tal vez todavía no identificado como tal por la crítica. O como dice Julio Cortázar: «Nadie puede pretender que los cuentos sólo deban escribirse luego de conocer sus leyes. En primer lugar, no hay tales leyes; a lo sumo cabe hablar de puntos de vista, de ciertas constantes que dan una estructura a ese género tan poco encasillable.»

Valgan las anteriores incompletas observaciones en torno al cuento como introducción al estudio de ese género literario al cual tanta importancia se le ha dado recientemente en Hispanoamérica.

Carlos Mastrángelo, «Bases para una teoría del cuento» * (1975)

Así como el hombre está constituido y determinado por leyes biológicas que rigen su anatomía, su fisiología y su salud o enfermedad, así también el cuento, creado por él, está regido por sus propias formas, estructuras o leyes. El estudio de estas leyes narrativas —a pesar de no ser éstas siempre claras y precisas— nos permite acumular elementos para ir dibujando conceptualmente esa expresión literaria que llamamos cuento y para puntualizar en qué se parece y a la vez en qué se distingue de otras formas de la narración, especialmente de la novela y del relato común.

Existen muchas cosas no aclaradas aún en esta cuestión, tal como sucede en un organismo vivo, ya sea en estado de salud o de enfermedad, como por ejemplo cuál es el hombre perfecto o en qué consiste la línea divisoria entre la normalidad y la anormalidad. Y si advertimos que la ley de la evolución —o simplemente de los cambios— obra con infinita mayor rapidez en las letras y en las artes que en los seres organizados, nos será tal vez más fácil entender por qué es imposible fijar normas absolutas o exactas en relación a cosas en continua mutación. Esto nos obligó, por una parte, a la clasificación de una Nueva Era Cuentística Argentina, iniciada resueltamente entre 1950 y 1960 y, por otra, a referirnos previamente a su etapa anterior, correspondiente al cuento clásico moderno, iniciado por Poe hace un siglo y medio y que fructificó en tan relevantes narradores, tanto en el extranjero como en nuestro país.

Pero aun examinando algunos cuentos de una escuela o época determinada, es impropio usar un método lógico rígido y absoluto, como quien pretendiera prefabricar un molde de yeso o de piedra y meter en él a los cuentos, a la manera de alguien que introduce su mano en un guante. ¿Es un cuento esa pieza narrativa

---

* Reproducido con autorización de Plus Ultra Ed., de *Veinticinco cuentos argentinos magistrales, siglo XX* (Buenos Aires, 1975), págs. 14-22.

maestra titulada *Bola de sebo*, de Guy de Maupassant? ¿Es una novela? ¿Es una novela corta? ¿Es un simple relato? Ejemplos similares abundan, tanto en la literatura universal como en la argentina. Benito Lynch, Arturo Cancela, Elías Castelnuovo, Marco Denevi, Daniel Moyano, Ricardo Juan y otros narradores argentinos —excelentes en distintos niveles— ofrecen casos semejantes. Y, como ejemplo más reciente, ¿en cuál de esas cuatro casillas ubicar *El lado de la sombra*, esa hermosa historia, de poco más de treinta páginas, de Adolfo Bioy Casares? Exactamente lo mismo sucede con *El perseguidor*, de Julio Cortázar, y con otras narraciones del mismo.

Esas preguntas —y particularmente relacionadas a *Bola de sebo*— no somos los únicos en plantearlas. Pero con diferencia de que se hacen desde puntos de vista distintos, y unos con más bases o fundamentos que otros. Porque obsérvese que a nadie se le ocurriría exponer semejante duda pendular con respecto al *Quijote*, a *Los hermanos Karamazof*, a *Madame Bovary*, a *Manhattan Transfer*, a *El inglés de los güesos* o a *Los siete locos*. Y es que existe una razón elemental: si bien en todas las obras señaladas *suceden* y se *cuentan* o *narran* cosas, en las primeras se trata de *una cosa* y en las otras de *varias*, cuando no *distintas*. Si observamos, además, que en las primeras este único tema o argumento se desarrolla o expresa a través de un solo hilo narrativo —la unilinealidad— descubrimos que este único hilo de la narración es su columna vertebral, singular e infalible en el cuento. Y esto último es lo que parecen no ver muchos críticos y ensayistas.

Lo antedicho nos conduce a la comprobación de que algo esencial del cuento poseen *Bola de sebo* y las demás relaciones citadas en primera instancia: su unilinealidad, su unidad de asunto, su única espina dorsal, que en la novela pueden ser varias y marchar paralelas o entrecruzadas. Hay, asimismo, en esta joya de Maupassant, otra condición casi tan necesaria en la especie que nos ocupa como su unilinealidad: su final técnica y anecdóticamente perfecto, que cierra el proceso narrativo con una precisión poco menos que matemática. Este perfecto cierre en un cuento cabal no permite sino muy excepcionalmente el aditamento de un párrafo y, en ocasiones, ni de una palabra más. Algo semejante podría decirse de la última línea de *El lado de la sombra*, ya meniconado, de Bioy Casares. No así de *El perseguidor*, uno de los más humanos y vitales relatos de Cortázar, pero al que, como a *La autopista del sur*, del mismo autor, se le pueden quitar o añadir incidencias o páginas enteras sin que se resienta en su fórmula ni en su contenido. Esto no acontece con clausuras admirables

133

del mismo Cortázar, como la de *Continuedad de los parques, La salud de los enfermos, Casa tomada, La señorita Cora* y, entre otros, el cierre inolvidable de *Cartas de mamá.*

Hemos «descubierto» así otra ley fundamental del cuento: su *final*, que obedezca al significado de este vocablo: que termine, y perfectamente, una cosa. (Que remate, acabe, cierre o perfeccione algo, según el diccionario).

¿Por qué la duda, entonces, en clasificar a las precisadas creaciones de Maupassant y Bioy Casares como cuentos? Porque, pendularmente, así como tienen características esenciales del cuento, también se aproximan a ciertas leyes de la novela: su detallismo, sus a veces excesivas o minuciosas descripciones, su acumulación de incidencias y su gordura compositiva y narrativa, que le confiere a la narración ms fuerza o más realismo, pero menos agilidad, más músculos que nervios, más peso que garra. Todo esto hace diluir la unidad y la intensidad desviando a la historia del asunto central y de su objetivo último.

Lo expuesto nos va evidenciando que en muchas ocasiones no resulta fácil clasificar determinada narración y ubicarla en un preciso casillero. Pero, simultáneamente, vemos por qué esa dificultad. Dicho con otras palabras: las normas que rigen la narrativa son más o menos exactas. Las que suelen no ser exactas son las ficciones que oscilan entre el cuento, el relato, la novela corta o la novela. De modo que esta dificultad, en cambio de negar la existencia de las leyes o normas descritas, las confirman, ya que hemos visto, igualmente, que a nadie se le ocurriría afirmar que el *Quijote, Manhattan Transfer, Los siete locos* y demás obras citadas son cuentos.

No tan básicas o fundamentales, pero existen otras características morfológicas y estructurales que nos permiten identificar a nuestro objeto de estudio:

A) *El cuento nace y muere moviéndose.* Una vez asegurada su anatomía —vale decir su espinazo, único e indivisible— es mucho más apto y conveniente hablar de su fisiología. Porque en él todo es vida y dinamismo, interés o emoción. Mas, entiéndase: vida y dinamismo no solamente físicos y externos, sino también psíquicos e internos. La marcha del hombre es dinamismo y vida; lo son también sus pensamientos y sensaciones. Lo vital en el cuento es el caso, el hecho, el enlace entre lo ordinario (incidentes secundarios) y lo extraordinario (incidente central) y su desenlace, es decir: el argumento y adónde nos conduce. Argumento único y hermético, el cual, al ser desarrollado inútilmente, no permite la menor distracción del autor ni del lector.

B) *Unidad funcional o armonía fisiológica*. Esta unidad funcional hace que el cuento —como en los seres organizados— nada suceda al azar. Todo en él está preparado, organizado y concentrado a los fines que se propuso el autor y, muy especialmente, con el objeto de lograr el máximo efecto final. «Tan importante es esta unidad funcional —dijimos en otra ocasión— que la primera frase sugerente de la primera idea o emoción del lector, sigue funcionando y trascendiendo en éste hasta después de leer la última línea. Y es que la euritmia vital del cuento, su dinámica fisiológica, obliga a que su última palabra termine por unirse a la inaugural, completando y cerrando el círculo o ciclo inherente a esta forma literaria. Merced a esta hábil frase primera, ningún lector abandona la lectura. Y quiéralo o no, consciente o inconscientemente, es ya un esclavo del texto (como el autor lo es de su plan premeditado) hasta que el desenlace lo devuelve a la vida real. Esta atracción inicial ha de ser cualitativa o cuantitativamente fuerte, e ir creciendo hasta la conclusión. Cuanto más breve sea la pieza, más efecto se logrará en este sentido. Pero ¡cuidado!: esta brevedad no ha de ser tan excesiva —como en las narraciones de una o media página— que no dé tiempo suficiente de preparar tal efecto.» [1]

C) *Pureza temática o de elementos*. El novelista y el común relatador pueden darse el lujo o el gusto de entretejer en sus trabajos personajes, hechos, descripciones e interpelaciones de importancia secundaria o de muy relativo interés. La extensión tipográfica o argumental del relato o de la novela les permite esta variada amplitud de elementos que muchas veces ignora el propio autor hasta qué punto son necesarios. Como la anatomía y la fisiología de esas composiciones narrativas no están bien demarcadas, tampoco está bien definido cuáles son los elementos primordiales, cuáles los secundarios y cuáles los innecesarios o discutibles. Este acopio y mixtura de material —impureza temática o de elementos— no existe en el cuento debido a su unidad argumental, funcional y a su brevedad. Fijado clara y puntualmente su objetivo, el cuentista empeña su esmero en asegurar la pureza temática o de elementos que le permitirá el logro de ese objetivo. Ningún diálogo, descripción, personaje ni frase, por bello, curio-

1. *Contribuciones para una teoría del cuento*. «La Nación», Buenos Aires, 14 de mayo de 1967.

so o atrayente que sea, debe exceder lo estrictamente necesario, convirtiéndose en una excrecencia, un tumor o un inútil apéndice.

CH) *El sincronismo.* Hemos afirmado más de una vez que el cuento cabal es concluido simultáneamente por el autor y el lector. Si esto no sucede, es porque algo en el cuento fracasa. (Otra cosa es el cuento nuevo o de vanguardia, cuyas dificultades —en su lectura o en su comprensión, ya sea del texto propiamente dicho o del conjunto de la pieza— suelen obligar al leyente a negarse a repasar párrafos o páginas enteras, cuando no todo el cuento, o a abandonar su lectura. A más de un lector le ha ocurrido todo eso con algunos cuentos de Cortázar, Augusto Mario Delfino, Alberto Pineta, Luisa Mercedes Levinson, Alberto Rodríguez Muñoz y otros). En el cuento clásico moderno u ortodoxo el que cuenta y el que lee marchan a la par, a un ritmo cada vez más acelerado, y llegan a la meta a un mismo tiempo, o con poca diferencia. Pero para obtener este sincronismo es muy importante el estilo.

D) *El estilo.* Sin un estilo sencillo y accesible —no vulgar ni chabacano— es imposible ese sincronismo, esa vivencia paralela, esa rítmica identificación entre creador y lector. Lograr la magia de este estilo como lo lograron, inimitablemente, Quiroga, Borges, Cortázar (este último esporádicamente y en un sentido más libre y renovador) y algunos otros escritores argentinos, es llegar a una cima inalcanzable para la mayoría de los literatos. Ni trivial ni extravagante: he allí el tan dificultoso equilibrio.

Es sabido que cada cláusula, a veces cada palabra, es una tecla cuya presión arranca resonancias con vibraciones muy especiales. Y esto debe ser sutilmente analizado y calculado por el cuentista. «Su luna de miel fue un largo escalofrío.» Así comienza Quiroga su famoso cuento *El almohadón de plumas.* ¿Quién dejará de seguir leyendo, con semejante impacto inicial? ¿Qué novelista, con diez líneas o diez páginas expresará lo que expresa Quiroga tan rápida, tan intensa, tan sugerentemente, con ocho sencillas palabras, dejando que cada lector imagine a su «gusto» esa misteriosa y escalofriante luna de miel?

El psicológico y preciso cuidado en la elección de la frase y del vocabulario, ha de estar lejos del preciosismo. En esto marchan hermanadas formas narrativas tan distintas como el cuento y la novela. Cumbres de la novelística —Balzac, Dickens, Stendhal, Walter Scott y nada menos que Dostoievsky— son consideradas como escritores «incorrectos». Y ninguno de los grandes cuentistas que hicieron escuela —recordemos a Poe, Chejov y Maupassant,

136

de tendencias tan diversas— fueron escritores refinados. Poe propugnaba un estilo natural y universal. Y ni Maupassant ni Chejov tienen tampoco un ápice de refinados en ese sentido. Hay, sin embargo, una diferencia: mientras la novela resiste una prosa más o menos vulgar o periodística, la del cuento es una trama de palabras y matices aparentemente sencilla, pero que ha sido pasada hasta el cansancio por el tamiz de un examen riguroso y hasta torturante o por el de la experiencia de largos años de fatigoso ejercicio. Una nota desafinada puede pasar inadvertida en una orquesta (la novela), cuando una simple disonancia suele resultar un desastre en un solista (el cuento).

El cuentista genuino no se estanca en las palabras ni se solaza con ellas. Hace olvidar al lector que está leyendo. Condición *sine qua non*, además, para lograr ese perfecto sincronismo, ya analizado, entre autor y lector. Si esto cae bien en cualquier narrador, con mayor razón en el cuentista.

Eugenio d'Ors decía que la sencillez exige tiempo para estar de regreso de muchas cosas. Esto nos habla tan bien de las dificultades estilísticas del cuento, como aquello de que «lo escribí extenso porque no tuve tiempo de escribirlo más corto». La locución latina *multa paucis* (mucho en pocas palabras) puede ser una de las guías del que escribe cuentos.

E) *Objetivo supremo del cuento.* Todo el arte y la técnica de la elaboración del cuento consiste en ir preparando su final desde la primera línea. Esta función —a menudo la más ardua— está recónditamente ligada a todos los atributos del cuento a los que nos hemos referido, pero esencialmente a su unilinealidad, a su brevedad, a su unidad de argumento o asunto y a su unidad funcional. La gran dificultad reside en que esta terminación no debe ser presentada ni sospechada por el leyente, ni tampoco resulta adventicia o ilógica dentro del «clima» o «sistema racional» en que el cuento se desarrolla.

El orgasmo o éxtasis en el amor de ciertos pequeños animales coincide con la muerte de uno de los componentes de la pareja. Paralelamente, el momento culminante de un cuento coincide con su propia muerte, es decir, su final...

Edelweiss Serra, «Estructura típica del cuento» * (1977)

El propósito de este estudio es aproximarse a un tipo de mensaje y discurso narrativo —el cuento literario—, a su especificidad típica en tanto hecho estético y semiológico verificado en textos hispanoamericanos, donde goza de estatuto artístico propio como género autónomo.

En esta exploración parto de una hipótesis de trabajo conforme a la cual el estudio tipológico propuesto es sinónimo de estructural: los componentes del texto *cuento* obedecen a una lógica interna, es decir, se configuran estructuralmente con arreglo a un tipo de discurso estratificado portador dc significados.

El cuento es construcción y comunicación artística de una serie limitada de acontecimientos, experiencias o situaciones conforme a un orden correlativo cerrado que crea su propia percepción como totalidad. El cuento es, pues, un *limitado continuo* frente al «ilimitado discontinuo» de la novela, según Lukács: [1] las partes o unidades narrativas no son independientes y autónomas, caen en el orden de la subordinación y no constituyen nada sino en la totalidad. La expansión así como la redundancia en la cadena comunicativa son limitadas, en tanto gozan de ilimitación en la novela.

El cuento aparece como un proceso de enunciación *centrípeto:* el estrato del narrador, sujeto del mismo, que en el circuito comunicativo asimila el del receptor o sujeto del enunciado (el texto), subsume en un haz convergente dicho proceso, mientras en la novela la enunciación se abre en abanico, es centrífuga. Así, el cuento sería un orden de asociaciones y de correlaciones internas más

---

* Reproducido con permiso de la autora, de *Tipología del cuento. (Textos hispanoamericanos).* Madrid: CUPSA Ed., 1978, págs. 11-26.

1. Cf. G. Lukács, *La théorie du roman.* París, Méditations, 1963. (Hay una traducción castellana de Juan José Sebrelli, Buenos Aires, Ediciones Siglo Veinte, 1966).

cerradas, y la novela un orden ampliamente abierto; un orden de singularización y percepción sintética, el cuento; un orden de pluralización percibido más analíticamente, la novela.

El cuento es *mono-lógico:* aunque se construya con más de un hecho o situaciones, hay diálogos entre personajes, el cuento establece una sola relación entre *emisor → mensaje → receptor.* La serie finita continua genera una dialéctica monológica, esto es, instaura una relación comunicativa artística en una perspectiva, mientras la novela establece diversas relaciones en diferentes perspectivas con dialéctica dialógica.[2] Esta relación monológica establecida por el cuento lo hace particularmente intenso; y la intensidad no viene dada por el relato de un solo acontecimiento, porque pueden ser más de uno, sino por la modalidad narrativa inmediata y sintética, que produce en el receptor un efecto estético específico, un *pathos*[3] singular, sea el cuento breve o relativamente extenso.

Estamos en presencia de una forma independiente nuclear del fenómeno narrativo literario y no de un arte menor que «dista de ser un género en sí» según Kayser.[4] El cuento no crea como la novela un cosmos o mundo completo, sino ofrece un *núcleo* acabado de vida; puede ser una experiencia límite, un acontecer extraordinario (aun dentro de lo ordinario y cotidiano), siempre una singladura presentada *in medias res.* Mientras la novela es un proceso acumulativo infinito, el cuento se arroga un principio integrativo finito.

El cuento, en tanto mensaje literario, es un acto de expresión y de comunicación. Este acontecer idiomático significativo pone en juego los máximos recursos de la lengua tanto en función del contenido que comunica cuanto en función de la forma expresiva de lo comunicado, de donde ambos planos se identifican o simbolizan. La *función literaria*[5] de la lengua, puesta en acto por el hablante literario, permite la formalización del mensaje narrativo

2. Aclaro que los conceptos monológico-dialógico no se refieren a las formas literarias corrientes monológico-diológico. Quede en claro asimismo que no tienen relación con las nociones de monologismo y dialogismo vertidas por M. Bakhtine en su *Dostoevskij,* Turín, Einaudi, 1968, retomadas por Julia Kristeva en *El texto de la novela,* Barcelona, Ed. Lumen, 1970.

3. Tal *pathos,* a mi modo de ver, no es sino «un effet spécifique que l'on peut appeler *éthos* et qui est le véritable objet de la communication artistique». (Cf. Jean Dubois y otros: *Rhétorique générale,* París, Larousse, 1970).

4. Cf. Wolfgang Kayser, *Interpretación y análisis de la obra literaria,* Madrid, Ed. Gredos, 1961, p. 489.

5. Denomino *función literaria* de la lengua a su capacidad de erigirse en procedimiento estético y en expresión simbólica. Cf. Jan Mukarovsky, *La*

como estructura de estratos interdependientes significativos, es decir, como construcción artística dirigida implícitamente a un destinatario, de tal suerte que en la cadena escrita tienen presencia propia emisor, mensaje y receptor. Por tanto, el mensaje literario designado *cuento* es un acontecimiento lingüístico de carácter distintivo: la lengua, actualizada por el habla del escritor, se dinamiza en función constructiva, estética, operación donde se consustancian en una única forma artística, comunicación, contenido y textura verbal. Dicho de otro modo, forma del contenido y forma de la expresión se asimilan y confunden en la modulación del mensaje. El carácter distintivo del cuento literario reside entonces en su construcción artística comunicativa, preñada de significados, en virtud de la forma elaborada por la función literaria del lenguaje, dinamizada en el habla del escritor en solidaridad de niveles de contenido y expresión.

El cuento es, a la postre, un sistema literario, más aún, un sistema semiológico cuyos rasgos específicos surgen de la situación comunicativa creadora (imaginaria) del remitente, verdadero hacedor de un objeto cultural de arte, y de la situación receptiva del destinatario en quien termina de tener constructividad y vida propia el mensaje del tiempo y del espacio.

El cuento literario tal como lo conocemos hoy —admitida su remota y dilatada genealogía oral y escrita [6]— es una estructura literaria de intrínseca validez, una criatura independiente dentro del área vasta de la narrativa, donde su deslinde categorial es practicable precisamente por su ser y existir autónomos frente a la novela.

Cuentistas de épocas modernas, más exactamente a partir del siglo XIX y en nuestro siglo XX, han enriquecido y evolucionado la conciencia creadora del género, fundando con su ejercicio la convención estética del cuento: [7] una estructura narrativa de condensación poemática, una organización típica, desde luego no fija

---

dénomination poétique et la fonction esthétique de la language, Actas del cuarto Congreso Internacional de Lingüistas, Copenhague, 1936; presentación de T. Todorov en la revista *Poétique* núm. 3, París, Seuil, 1970, pp. 392-398. En esta célebre comunicación el lingüista sostiene la existencia e importancia de la *función estética* del lenguaje.

6. Menéndez Pidal ha sintetizado admirablemente la vasta tradición del cuento en su *Prólogo a la antología de cuentos de la literatura universal,* Barcelona, Ed. Labor, 1955.

7. Entre otras pocas aportaciones sobre el género es digna de indicarse *De Poe a Kafka. Para una teoría del cuento,* del ensayista y cuentista argentino Mario A. Lancelotti, Buenos Aires, Eudeba, 1965.

canónicamente ni perceptualmente congelada, pero dotada, según expuse ya, de una marca distintiva propia que confiere peculiar carácter a lo narrado aún admitiendo —por cierto con más rigor que la novela— muchos y diversos posibles cuentísticos.

El cuento artístico es un signo literario (designo como tal en este estudio al texto global) o estructura unitaria en íntima cohesión entre significantes y significados, entre expresión y temática; es así, a la vez, aunque parezca una tautología, forma significante y forma significativa, quiero decir, operación significante inseparable de producción de significado.

El cuento se define en la medida en que la narración de un suceso, una situación o experiencia, un asunto es transpuesto en evocación artística, independizada de una materia primera informe, o a lo sumo preformada, estéticamente neutra, que deja de ser tal para plasmarse en otra realidad: la realidad literaria. El escritor de cuentos es un artista, un *hacedor*, como el poeta, porque cuenta, refiere, comunica una historia en tanto que la forma lo configura constructivamente como a un ser subsistente por sí mismo en el mundo del arte y de la cultura.

Se puede afirmar que el cuento es una estructura poemática fundada por la imaginación creadora y troquelada por el lenguaje; participa del poema como asociación motivada entre significantes y significados, como orbe esencialmente temporal, donde se da el acontecer puro y la pura experiencia en intensa condensación emotivo-intelectiva, donde se ofrece la imagen sintética de una realidad visible o invisible apresada en una instancia única, irrepetible y vuelta ya ácrona. [8] De aquí la mayor brevedad témporoespacial y escritural del cuento respecto de la novela, síntoma externo menos de extensión que de profundidad, vale decir, no tanto registrable empírica sino ontológicamente, con pertinencia a su propio ser en tanto serie limitada continua, monológica y centrípeta.

Esencia del cuento es referir, trasladar, computar para el receptor un suceso en una articulación *sui generis* —sean cuales fueren las perspectivas de visión y las personas narradoras— operada por el arte del cuentista focalizado en una singularidad vivida

8. Es decir, aunque el cuento sea una práctica semiológica temporal, aparece como un producto absolutamente acabado, en cierto modo *intemporal* en la esfera del arte. Los rasgos de *limitado, continuo, monológico* y *centrípeto* que determino en el cuento responden a las secuencias no discretas moduladoras de una estructura de acabamiento vuelta sobre sí misma (o ensimismada), ya se trate de textos claramente conclusivos, ya de textos que convocan más acentuadamente al interrogante, a la inquietud, a la perplejidad del receptor.

de una vez para siempre, y que la palabra instaura en una escritura sincrónica, trascendente a su fuente originaria, estéticamente autosuficiente e incorporada al universo de las formas artísticas. El suceso, en pasado, presente o devenir absoluto, es asumido y transmutado por la palabra indagadora de su verdad, su significado, su misterio si cabe. Por esto pertenece a la naturaleza del cuento ofrecer, a través de lo narrado, la imagen poética de una realidad en cuya nueva estructura (literaria) el suceso se identifica con el tema, y éste no se da sino *en* y *por* su unidad connatural con la palabra fundadora. Invención narrativa e invención idiomática conjugadas constituyen la totalidad estructural, temático-expresiva del mensaje cuento.

Cuento es, pues, el acto mismo de narrar una experiencia de importancia decisiva y única en su orden, así como el poema poetiza una experiencia única e irrepetible. Esto no excluye la composición del cuento sobre la base de dos sucesos o historias, o mediante series de recuerdos fragmentarios con la condición de que entre los mismos haya analogía, afinidad y solidaridad entre las partes y la totalidad, absoluto funcionalismo entre técnicas y temática. Cuentos de Borges —*El milagro secreto*, por ejemplo— están construidos con enclaves de relatos dentro del relato a la manera de cajas chinas; cuentos de Felisberto Hernández —verbigracia, *La casa inundada*— se estructuran a modo de memorias y recuerdos aparentemente fragmentarios, pero íntimamente solidarios; *Todos los fuegos el fuego* y *La noche boca arriba*, de Julio Cortázar, se urden compositiva y semánticamente con la alternancia paralelística de dos sucesos temáticamente asimilables. Así el cuento recubra bastantes páginas —caso, por ejemplo, de *Los funerales de la Mamá Grande* de García Márquez—, la historia narrada es siempre de reducidos elementos, de ceñida o comprimida peripecia y muy pocos personajes; la ley de la economía artística preside su mensaje, sea en el eje sintagmático o de las asociaciones, sea en el eje paradigmático o de las sustituciones. El narrador se halla en posesión de un suceso o experiencia que cubra forma estética o significativa en la fluencia lógico-poética de lo narrado, cualquiera sea el estilo discusivo: directo, indirecto, indirecto libre, testimonial, objetivo o historiante, autorial,[9] esté o

9. Sobre la función narrativa y los tipos de discurso, véase de Dieter Janik «La estructura comunicativa de la obra narrativa. Un modelo semiológico», en *Acta Scientifica*, vol. 5, Universidad Católica de Córdoba (Argentina), 1973, pp. 15-38. Este texto resume las ideas expuestas por el autor de su obra *Die Kommunikationsstruktur des Erzärlwerks*, Bebenhausen, Verlag Lothar Rotsch, 1973.

no esté representado como personaje el relator. Sea cual fuere el punto de vista narrativo y el matiz del discurso, el narrador aparece como el sujeto de la enunciación cuentística; rescata el hecho o la sustitución, propone, escruta, dilucida provisoria, fluctuante o definitivamente, da su clave nítida o ambigua, implicado en la condensación de la trama y en el campo temático nuclear, recurrente, donde confluyen historia y poesía, realidad y fantasía, vida ordinaria y presencia de lo extraordinario, concepto y emoción, literalidad y connotación, en suma, asiento de lo empírico y hogar del misterio. [10]

En esta exploración del ser y existir del cuento llega el momento de señalar su *estructura óntica* manifestada fenoménicamente en estratos, reflexionando en líneas generales las teorizaciones de Roman Ingarden y Félix Martínez Bonati sobre la estructuración de la obra literaria. [11]

El cuento literario puede ser considerado como una estructura óntica, pues, como he venido exponiendo hasta ahora, es un objeto artístico, cultural, que goza de una naturaleza esencial y necesaria configurada por el lenguaje en su función estética, habida cuenta diacrónica de los diversos posibles cuentísticos, evoluciones e innovaciones del género...

Dicha estructura resulta de una integración de estratos o niveles que movilizan las funciones del lenguaje, regidas empero por la *función poética* que, según Jakobson, pone el acento sobre el mensaje mismo. [12] Los niveles estratificados en un todo inescindible, guardan, por cierto, íntima interdependencia y sustentación solidaria, sin prioridad valorativa del uno sobre el otro, antes bien, tendiendo al isomorfismo.

Distingo en el cuento concreto tres estratos que aparecen fenoménicamente sea cual fuere el texto dado:

10. Algunas ideas del presente capítulo tienen origen en mi ensayo *Estructura y análisis del cuento*, Santa Fe (Argentina), revista *Universidad* número 68, Universidad Nacional del Litoral, 1966.

11. Cf. Félix Martínez Bonati, *La estructura de la obra literaria*, Santiago (Chile), Ediciones de la Universidad de Chile, 1960, especialmente el cap. IV de la primera parte y el cap. IV de la tercera. (Hay una reedición reciente de Seix-Barral, Barcelona.)

12. Cf. Roman Jakobson, *Essais de linguistique générale*, París, Ediciones de Minuit, 1963, es decir, la *función poética* actúa sobre las demás funciones del lenguaje y opera con éstas atendiendo al *mensaje*, esto es, a la *forma* de la expresión y del contenido.

143

1. estrato del objeto representado;

2. estrato estilístico;

3. estrato semántico.

El diagrama del mensaje literario cuento y su esquema interpretativo sería el siguiente:

El *estrato del objeto representado* no es sino la ficción dada por real por el hablante imaginario. Pertenece a este estrato el mismo narrador, sin descartar que pueda haber más de uno en el cuento concreto. Se trata siempre de una subjetividad en la representación discursiva del cuento desde los diversos ángulos de visión o puntos de vista que da la materia narrada puedan darse. Es quien lleva *cuenta* del *cuento* y, como se sabe, puede estar representado como personaje con un discurso testimonial, sea sobre sí mismo, sea sobre otro u otros personajes. El narrador puede, de otra parte, no estar representado como personaje y dar cuenta de los hechos y personajes como de una historia objetiva que conoce en diversos grados de omnisciencia según el cuento concreto de que se trate. Los cuentos de Felisberto Hernández, por ejemplo, sin entrar ahora en especular acerca de su sustrato autobiográfico, exhiben un narrador personaje, protagónico, y un discurso testimonial en primera persona. Gabriel García Márquez estructura *La siesta del martes* mediante un narrador impasible, no representado, objetivante de una historia en tercera persona que pareciera narrarse a sí misma, como también *La insolación* de Horacio Quiroga. *El Sur*, de Jorge Luis Borges, acusa un grado extremo de omnisciencia de parte de un narrador no representado en posesión de una historia en cuya factura literaria aparece

144

el mismo autor asistiendo a la misma, caso de discurso autorial dentro del discurso propiamente narrativo. *Acuérdate,* de Juan Rulfo, es un cuento donde el personaje protagonista es el *yo* de la narración. En un apartado posterior * veremos más analíticamente estas matizaciones, sin pretensión de abarcarlas a todas, sino para mostrar la variación de posibilidades discursivas del cuento; un texto narrado en primera persona, verbigracia, no siempre revela un yo hegemónico como en *Carta a un señorita en París,* de Julio Cortázar, sino también un yo narrador, personaje entre otros personajes, como en *El llano en llamas,* de Rulfo, contado en primera persona plural.

Es preciso tener presente atentamente la visión del narrador y su respectivo papel en el estrato del objeto representado, porque, según es sabido, no importa tanto el suceso o historia del cuento, sino el modo como es transmitido y construido artísticamente: el proceso de transformación literaria de la *fábula* en tema, en comunicación y expresión artística, área interrelacionada con los estratos estilístico y semántico. Veamos esquematizadas en un diagrama estas ideas, desde su base extralingüística —el suceso—, hasta su cúspide, la forma significativa, el cuento literario:

CUENTO

tema

comunicación y expresión

suceso o experiencia

Las etapas del proceso, diagramadas de abajo hacia arriba, desde el suceso a su transformación en cuento en tanto forma artística significativa, proceden merced a un tipo de discurso organizador de los elementos en juego, articulación de incidentes y de

* Se refiere a capítulos posteriores de la obra, no reproducidos aquí.

personajes, de espacio y tiempo con causalidad de acontecimientos, causalidad psicológica o extraordinaria («fantástica») según los casos, en una unidad y síntesis homogénea. Esta homogeneidad, sin embargo, es teórica, porque el objeto empírico, el cuento textual, nos aguarda a cada paso con nuevas facetas de composición y síntesis. Pero, sean cuales fueren sus sorpresas en la realidad del texto, el cuento, en sus realizaciones hispanoamericanas, parece concebible siempre, relate uno o dos sucesos, como una unidad anular, centrípeta, indivisible, cuyo ritmo obedece a un principio, o desencadenante, a un núcleo o clímax, y a un final que no tiene por qué ser «sorpresivo» como afirmaban Poe y Quiroga; *La siesta del martes*, de García Márquez, muestra entre tantos textos, no lo tiene, y no pierde por ello su carácter cuentístico.

La confluencia y unidad de estratos en una estructura anular, centrípeta, podría representarse así:

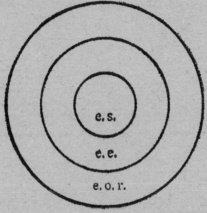

Si bien he hecho alusión al espacio, como componente también del estrato del objeto representado, esencialmente el cuento no crea un orden espacial como la novela, sino orden temporal, como el poema, ya que instaura una imagen nueva del tiempo, no sujeto al mero transcurrir cronológico en virtud de la forma acrónica plasmada en el texto inmanente y ensimismado, susceptible de ser percibida unitariamente en la lectura por el receptor.

Falta todavía en el estrato del objeto representado precisamente el receptor, involucrado en el discurso del narrador, y a quien éste apela implícitamente. La estructura óntica del cuento, la inmanencia del texto no excluye su trascendencia, no sólo respecto del creador y del narrador imaginario, sino en orden a su destino, en tanto mensaje dirigido a la recepción de un contemplador activo, copartícipe, quien teniendo presencia propia en el discurso narrativo cumple el papel de darle en último término vigencia. El receptor o lector es convocado como destinación terminal de la comunicación narrativa. Esta convergencia básica hacia el lector es una ley semiológica general del discurso cuentístico, pero puede hacerse más o menos patente, más o menos directa y vigorosa en el cuento concreto conforme o cómo sea formulada la apelación al receptor de parte del narrador con su llamada al interés y a la atención sobre el objeto narrado. En *El Aleph*, de Borges, por ejemplo, el narrador —en este caso desdoblado en autor— apela con singular evidencia al lector cuando afirma: «Arribo, ahora, al inefable centro de mi relato; empieza, aquí, mi desesperación de escritor. Todo lenguaje es un alfabeto de símbolos cuyo ejercicio presupone un pasado que los interlocutores comparten; ¿cómo transmitir a los otros el infinito Aleph, que mi temerosa memoria apenas abarca?»[13] En verdad, el discurso es autorial y autobiográfico si se quiere, se cualifica como metarrelato y apelación metalingüística, uno de los modos de patentizar la presencia necesaria del receptor implícito. De otro lado, forma parte del estilo borgiano en sus cuentos el ofrecimiento de indicios al lector en la recepción y decodificación de la historia narrada. En *El muerto*, el narrador le advierte: «Aquí la historia se complica y se ahonda» y se revela como «el hombre que entreteje estos símbolos», con evidencia directa de la importancia participacional de quien recepta la ficción.

Ahora bien, siendo el cuento un mensaje sincrónico, inmutable en su escritura (a menos que el autor mismo introduzca posteriormente modificaciones y variantes textuales), no por ello deja de gozar de diacronía, toda vez que actúa dialécticamente a través del tiempo y del espacio sobre una diversidad de receptores y en una variedad de contextos. Esa construcción artística ensimismada, en tanto objeto literario autosuficiente, es capaz, no obstante, de actualizar diacrónicamente su operación comunicativa y significativa en la percepción de renovados receptores y decodificadores.

Entiendo por *estrato estilístico*, inseparable del objeto representado, la formalización expresiva (rítmica, léxica, sintáctica), el *ars combinatoria* de las unidades narrativas y lingüísticas con sus rasgos distintivos, los procedimientos estilísticamente marcados y su pertinencia o relación estructural con la totalidad del texto en

13. Jorge Luis Borges, *El Aleph*.

orden a la temática del cuento y su cosmovisión. Este estrato dinamiza particularmente la *función estilística* [14] del lenguaje —equivalente a la *función poética* preconizada por Jakobson— operando constantemente sobre la función referencial o representativa y en relación con las demás funciones, pero polarizada siempre en la formulación del mensaje mismo.

Operan en este estrato: el principio de *selección* de elementos compositivos en sus aspectos narrativos y en sus aspectos propiamente expresivos; y el principio de *combinación* de unidades narrativas y elementos de lengua, con una doble mira; a la forma y a su sentido. De suerte que las operaciones fraguadas en este estrato tienen lugar en dos órdenes de jerarquía: el sucesivo o *sintagmático* y el correlativo o *paradigmático*, el primero horizontal, el segundo vertical, por decirlo así, productores del sentido del texto. [15]

En tanto mensaje literario, el cuento se inscribe como discurso esencialmente connotativo, propio de la comunicación artística, que no excluye la denotación, antes bien la sobrepasa o excede. [16] Pues bien, el cuentista importa como personalidad creadora de una forma estilístico-semántica y como polo generador de connotaciones en tanto usuario especial de la lengua. La modulación del cuento, de su estilo, proviene en buena porción de la realización que el escritor hace de la potencialidad dinámica de la lengua con que trabaja el servicio de la imaginación creadora. No entiendo con esto adherir a la llamada «estilística de la personalidad», de orientación psicologista, ni menos a una definición del estilo como desvío individual de la norma lingüística [17] por cier-

14. Cf. Michael Riffaterre, *Essais de stylistique structurale*, presentación y traducciones de Daniel Delas, París, Flammarion Editeur, 1971, especialmente los caps. 4 y 5 de la primera parte. Para este investigador, ilustre estilicista, la función poética de Jakobson corresponde al aspecto del lenguaje descrito por la estilística estructural; si bien el término «poética» —opina— sea mejor que «estética» (Mukarovsky), propone denominar a la función «estilística». Sostiene asimismo que esta función no está destinada a reforzar mensajes más o menos eficaces, sino que es la función fundamental de un enunciado literario elaborado como tal. Finalmente, para no dar lugar a equívocos, propondría la denominación de «función formal».

15. Cf. Roman Jakobson, *ob. cit.*, cap. II.

16. Hasta podría afirmarse que el mensaje literario borra (o transforma) el mensaje referencial, pues el referente objetivo tiende en aquél a ser puramente verbal, mientras las connotaciones (individuales, emotivas, estilísticas, culturales, etc.) gozan de plena autonomía y el mensaje literario se constituye en referente de sí mismo.

17. Que la poesía, el estilo no es una anomalía con respecto a la norma práctica, lo prueba el hecho de que no toda anomalía es estilo y poesía; el

to, sino indicar que las actitudes selectivas y combinatorias en el habla del cuentista en función de su cuento están preñadas de connotaciones, vale decir de una riqueza semiológica propia de su mundo emocional dirigida a provocar en la percepción del lector análogas e incluso nuevas resonancias, semejantes y hasta distanciadas decodificaciones. La cosmovisión del cuento, la carga subjetiva impresa en el mensaje, hecho ya objeto cultural, quedan registradas en el discurso narrativo y, en la recepción del destinatario, no sólo suscitan irradiación, contagio emotivo, sino nuevas connotaciones contextuales que confieren dinamismo y plenitud al texto recepcionado.

Obviamente, el estrato estilístico así considerado, como componente esencial de todo texto literario, actúa en íntima compenetración en el *estrato semántico* o dimensión significativa de la forma de lo narrado. Un movimiento como de vasos comunicantes se da recíprocamente entre los estratos, generando constantes interrelaciones, entrecruzamientos y confluencias de los ejes sintagmático y paradigmático. La retórica del cuento, sus figuras léxicas y sintácticas, el ritmo de su prosa, su orientación metonímica, metafórica, simbólica operan sin duda con mira a una producción de sentido.

Hay en el narrador una voluntad constructiva y comunicativa aparejada a una voluntad semántica en la totalidad estructural de sus cuentos. Siempre el cuentista persigue un sentido o permite una pluralidad de sentidos, o bien su texto ofrece una ambigüedad, que es riqueza, de significados. En todo caso ha de tenerse presente la capacidad polisémica del texto literario, todo un tejido de significados parciales y matices connotativos que en la totalidad textual, habida cuenta de los contextos intrínsecos y extrínsecos, exceden la misma intencionalidad del escritor, ya que el lenguaje en la obra artística es capaz de decir *más* que la palabra misma, trascender a su creador y adquirir merced al comportamiento perceptivo del lector significaciones nuevas. Un crecimiento y una renovación significacional pueden darse en el universo poético del cuento: desde su significado básico se originan radiaciones semánticas y connotaciones pregnantes enriquecedoras del mensaje narrativo, verdadero depósito de sentidos que afectan a su receptor natural y necesario, destinatario ineludible cuantitati-

---

estilo, la poesía es la plenitud de riqueza funcional del signo. M. Riffaterre (*ob. cit.*, cap. 2) reemplaza la noción de «norma» por la de «contexto estilístico» conforme a la cual el estilo es «una secuencia de elementos marcados en contraste con elementos no marcados».

va y cualitativamente, actuante en el completamiento del circuito comunicativo de la obra. Al recibirlo, actualiza el mensaje, el texto desde todos sus estratos. Estimulado estilísticamente por ciertas formas solidarias con ciertos contenidos, no solamente moviliza su intelección y su sensibilidad del hecho estético, verdadero acto sémico, sino ejercita críticamente su conocimiento del código del escritor y de los contextos internos y externos a su obra en una lectura donde asume concreción ese acto sémico.[18]

En la consideración del estrato semántico y su manifestación de contenidos, comprobamos la eficacia formal del cuento para el asimiento expresivo del hombre y su situación dramática de ser-en-el-mundo, su circunstancia y su destino, ya sea éste absurdo, conjetural o paradójico, predeterminado o libre, social o individual, inmenente o trascendente, fideísta o desesperado. El discurso cuentístico es capaz de aprehender y estructurar todas estas tensiones existenciales con un arte aplicado a la hondura cualitativa más que a la extensión cuantitativa. De aquí se deduce su carácter de inmediatez y evidencia semejante al de la poesía, pues como el poema asedia y detiene la existencia humana hincándole su dardo sutil, gnoseológica y emocionalmente, dándole una forma de totalidad y de acabamiento susceptible de ser percibida sintéticamente en una lectura ininterrumpida. Creo por ello necesario en la caracterización del cuento no dejar de tomar en consideración su área semántica, quid hacia el cual convergen todos los elementos en juego.

El modelo estructural ternario que hipotéticamente propongo es inescindible por el engendramiento simultáneo de los estratos entre sí. En virtud de este isomorfismo, de esta impregnación mutua, el cuento aparece como una unidad artística autónoma, independiente en su ser mismo de contingencias extraliterarias; pero esta inmanencia del texto en tanto referente de sí mismo es, desde luego, compatible con el estudio del discurso-relato relacionado al contexto extra-lingüístico y situacional, sea referido al propio autor o a las coordenadas históricas, sociales y culturales en que se insertan él y su obra.[19]

18. Sobre la naturaleza de ese acto de comunicación de contenido estético vierte valiosas formulaciones Luis J. Prieto, *Etudes de linguistique et de sémiologie générales*, Ginebra, Librairie Droz, 1975 (en los caps. «Notes pour une sémiologie de la communication artistique», pp. 115-124, y «Sémiologie de la communication et sémiologie de la signification», pp. 125-141).

19. Para el estudio de los «contextos» y «entornos» véanse: Stephen Ullmann, *Semántica*, Madrid, Aguilar, 1965, cap. 2, ap. 3; Eugenio Coseríu, *Teoría del lenguaje y lingüística general*, Madrid, Gredos, 1962, cap. «Determinación y entorno», p. 282.

Tal hipótesis de isomorfismo entre los estratos remite a la concepción saussureana de los dos planos del lenguaje: la expresión y el contenido; por tanto, la existencia de la expresión es exigencia y condición del sentido, éste no cobra existencia y encarne sino a expensas de aquél. En suma, dicho a manera de ecuación, la morfosintaxis del cuento es al significado como a su vez el significado es a la morfosintaxis; de donde la estructura del cuento se concibe como una articulación de estratos en que las unidades de expresión y las unidades de significación se homologan.[20]

Ninguna especie narrativa exige tanta imbibición entre expresión y contenido como el cuento artístico, precisamente por el rasgo no discreto de su estructuración en segmentos y niveles inseparables, recíprocamente envolventes como un *continuum* compenetrativo en todas dimensiones hasta la armónica simbiosis de todos sus elementos. Desde el interior de todo cuento literario, producido como tal, es posible inducir que responde, en mayor o menor medida, invariablemente, a una estructura típica donde el estilo es automáticamente pertinente al significado.[21]

20. Luis J. Prieto bosqueja una reformulación de la superada dicotomía «fondo-forma»: «...cette théorie impliquerait, d'une part, que le fond et la forma n'appartiennent pas l'un au plan du contenu, l'autre au plan de l'expression, mais qu'ils se situent l'un et l'autre sur le plan du contenu; et, d'autre part, que le moyen principal de la communication du contenu esthétique de l'oeuvre n'est ni le fond en lui-même ni la forme en elle même, mais leur relation, qui est une relation entre individu et classe, donc, une relation entre concret et abstrait» (*Ob. cit.*, p. 114).

21. Una lúcida síntesis del fenómeno cuento como «forma literaria autónoma» se hallará en Jaime Rest, *Novela, cuento, teatro: apogeo y crisis*, Buenos Aires, Centro Editor de América Latina, 1971, pp. 52-107. Observaciones precursoras acerca de la narración breve fueron ya aportadas por V. Chklovski, «La construction de la nouvelle et du roman», por B. Eikhenbaum, «Sur la théorie de la prose» en *Théorie de la littérature*, textes des Formalistes russes réunis, présentés et traduits par Tzvetan Todorov, Préface de Roman Jakobson, París, Editions du Seuil, 1965. (Traducción castellana *Teoría de la literatura de los formalistas rusos*, por Ana María Nethol, Buenos Aires, Ed. Signos, 1970.)

Enrique Anderson-Imbert, «Entre el caso y la novela: Hacia una definición del cuento» * (1977)

Introducción

Ibsen, en el último acto de *Peer Gynt,* presenta a su héroe ya viejo que al regresar a su patria se pone a examinar su conciencia. Coge una cebolla y le va arrancando las telas. Cada una es una aventura falsa:

> Peer Gynt. (*Arrancando varias telas a la vez.*) ¡Cuántas envolturas! ¿No aparecerá nunca el corazón? (*Desgarra a pedazos lo que queda de la cebolla.*) ¡No hay nada! En el mismísimo centro no hay sino envolturas, cada vez más pequeñas y pequeñas...

Es el modelo (con perdón de Husserl) de la cebolla fenomenológica. En la redonda conciencia apartamos sucesivamente las capas que no nos interesan por el momento y gracias o esas reducciones llegamos a deslindar nuestro objeto y su esencia. Comencé este estudio sopesando el problemático bulbo —el lenguaje que transforma la realidad en símbolos— y desde entonces he venido apartando telas y telas. Seguiré haciéndolo.

Aparto los símbolos orales y me quedo con los escritos.

Aparto las actividades discursivas (v. gr., las ciencias) y me quedo con la literaria, que es ficción.

* Reproducido con autorización de la Editorial Marymar, de *Teoría y técnica del cuento,* por Enrique Anderson-Imbert (Buenos Aires, 1979), cap. IV, págs. 37-52.

Aparto de la ficción los géneros lírico, dramático, didáctico, etc. y me quedo con el género narrativo.

Aparto la producción hasta 1830 y me quedo con la narrativa contemporánea.

Aparto las narraciones cortas que no son autónomas o cuyas leyes interiores no son puramente estéticas y me quedo con el cuento.

Aparto el cuento en verso y me quedo con el cuento en prosa.

¿Llegaré a una definición del cuento o, como a Peer Gynt, se me deshará la cebolla en las manos?

Formas cortas: el caso

Después de haber estipulado la reducción del campo de nuestro estudio a cuentos en prosa del último sesquicentenio, voy a intentar la clasificación del cuento dentro de la ficción narrativa distinguiéndolo de formas cortas como la anécdota y de formas largas como la novela. Las formas cortas que voy a examinar se parecen, por lo menos en el nombre, a algunas de las que André Jolles analizó en *Enfache Formen* (1930), (traduc. *Las formas simples*): la leyenda, la gesta, el mito, la adivinanza, el proverbio, el caso, el recuerdo de un suceso, el cuento maravilloso y la agudeza. Pero por lo mismo que algunos nombres coinciden debo aclarar en seguida que nuestros criterios difieren. Jolles estudió las formas simples como «disposiciones mentales» que se resisten a la elaboración literaria; yo, en cambio, estudio formas escritas con arte. Además, yo no separo las formas ni de la energía personal de un narrador ni de sus circunstancias ni del movimiento de la historia, y Jolles, por el contrario, abstrajo estructuras fijas de una lengua impersonal, utópica y ucrónica. Porque según él, las «disposiciones mentales» se ponen a trabajar desde la lengua —no importa de quién ni dónde ni cuándo— y de esas disposiciones derivan las formas simples. Este proceso previo a la obra, no la obra, es lo que le interesa. Para ilustrar su teoría tomó cuentos de Boccaccio y de los hermanos Grimm. Que las «novelle» de Boccaccio fueran de un italiano del siglo XIV y los «märchen» de los hermanos Grimm fueran de alemanes que los recogieron en el siglo XIX no preocupó a Jolles: lo que él quería demostrar era

153

cómo diferentes «disposiciones mentales» determinaron las «formas cultas» de las «novelle» y las «formas simples» de los «märchen». Habría dos clases de cuentos. El cuento artístico —ya bien logrado en el *Decameron* de Boccaccio— narraba una acción sorprendente de tal manera que impresionara como real; los personajes eran menos importantes que la trama. El cuento «espontáneo» —para usar el calificativo de los Grimm, que tan bien lograron realizarlo— opera constantemente sobre lo maravilloso. Son dos disposiciones mentales ante el universo, dos formas de comportarse ante él. La forma culta se aplica a una porción del universo y esta porción queda representada en un tipo de cuento («nouvelle»). La forma simple absorbe el universo y lo que narra no podría ocurrir en el universo sino en el interior de un cuento autónomo («märchen»). La forma culta fija el dinamismo del universo en una obra coherente, única y sólida. La forma simple excluye la generalidad, pluralidad y movilidad del universo porque ella misma es general, plural, móvil, y lo poco que toma del universo se transforma según leyes dinámicas del cuento. La forma culta cristaliza en una lengua individualizada que supone la presencia de un escritor. La forma simple fluye en una lengua que no es de nadie y es de todos. Cuando los escritores educados en formas cultas quieren actualizar una forma simple —o sea, tratar el «märchen» como si fuera una «novella»—, la forma simple, repugnada, se les resiste.

Esta ingeniosa dicotomía de Jolles se relaciona más bien con las actitudes ante el universo... Me interesa su catálogo de formas que él llama «simples» porque los nombres de algunas de ellas también podrían aparecer en un catálogo de formas cortas: el mito, la leyenda, el caso, el chiste, etc. Sin embargo, aunque unas y otras formas sean homónimas, sus contenidos son heterogéneos. El catálogo de Jolles no excluye las formas orales y en general las busca en un pasado remoto. Si yo catalogara las formas cortas me limitaría a las escritas en prosa en los últimos ciento cincuenta años. No necesito justificar por qué descarto las formas cortas transmitidas oralmente. Sería muy fácil: las descarto porque estoy estudiando letras escritas, bellas letras, literaturas. El cuento como manifestación espontánea, oral, anónima, tradicional y popular es campo de serias investigaciones que a mí no me competen. Un mapa de ese campo ha sido trazado por Roger Pinon: *Le Conte merveilleux comme sujet d'Etudes* (Liège, 1955). Pero aun en los estudios sobre el cuento oral los especialistas son los primeros en confesar que es muy poco lo que se sabe. No digamos en la antigüedad pero ni siquiera en la época moderna se recopilaron cuentos auténticamente folklóricos; y en los tiempos contemporáneos escasean. Las colecciones más famosas —v. gr. las de Perrault y los hermanos Grimm— retocan y estilizan lo que transcriben. La tradición del cuento oral y la historia del cuento escrito coexisten pero no en líneas paralelas. Son más bien líneas ondulantes. Se apartan. Se acercan. Se tocan. Se entrecruzan. A veces el cuento oral adquiere forma literaria. A veces el cuento escrito se difunde por el pueblo. Las influencias son recíprocas. El problema me fascina y pensando en él compuse dos cuentos. En «Amistad» (*La locura juega al ajedrez*, 1971) un escritor, Juan Escudero, confiesa cómo escribió cuentos tomándolos de la boca de su amigo Tristán, boca por la que hablaba la tradición. Al confesarse describe las diferencias entre la transmisión oral y la creación literaria con más esmero que el que el espacio me consiente ahora en este resumen. En «Viento Norte», del mismo libro, invertí la situación: en Londres un periodista argentino le ofrece a un cuentista inglés, para que lo convierta en cuento, un caso extraño que circula por Buenos Aires de boca en boca: resulta que el origen del caso que ahora es tradición popular fue precisamente un cuento de ese escritor inglés. Sí, el problema de la reciprocidad de influencias entre el cuento oral y el escrito es fascinante, pero debo atenerme a mi asunto, que es el cuento literario.

Tampoco necesita justificar por qué excluyo a mi panorama los cuentos anteriores a 1830, más o menos. Son valiosísimos. Algunos, insuperables. Mas aquí debo concentrarme en la literatura reciente. Mi estudio es teórico, no histórico. En este capítulo me propongo especificar las características del cuento tal como hoy lo entendemos y para ello voy a diferenciarlo de otras formas cortas de la ficción narrativa. De nada me serviría, sin embargo, relacionarlo con leyendas, gestas, mitos del pasado. En cambio sí me sirve comparar el cuento moderno con otras formas cortas también modernas.

La nomenclatura de las formas narrativas cortas es extensísima y con frecuencia las áreas semánticas de los términos se interseccionan: tradiciones, poemas en prosa, fábulas, «fabliaux», alegorías, parábolas, baladas, apólogos, chistes, fantasías, anécdotas, milagros, episodios, escenas, diálogos, leyendas, notas, artículos, relatos, crónicas y así hasta que agotemos el diccionario. El cuento anda paseándose siempre entre esas ficciones, se mete en ellas para dominarlas y también se las mete adentro para alimentarse. Cada uno de esos nombres enuncia un concepto independiente. El cuentólogo es muy dueño de concebir el cuento como autónomo, como no subordinado a intenciones ajenas al placer de contar. Y, si así le da la gana, puede pensar en las otras formas como conceptos subordinados al de cuento. Entonces los sustantivos «leyenda», «mito», «artículo de costumbres», etc., pasan a cumplir la función de adjetivos: cuento legendario, mítico, costumbrista, poético, tradicional, alegórico. Pero el cuentólogo puede también suponer que esas formas cortas no han pedido su independencia sino que se han transformado en cuentos. Tomemos algunos ejemplos.

Artículo de costumbres

Está entre la sociología y la ficción. Pinta cuadros con típicas escenas de la vida cotidiana. El cuento comenzó así en la Argentina: Esteban Echeverría, alentado por sus ideas sociales, se puso a escribir un cuadro costumbrista y de buenas a primeras, porque una de sus figuras se hizo heroica, le salió el cuento «El matadero».

Cuadro caracterológico

Está entre la psicología y la ficción. Nos esboza un carácter abstracto al que no vemos ni actuar ni cambiar. Importan sobre todo los rasgos morales y sociales. La persona representa aspectos típicos: el soldado, el poeta, el pícaro, el hombre bueno o malo (...). Los cultores de este género se enorgullecen, con razón, de los maestros Teofrasto y La Bruyère. Ven la fijeza no la movilidad de un carácter. Si en un cuadro nos parece que el personaje cambia porque lo vemos moverse en diversas actividades de la mañana a la noche, lo cierto es que también esos cambios son fijos pues se supone que se repiten día tras día. Un ejemplo argentino: «Aprendizaje de la perfecta humildad» de Enrique Méndez Calzada.

Noticia

La noticia está entre el periodismo y la ficción. Nos cuenta cómo un suceso extraordinario ha estallado en medio de la vida ordinaria. Por muy sobria y objetiva que sea, la noticia está destinada a producir en el lector efectos de sorpresa, alarma, alegría, enojo o compasión. El noticiero, al trasladar al papel un acontecimiento real, lo estructura internamente, lo reordena, lo explica, lo encuadra, lo pone en perspectiva, esto es, lo ficcionaliza.

Mito

El mito está entre la religión y la ficción. Tiene la forma de una pregunta y una respuesta: el hombre pregunta: «¿Qué significa la luz del día y la oscuridad de la noche?», y una voz anónima responde: «Que Dios puso al sol en medio del cielo para que..., etc.» Es una narración que se ha dado muchas veces (mito, en griego, significa «algo dicho») para explicar, con la intervención de seres misteriosos, el origen y sentido del universo (...).

Leyenda

La leyenda está entre la historia y la ficción. Nadie la da por cierta. Aun quienes creen en ella no se atreven a probar su veracidad. Seleccionada por la memoria de un pueblo, cobra autonomía literaria. A veces la fuente de una leyenda es un cuento. Esto ocurre cuando la acción del cuento había exaltado a un personaje real o lo había concebido como si fuera real, localizándolo en un lugar determinado y envolviéndolo en una engañosa atmósfera histórica. Leyenda y cuento concentran por igual los acontecimientos con tensión dramática; ambos tratan de lo raro, de lo desacostumbrado, de lo que contraría las normas generales (...).

Ejemplos

El ejemplo está entre la didáctica y la ficción. A veces es posible leerlo literalmente, como literatura. Entonces se nos escapa su valor didáctico. Para mejor distinguir entre un cuento literario y un cuento didáctico conviene observar si en los personajes dominan rasgos individuales (literatura) o aparecen rasgos de aplicación general que los convierte en miembros de una clase (didáctica). Los términos que designan la narración corta de propósito didáctico son: fábula, apólogo, parábola, alegoría (...). No son sinónimos pero, dejando de lado los matices diferenciales, todos ellos apuntan a un objetivo extra-estético (moral, intelectual) servido por personajes que pueden tener figura de cosas, plantas, animales y seres humanos. La forma más próxima al mundo real es la parábola; la más próxima al reino de las cualidades abstractas, la alegoría. A veces los narradores parodian estas formas tradicionales vaciándolas de sus tradicionales intenciones: son, entonces, juegos cultos, como en Marco Denevi. ¿Parábola, alegoría, fábula, apólogo o cuento es «El cuervo del arca» de Conrado Nalé Roxlo?

Anécdota

La anécdota es semilla que crece en raíz, árbol, flor y fruto y ahora, transformada, se despliega en lo alto con la forma del cuento. O, si se quiere, la forma del cuento absorbe la anécdota y se llena de ella. Con el título «anécdotas» (en griego: «anékdotos», «lo no oído de algo que ocurrió», «lo no publicado») los antiguos coleccionaron chismes sobre la vida privada. La anécdota agrega un rasgo a una persona conocida pero no crea una personalidad. Cuando no se propone entretener (entretenimiento momentáneo, sin alto valor artístico) edifica moralmente, sea por su lección positiva o negativa. En todo caso satisface la curiosidad y aun el gusto por la murmuración y el escándalo. La anécdota tiene la unidad de un principio, un medio y un fin: el personaje ha entrado en conflicto con alguien o con algo y el conflicto se resuelve de algún modo. Podríamos leerla como cuento. Después de todo, un cuento también puede contar acciones que de veras han ocurrido a personajes históricos. Pero sentimos que una anécdota no es un cuento cuando se queda en el mero relato de una acción externa, sin tratar de comprender la personalidad del protagonista y sus impulsos psicológicos; sobre todo cuando la anécdota ilustra un aspecto de la vida con propósitos no estrictamente estéticos. Más que «contar» una anécdota, la «relatamos», pues «contar» supone un acto más inventivo que «relatar». Un relato se refiere generalmente a hechos reales, así que el verbo «relatar» se ajusta mejor al término «anécdota», «sucedido», «crónica» o «relación».

Caso

Por anécdota se entiende generalmente una narración breve que se supone verdadera. Para evitar esta cualidad, la de ser verdadera, prefiero el término «caso», cuya forma es tan interesante como la anécdota pero la situación que presenta puede ser real o fantástica, reveladora del carácter humano y también de la naturaleza absurda del cosmos o del caos. *Casus*, en latín, nos ha dado palabras que usamos en diversas acepciones: caída, accidente, ocasión, casualidad, casuística. El caso puede connotar peligro, lance, cambio, emergencia, infortunio, fracaso, muerte. Es una coyuntura o situación de dificultosa salida. Los juristas entienden por «caso fortuito» un suceso inopinado, imprevisible o inevitable. Los teólogos entienden por «caso de conciencia» un conflicto moral sobre el que sólo una alta autoridad puede dictaminar. Unos y otros son «casuistas», es decir, autores que responden a consultas sobre casos supuestos o reales. El caso es lo que queda cuando se quitan accesorios a la exposición de una ocurrencia ordinaria o extraordinaria, natural o sobrenatural. Es, en fin, un esquema de acción posible, y por eso la destaco, entre las formas cortas, como la más afín al cuento. Con el título «casos» y «más casos» he publicado en *El Grimorio* muchos cuentos fantásticos en miniatura; y los centenares de «minicuentos» que aparecen en otras colecciones mías, especialmente en *El gato de Cheshire*, son también elaboraciones de casos. Otros adeptos al caso fantástico muy breve: Jorge Luis Borges, Marco Denevi, Pedro Orgambide, Eduardo Gudiño Kieffer, Juan Jacobo Bajarlía, Angel Bonomini.

Formas largas: la novela

Los aficionados a las estadísticas dividen los géneros narrativos atendiendo al número de palabras: Novelas, con un mínimo de 50.000 palabras. Novela corta, de 30.000 a 50.000 palabras. Cuento, de 2.000 a 30.000 palabras. Cuento corto, de 100 a 2.000 palabras.

Es un modo muy mecánico de clasificar, pero la verdad es que por muchas vueltas que demos, siempre venimos a parar en que la diferencia entre una novela y un cuento puede medirse; y en que cualquiera que sea la unidad de medida que usemos el tiempo que se tarde en leer una novela es mayor.

Claro que uno quisiera calar hondo en las diferencias externas hasta encontrar diferencias internas. Y como el que busca encuentra, hay quienes de tanto buscar han acabado por encontrar lo que querían, que es un cuadro de contrastes entre los rasgos de la novela y los rasgos del cuento. Un cuadro a dos columnas. En la primera columna: la novela, larga. En la segunda columna:

el cuento, corto. Y por debajo de esos rasgos indiscutibles van confrontando otras oposiciones, éstas sí muy discutibles.

La novela —dicen— proyecta una concepción del mundo en un vasto conjunto de sucesos heterogéneos. El cuento, en cambio, enfoca una visión de la vida en un suceso de intensa unidad de tono.

La novela suelta a muchos personajes para que se las arreglen como puedan en un complicado proceso social. El cuento, en cambio, atrapa a pocos personajes —uno, bastaría— en una crisis tan simple que inmediatamente se precipita en un desenlace.

La novela satisface una curiosidad sostenida a lo largo de una indefinida serie de incidentes. El cuento, en cambio, satisface una instantánea curiosidad por lo ocurrido en una peripecia única.

La novela caracteriza a su personaje y el lector se interesa, no por tal o cual aventura, sino por la psicología del aventurero. El cuento, en cambio, introduce a su personaje como mero agente de la ficción, y el lector se interesa, no por su carácter, sino por la situación en que está metido.

La novela crea un personaje tan voluntarioso que muchas veces se rebela contra el narrador y declara su autonomía, como Augusto Pérez en *Niebla* de Unamuno. El cuento, en cambio, pocas veces consiente tal escándalo y cuando la insurrección ocurre se trata, no de un rasgo de la psicología del personaje, sino de un motivo de la trama.

La novela puede hablarnos de siglos, de países, de muchedumbres. El cuento, en cambio, prefiere hablarnos de unas pocas horas, de un barrio aislado, de unos seres solitarios.

La novela nos produce la impresión de que estamos leyendo algo que pasa, y sin prisa acompañamos a sus personajes en un largo viaje por capítulos que, uno a uno, son incompletos. El cuento, en cambio, nos cuenta algo que pasó, y con impaciencia aguardamos el desenlace, que completa la acción.

La novela es imitación del andar de los hombres en los innumerables cursos de sus historias privadas: la forma abierta de la novela invita al novelista a marchar incesantemente y aun a perderse en el horizonte. El cuento, en cambio, es una encrucijada en el camino de la vida: la forma cerrada del cuento obliga al cuentista a una detenida inspección de los intramuros.

A veces los teóricos continúan las dos columnas con meras metáforas:

La novela es un cañón con poderosos impactos sobre grandes bultos. El cuento, en cambio, es un rifle que permite afinar la puntería sobre objetos muy seleccionados.

160

La novela es una poderosa luz. El cuento, en cambio, es un destello.

La novela es una ciudad poblada por personas ocupadas en diversos quehaceres. El cuento, en cambio, es una casa donde cohabita un grupo íntimo, unido con un solo propósito.

La novela se ramifica en todas direcciones, y sus últimas ramitas se esfuman en el aire. El cuento, en cambio, es un fruto redondo, concentrado en su semilla.

La novela es una trama abierta. El cuento, en cambio, es una trama cerrada.

Esos teóricos han repartido a dos columnas diferencias ya abstraídas, pero a veces consienten en explicarnos cómo procedieron para extraerlas. Nos muestran entonces lo común a la novela y el cuento para en seguida abstraer de esa unidad las diferencias genéricas. El resultado es igual. Veamos.

Tanto la novela como el cuento son totalidades: ni la novela es una suma de cuentos ni el cuento es un fragmento de novela. Pero la novela se subdivide en capítulos que, uno a uno, son vistazos incompletos. El lector, en cada capítulo, contempla lo que les está pasando a los personajes pero, como quiere comprenderlos psicológicamente, también se interesa por lo que les pasó antes de la fecha en que comienza la acción novelesca, y así agradece al novelista cuando lo ve exponer antecedentes, anticipar hechos, analizar y comentar. El cuento, en cambio, es una trama unitaria, cuanto menos digresiva, mejor. Los personajes no existen fuera de un momento a otro. Es el resorte del problema y su solución, de la pregunta y su respuesta. La acción, única, queda completada en el desenlace.

Tanto la novela como el cuento se construyen con tensiones y distensiones. Pero en la novela las tensiones se multiplican porque resultan de varios «esquemas dinámicos» dentro del esfuerzo de la creación literaria, y si hay un solo esquema éste es permanente, imperfectivo. En el cuento, en cambio, basta una tensión, la cual promete una distensión inmediata, y su esquema dinámico es desinente, perfectivo (...).

Tanto la novela como el cuento evocan forzosamente un pasado, puesto que el narrar es anterior al leer. Pero la novela, con más desenvoltura que el cuento, puede hacernos creer que el tiempo de su acción es coetáneo con el tiempo del lector. Acompañamos al personaje novelesco en un viaje tan largo que nos sentimos como espectadores de un fluir presente, así sea el personaje de una novela histórica o el personaje de una novela ucrónica. El personaje de un cuento, en cambio, no nos da tiempo para que olvidemos que está entramado en una acción pretérita de la que nos vamos enterando incidente tras incidente.

Tanto la novela como el cuento narran hechos sucesivos. Las palabras salen una tras otras, hacia adelante y describen poco a poco un acontecer que también se desenvuelve hacia adelante. Los personajes, tanto en la novela como en el cuento, viven hacia el futuro, se han lanzado a vivir cada cual con su propio programa existencial y van cobrando personalidad a lo largo de las complicadas líneas de acción de una dinámica realidad. Pero la novela nos abre sus puertas, entramos y desde dentro acompañamos a los personajes con la ilusión de que también nosotros progresamos. El cuento, en cambio, se nos da como una esfera de cristal en la que no podemos penetrar y aunque desde fuera veamos a personajes que se dirigen hacia un fin no nos olvidamos que el narrador está recordando un pasado y por tanto corregimos la aparente progresión de los hechos con una mira retrospectiva.

Tanto la novela como el cuento invitan al lector al espionaje. En la novela seguimos los pasos del protagonista con un espionaje continuo. Lo vemos andar de aquí para allá, durante mucho tiempo, entremezclado en una muchedumbre, y lo espiamos desde diversas distancias, desde diversos ángulos. En el cuento, en cambio, el protagonista, arrojado a una singular situación, cobra conciencia de sí: esta auto-revelación es un cambio, sí, pero termina el cuento antes de que veamos cómo este cambio ha de manifestarse en la conducta futura. Es un rápido vistazo a una persona, no un continuo espionaje. De aquí que la novela nos produzca la impresión de estar leyendo algo que pasa y el cuento algo que pasó.

Y así podríamos seguir repitiendo con cambios de palabras (o de matices de palabras) la misma letanía.

Lo malo de estos cuadros comparativos es que, a fuerza de exagerar las diferencias, las falsifica. En la historia del arte de narrar siempre descubriremos novelas con calidad de cuentos y cuentos con calidad de novelas. No sería difícil componer dos listas, una de novelas y otra de cuentos, donde las supuestas características genéricas apareciesen traspuestas. Por ejemplo:

Novelas cuya acción transcurre en una hora y cuentos que transcurren en un siglo.

Novelas con un personaje y cuentos con muchos personajes.

Novelas con personajes chatos, sin psicología, y cuentos con personajes redondeados psicológicamente.

Novelas de trama sencilla y cuentos de intrincada trama.

También es malo que en esos cuadros comparativos se deslicen juicios de valor: v.gr., que tal género es más importante que tal otro. Como en esos deslices el cuento es el que, casi siempre, recibe las bofetadas, voy a ponerme en el lugar del cuentista para sentir las ganas de devolverlas.

Se dice que uno de los contrastes es que la novela tiene una forma abierta y el cuento tiene una forma cerrada (...). ¿No se podría deducir de ahí que la novela, de apertura en apertura, llega a desintegrarse y que el cuento, de clausura en clausura, se repliega sobre sí mismo y conserva su integridad? No estoy segura de que sea así, pero lo cierto es que si uno echa un vistazo a los «experimentos narrativos» de los años sesenta y tantos, parecería que la novela puede distraerse y olvidarse del arte de contar; pero el cuento, por definición, no puede dejar de contar.

Claro está que siendo la novela una forma del arte de contar nunca llega a ser amorfa: a lo más, su riqueza en formas engaña la vista y aparenta no tener ninguna (...). Muchos de los novelistas contemporáneos, en su prurito experimental, han roto casi todas las estructuras novelescas pero es evidente que aún en las novelas más desbaratadas, además de ese mínimo de coherencia sin el cual la obra sería ilegible, hay una forma: ésa, precisamente, contra la que escriben. Los subversivos no serían subversivos si no hubiera algo que subvertir. La anti-novela —o sea, novelas sin orden tempo-espacial, sin perspectivas, sin trama, sin tema, sin personajes, sin gramática, sin narrador, y a veces sin lector— no tiene sentido sino a condición de que la refiramos a las grandes novelas tradicionales. Un lector que nunca hubiera leído novelas como las de Thomas Hardy no habría entendido nunca novelas como las de James Joyce. Los experimentos experimentan con el poder de resistencia de los materiales narrativos. La prueba está en que lo que hacen los noveladores más nihilistas de hoy es concentrar procedimientos usados con cautela durante siglos. Y, al destruir un tipo de novela, crean otro, no menos codificado. En realidad la destrucción de la novela es parte de la historia de la novela, de igual manera que el Apocalipsis es la parte final en la historia bíblica que comienza con el Génesis. Hay, pues, en toda novela, por caótica que parezca, una forma, implícita o explícita. Sin embargo, es indudable que, en los casos extremos, hay novelas que crean la ilusión del caos. Más lejos no se puede ir. Habiendo llegado ya al extremo de la subversión, al punto máximo de la desintegración, donde todo es ininteligible y aun ilegible, algunos de los experimentadores se pusieron a reaprender el oficio de narrar. ¿Y de quién lo iban a aprender sino de los cuentistas que cultivaban el arte de construir tramas rigurosas? Los cuentos, aunque postulen el caos, no son caóticos. Y

163

los novelistas que entraron en el caos, para salir de él tuvieron que reaprender el arte de magistrales cuentistas. En el caso de experimentar es fácil que un narrador llegue a la anti-novela; es difícil que llegue el anti-cuento. ¿Por qué? Porque el cuento, por ser breve, capta una acción única y le da forma en una trama rigurosamente construida; y esta trama es tan recia que se resiste mejor que la novela a la desintegración formal. Los cuentos renuevan también sus técnicas; sólo que los experimentos técnicos, en el cuento, no consiguen deshacerlo.

También se dice que otro de los contrastes es que la novela crea personajes y el cuento en cambio se limita a meter a esos personajes en una situación. De ahí se podría deducir que el protagonista de una novela es más convincente que el protagonista de un cuento. ¡Vaya la gracia! Nos convence más porque lo vemos más. Como lo acompañamos por un largo camino, en múltiples lances y durante mucho tiempo, claro está que acabará por resultarnos familiar. También nos resulta familiar Sherlock Holmes, quien por haber sido héroe de una cincuentena de cuentos es tan memorable como sus hazañas. La muerte de un protagonista de novela puede afligirnos como si fuera la muerte de un miembro de la familia. Eso no quiere decir que sea una gran creación psicológica. Si hay un personaje de novela que nunca maduró psicológicamente es el imperturbable Amadís de Gaula; y ya se conoce la anécdota que se contaba en su época. Cito a Francisco Portugal:

> Vino un caballero muy principal para su casa y halló a su mujer, hijas y criadas llorando; sobresaltóse y preguntóles muy congojado si algún hijo o deudo se les había muerto; respondieron ahogadas en lágrimas que no; replicó más confuso: pues ¿por qué lloráis? Dijéronle: Señor, hase muerto Amadís.

Esas mujeres no hubieran llorado tanto la muerte del protagonista de un cuento. El protagonista de un cuento, no porque carezca de psicología, sino porque lo espiamos en una sola peripecia, no nos da tiempo para que intimemos con él. Esto lo sabe el novelista y lo sabe el cuentista; y porque lo saben, cada uno procura a su modo sacar la mejor ventaja posible de su oficio. El novelista se impersonaliza confiado en que el lector ha de identificarse directamente con el protagonista. El cuentista, en cambio, sabiendo que no dispone de tiempo suficiente para lograr esa identificación, de entrada invita al lector a que se identifique, no con el personaje, sino con él.

Cuando se compara una novela de trescientas páginas con un cuento de diez páginas lo inmediatamente visible es, en la novela, el protagonista, y en el cuento, la trama. Pero esa comparación no es justa. Lo justo sería leer trescientas páginas de un novelista y trescientas de un cuentista. Digamos, una novela de Eduardo Mallea y treinta cuentos de Jorge Luis Borges. Pues bien: en una colección de treinta cuentos creo que lo inmediatamente visible es la presencia personal del cuentista, tan convincente como la del protagonista de la novela. El lector, que sigue con interés las aventuras del protagonista novelesco en su lucha contra las circunstancias que le resisten, sigue con igual interés las aventuras del cuentista en su lucha contra la inercia de la lengua y de la materia narrativa. El lector ve, detrás de los cuentos cortos de una larga colección, que el cuentista mismo es un personaje continuo que madura psicológicamente, de relato en relato. Lo ve trabajar palabra a palabra, detalle a detalle. Y siente que ese cuentista oculto pero presente es un solitario, un individualista intransigente, orgulloso de su responsabilidad. El cuentista es el verdadero protagonista de su cuento, ni más ni menos que el poeta es el protagonista de su poema lírico. El cuentista no se canta a sí mismo, como el poeta; pero, como poeta, expresa lo que le está sucediendo a él justo cuando, con trucos de ilusionista, finge que algo les está sucediendo a sus personajes. El cuento da forma rigurosa a efusiones líricas, igual que un soneto.

Acabo de ponerme en lugar del cuentista para sentir, siquiera por un momento, sus ganas de defenderse cuando lo comparan desfavorablemente con el novelista. Desde luego que no tiene sentido afirmar que un género es más difícil que otro. Las dificultades varían de escritor a escritor. Yo, por ejemplo, escribo más cuentos que novelas. Sin embargo, si comparo un género con otro desde el punto de vista del esfuerzo que me cuesta el escribir la misma cantidad de páginas con la misma calidad de estilo en el mismo número de horas, debo decir que, en mi caso, el cuento me es más difícil que la novela. Pero lo cierto es que toda dicotomía entre la novela y el cuento es falaz. La prueba está en que con frecuencia se da el caso de un escritor que primero escribe un cuento y luego lo desarrolla en forma de novela. O viceversa, el escritor que se pone a escribir una novela, no le gusta, y entonces la reduce como a cabeza de jíbaro en forma de cuento. Por lo general el escritor, después de hacer eso, esconde la obra inicial como si fuera pecado, y el lector no se entera nunca de que lo que está leyendo viene de otra parte. Mas a veces lo sospechamos. No puedo verificar algunas de mis sospechas sobre ciertas narraciones ajenas. Puedo, sí, confesar aquí que cuando en 1934 escribí mi novela *Vigilia* lo que hice fue desarrollar el cuento «Mi novia, mi amigo y yo» que había publicado en 1929. Y al revés, en 1970 terminé de escribir una novela, *El regreso*, pero no la publiqué porque preferí resumirla en cuatro páginas, en mi cuento «Glaciar» (*La locura juega al ajedrez*, 1971). Sé, pues, por experiencia personal, que los túneles y tránsitos entre la creación de una novela y la creación de un cuento borran la frontera entre los respectivos géneros. En todo caso las diferencias no son tan esenciales como se dice. Lo positivo es una diferencia externa: la novela es larga, el cuento es corto.

Una consecuencia artística de la brevedad es que la novela, por ser larga, puede relegar la trama a un plano secundario; el cuento, por ser corto, ostenta en un primer plano una trama bien visible. En el cuento, más que en la novela, los hilos de la acción se entretejen en una trama, y esta trama prevalece sobre todo lo demás. En el cuento, la trama es primordial. En una definición de cuento no pueden faltar estas dos notas: la brevedad y la primacía de la trama.

Mosaico de definiciones

Si nos preguntan: «¿Qué es el cuento?», la definición fluctuaría entre un predicado excesivamente general («el cuento es algo») y un predicado excesivamente correcto («el cuento es el cuento»). Entre la trivialidad y la repetición podemos disfrazar de juicio definitorio a un centenar de frases, pero esas frases disfrazadas no resistirían el análisis lógico. Las definiciones son verbales y, con frecuencia, verbalistas. Nos encierran en palabras mientras tanto los cuentos reales se nos escapan. Por ser juicios de identidad no pueden evitar la tautología. Si invertimos el juicio: «un cuento es tal cosa», obtenemos: «tal cosa es un cuento», con lo cual no aprendemos nada. Y las frases que no se pueden invertir —por ejemplo, las que enumeran, ejemplifican, describen, relacionan, clasifican, etc.— no son definiciones. Es fácil, a los logicistas, recomendar la regla de que toda definición conceptual debe contener el género próximo y la diferencia específica. Según eso, si incluyo el cuento en un género mayor, que es el género narrativo, le atribuyo todas las determinaciones de dicho género pero todavía no enuncio qué lo distingue de narraciones que no son cuentos. Necesito, pues, enunciar los rasgos peculiares que hacen que ciertas narraciones sean cuentos. Pero esta clase de definición exige que exista un concepto cuento y un género próximo al que podamos referir la especie, y la verdad es que, si hay un género próximo no es lo bastante objetivo para que todo el mundo lo acepte. El contexto histórico del término «cuento» es tan amplio, rico, confuso, diverso y versátil que a la postre cada quien elige de allí, ...con un criterio muy personal, las características que le convienen. Si le pedimos a un cuentista que defina qué es el cuento es probable que nos proponga como modelo la clase de cuento que él cultiva. Cuento, pues, es cualquier página que decidamos llamar cuento. Para no parecer demasiado arbitrario, el cuentólogo suele apelar a lo que el público ya sabe. Las introducciones —y el libro que estoy escribiendo es una introducción al estudio del cuento— suponen una imagen previa de la provincia que se va a explorar. Es un círculo vicioso: necesitamos saber primero cuál es el alcance y significado del concepto cuyo enunciado es el vocablo «cuento» para luego delimitar sus objetos; pero sólo sabemos qué es el cuento después de haber analizado esos objetos. Partamos, pues, de la representación general que toda persona culta se hace del cuento y tratemos de precisar las características de los objetos que han suscitado aquella presentación.

He aquí un mosaico de definiciones que extraigo de diversas fuentes (no las identificaré —todo el mundo reconocerá que la primera es Poe— para no distraer al lector con la imagen de un autor particular):

«El cuento se caracteriza por la unidad de impresión que produce en el lector; puede ser leído en una sola sentada; cada palabra contribuye al efecto que el narrador previamente se ha propuesto; este efecto debe prepararse ya desde la primera frase y graduarse hasta el final; cuando llega a su punto culminante, el cuento debe terminar; sólo deben aparecer personajes que sean esenciales para provocar el efecto deseado.»

«Cuento es una idea presentada de tal manera por la acción e interacción de personajes que produce en el lector una respuesta emocional».

«Cuento es una narración de acontecimientos (psíquicos y físicos) interrelacionados en un conflicto y su resolución; conflicto y resolución que nos hace meditar en un implícito mensaje sobre el modo de ser del hombre».

«Un cuento capta nuestro interés con una breve serie de eventos que tiene un principio, un medio y un fin: los eventos, aunque los reconozcamos como manifestaciones de una común experiencia de la vida, son siempre imaginarios porque es la imaginación la que nos crea la ilusión de realidad».

«Un cuento, mediante una secuencia de hechos relativos a la

167

actividad de gente ordinaria que realiza cosas extraordinarias o de gente extraordinaria que realiza cosas ordinarias, invoca y mantiene una ilusión de vida».

«Un cuento es la breve y bien construida presentación de un incidente central y fresco en la vida de dos o tres personajes nítidamente perfilados: la acción, al llegar a su punto culminante, enriquece nuestro conocimiento de la condición humana».

«Un cuento trata de un personaje único, un único acontecimiento, una única emoción o de una serie de emociones provocadas por una situación única».

«El punto de partida de un cuento es un personaje interesan te, claramente visto por el narrador, más una de estas dos situaciones (o la combinación de ambas): a) el personaje quiere algo o a alguien y según parece no lo puede conseguir; b) algo o alguien, rechazado por el personaje, según parece va a sobreponerse al personaje».

«Breve composición en prosa en la que un narrador vuelca sucesos imaginarios ocurridos a personajes imaginarios (si son reales, al pasar por la mente del narrador se han desrealizado)».

«El cuento es una ficción en prosa, breve pero con un desarrollo tan formal que, desde el principio, consiste en satisfacer de alguna manera un urgente sentido de finalidad».

El cuento vendría a ser una narración breve en prosa que, por mucho que se apoye en un suceder real, revela siempre la imaginación de un narrador individual. La acción —cuyos agentes son hombres, animales humanizados o cosas animadas— consta de una serie de acontecimientos entretejidos en una trama donde las tensiones y distensiones, graduadas para mantener en suspenso el ánimo del lector, terminan por resolverse en un desenlace estéticamente satisfactorio.

B. ASPECTOS PARTICULARES

Mario A. Lancelotti, «El cuento como pasado activo» * *(1965)*

Si la característica de la brevedad, aparentemente simple, es capaz de conducirnos a la noción más profunda y, por tanto, inmanente a aquélla, de la intensidad y denunciar, una vez más, el imperio, en el cuento, de la universal norma estética de la unidad —esclareciendo, así, a través de uno de sus elementos, la naturaleza del género—; si, pues, la extensión es para el cuento, algo así como una categoría necesaria, entonces el suceso mismo, como acontecimiento puro, no es menos hábil para adentrarnos con idéntica hondura en su acción más genuina. Ya las retóricas consagradas y los diccionarios más depurados nos hablan invariablemente de suceso y no de una acción definida por episodios, pasiones, costumbres o caracteres, tal como lo hacen para su moderno género vecino: la novela.

Pero esta singularidad del acontecimiento se relaciona, a la vez, con su carácter extraordinario y su temporalidad particular. Obsérvese que en la novela «pasan cosas», en tanto que en el cuento sólo ocurre sustancialmente una, cualesquiera que sean los incidentes de que el narrador se valga para actualizarla. Y esa cosa única en que el cuento incurre para darle renovada presencia es, justamente, el suceso. Tal actualidad señera del acontecimiento explica, en el narrador, la observancia de un desarrollo y de un clima que, uncidos a la presión imperiosa del tema, no se distinguen del estilo y extreman, en cambio, en la medida de tal dominio, el requisito de la originalidad. Pero, además, esta persistencia temática del cuento, fuera de aclararnos su naturaleza hermética e insular, nos revela una temporalidad propia, capaz por

* Reproducido de *De Poe a Kafka; para una teoría del cuento* (págs. 33-35), con permiso de EUDEBA, Buenos Aires (1965).

sí sola de descubrirnos un carácter diferencial bien preciso respecto de otros géneros y, en especial, de la novela, cuyo deslinde, generalmente referido a la extensión, no resulta siempre tan claro en los manuales.

En la novela, en efecto, la acción es contemporánea del lector y el suceso, que, en el transcurso de la lectura es desarrollo actual, sólo alcanza cumplimiento en la última página. No incurrimos en exceso de metáfora al decir que una novela es una vida, en cuanto, existencialmente, su verdadero significado se logra al final. No abusamos, tampoco, de la imagen si, paralelamente, afirmamos, de un modo obvio, que el cuento es un hecho. Las oposiciones podrían multiplicarse desde otros puntos de vista. Dominio del corazón en un caso, del ingenio en el otro, para no poner sino un ejemplo. Pero, volviendo a la temporalidad del cuento, diremos que, a diferencia del flujo progresivo y contemporáneo del acontecimiento que advertimos en la novela, en el cuento el suceso *ya ocurrió* al iniciarse la narración, a partir de cuyo momento vamos a enterarnos de los incidentes que le atañen.

Ese carácter retrospectivo, que hace del cuento en general, y del cuento policial en particular, una recapitulación, pertenece a su esencia recurrente y muestra en el género, como una característica que lo define en su temporalidad, la vigencia de un pasado activo. Esta presencia de un tiempo absoluto explica no sólo la naturaleza insular del cuento, como forma cerrada, opuesta a la estructura abierta y actual de la novela, sino su aptitud peculiar para recoger ciertos temas donde aquel vigor cobra una autonomía particular: crimen, irrealidad, anacronismo, excentricidad, apuran la fuerza del acontecimiento en la medida en que introducen una pausa (un escándalo) en la marcha continua y vegetación de la vida. Y esta pausa, que, como un corte transversal, detiene la existencia en un «tiempo» absoluto, configura el receptáculo temático del cuento. Por este camino se vuelve a la insularidad del género, puesto que la pausa, tanto como el «caso» (o lo extraordinario, que en el fondo es lo mismo) son aislantes ideales que conducen necesariamente a la forma breve.

...   .

Mariano Baquero Goyanes, «Las técnicas» * (1967)

En principio no parece haber más diferencia que la puramente cuantitativa entre los recursos técnicos de que se vale el novelista, y los empleados por el autor de cuentos. Y así, uno y otro pueden narrar en tercera o en primera persona, servirse de la estructura epistolar, de la forma de diario o de memorias, del diálogo, del monólogo interior, de las descripciones, etc. Se diría que con sólo reducir la escala, con miniaturizar en el cuento lo que en la novela tiene dimensiones normales, habríamos obtenido un correcto repertorio de técnicas narrativas no diferenciadas de las novelescas.

Sin embargo el problema de las técnicas narrativas aplicadas al cuento resulta más complejo de lo que a primera vista pudiera parecer, y precisamente por virtud de los especiales fenómenos y consecuencias que conlleva y suscita el citado proceso de reducción o de condensación.

Obsérvese, por ejemplo, lo que ocurre con las descripciones. En una novela éstas pueden ocupar páginas y páginas, tal como ocurre en tantas y tantas obras de Balzac. ¿Se puede decir que tan pormenorizadas descripciones son siempre superfluas? Pues al lado de las que pudieran merecer tal calificación, existen aquellas otras tan ligadas al trabajo de los personajes, a su conducta y al sesgo de la acción novelesca, que resultan poco menos que indespegables de todo eso, tal como ocurre con la descripción de la casa en que vive *Eugenia Grandet*, o, en *Papá Goriot*, con la pintura de la pensión en que éste se aloja, la «Maison Vauquer». Elimínense en *La regenta* de *Clarín* las descripciones, y se habría perdido algo más que el fondo de la acción novelesca: el hecho de que en tal novela el ambiente urbano (la ciudad de

* Reproducido con permiso de la Editorial Columba, de *¿Qué es el cuento?* (Buenos Aires, 1967), pp. 62-71.

171

Vetusta) tenga casi categoría e importancia protagonística, justifica sobradamente el detallismo descriptivo.

En cambio, una descripción de ese tipo transportada a las páginas de un cuento se convierte en una intolerable carga. ¿Cómo podría justificarse una descripción de tres o cuatro páginas en una especie literaria cuyas normales dimensiones vienen a ser ésas, muchas veces? Estúdiense, por ejemplo, los cuentos de Chejov y se verá cómo el autor prescinde en ellos de todo lo que pudiera ser descriptivismo superfluo u ornamental.

Si, por imperativo del tema, ha de haber en un cuento alguna descripción paisajística —tal como ocurre en ¡*Adios, Cordera!* de Alas—, puede observarse cómo el paisaje se incorpora al cuento no de forma sobrepuesta y embarazosa sino implicado decisivamente en su textura argumental, convertido en componente imprescindible de ésta.

Con el diálogo ocurre algo semejante. Aparte los cuentos total o casi totalmente dialogados —alguno tiene, por ejemplo Andreiev, o en nuestras letras, Ramón Pérez de Ayala: v. gr., *Éxodo*, parcialmente presentado en forma de diálogo dramático, o *La dama negra*, concebido totalmente en forma teatral y hasta subtitulado «Tragedia de ensueño»—, lo normal es que el diálogo no tenga en el cuento el alcance y significación que en la novela. O dicho con más justeza: el diálogo novelesco —tan esencial en ese género, según Ortega y Gasset, como en la pintura la luz— sirve fundamentalmente para darnos a conocer la psicología de los personajes. En el cuento ocurre otro tanto, pero como el narrador no dispone de tiempo, de páginas para hacer el lento análisis de ellas a que nos tiene acostumbrados la novela, parece obvio que el diálogo depende, como las descripciones, de la trama, del argumento, de la situación, de —en definitiva— el núcleo anecdótico del cuento. La breve compacidad de éste no consiente digresiones ni ornamentos superfluos, lo que equivale a decir que no tolera ni descripciones retardatarias ni diálogos divagatorios. De hecho, algunos de los que pueden considerarse «cuentos clásicos», de los escritores en el siglo pasado, se caracterizan por la economía y casi carencia del diálogo. Recuérdese, como ejemplo significativo, el de *Un viejo verde* de Leopoldo Alas, *Clarín*, quizá uno de los más bellos modelos de utilización y significado del diálogo en el cuento: Un señor, de edad ya bastante avanzada, se enamora platónicamente de una hermosa dama, la cual, sabedora de aquella adoración, se burla un día de él en una sala de conciertos. El señor está en un palco contiguo al de la dama, y un rayo de sol que cae sobre la vidriera coloreada de la sala, tiñe de verde su rostro. Es

172

entonces cuando la dama dice a sus amigas en voz alta, con intención de que la oiga su adorador: «Ahí tenéis lo que se llama... *un viejo verde*». Jamás volvió a ver a aquel hombre, y tarde ya, comprendió y añoró el tono noble de su amor.

No hay más diálogos en el cuento que las palabras que la protagonista dice a sus amigas, pero en ellas, evidentemente, está contenido todo el sencillo y humano drama.

Por el contrario, un cuento como *¡Qué público!* de Chejov —el revisor que despierta al viajero enfermo, en el tren, para pedirle el billete— nos hace ver hasta qué punto el secreto de bastantes relatos de este autor —posiblemente, el supremo maestro del género— reside en la extraña aleación de exuberante verbalismo, de incontenibles, vehementes, apasionados diálogos, y de enérgica restricción narrativa. Gran parte de la eficacia, de la fuerza de sus cuentos arranca de esa característica.

Los muchos y admirables cuentos que Chejov escribió constituyen otros tantos extraordinarios ejemplos de técnica cuentística. Chejov pareció abarcar todas las posibilidades y recursos, incluido, por ejemplo, el del relato en segunda persona, tan comentado hoy a partir del *vous* narrativo que el novelista francés M. Butor empleó en *La modificación*. De la segunda persona se sirvió Chejov en su cuento, o más bien satírico artículo costumbrista, *Torturas de año nuevo*.

Y ya que he aludido a alguna peculiaridad técnica de la novelística actual, no quiero dejar de citar el caso de algún cuento contemporáneo español, concretamente el titulado *Tres platos a la mesa*, de José María Gironella, como ejemplo típico de relato que se deshace mientras se nos va narrando. Esto nos hace pensar en un cierto sector de la novela europea actual, sobre todo francesa, en el que, en versión superlativa, se da el mismo fenómeno. Alguna vez ha comparado Alain Robbe-Grillet la configuración de sus obras con la del agujero que intentamos cerrar, acercando sus bordes, sin conseguir otra cosa que hacerlo cada vez más grande. Sin que en lo técnico ni probablemente en lo intencional, el citado cuento de Gironella tenga demasiado que ver con los procedimientos de Robbe-Grillet, parece indudable que en él, en su lectura, asistimos al curioso fenómeno del cuento que se disuelve según va adquiriendo corporeidad de tal.

En definitiva, en el cuento son posibles todo tipo de experiencias y en este aspecto —el admitir las más variadas técnicas— es quizá donde mejor se percibe su vinculación y parentesco con la novela. Si en ésta el tiempo es un ingrediente esencial, también en el cuento resulta serlo, aunque su tratamiento difiera y aun se oponga al del género narrativo extenso. Un novelista es capaz de transformar los segundos en minutos de lectura, los instantes en prolongados análisis descriptivos. Recuérdese, en *A la recherche du temps perdu* de Proust, la descripción de aquel beso que el narrador da a Albertina, fugacísimo en su duración real, muy alargado en la literatura; como si el narrador lo hubiera sometido a un efecto cinematográfico de *ralenti*, de cámara lenta. El novelista sabe que la fluencia temporal es uno de los máximos recursos que el género, tan flexible, tan libre, pone a su disposición. Porque dispone de tiempo, de páginas y páginas, el novelista es capaz de intentar estructuras sinfónicas, de disponer lentamente todos sus efectos, de construir cuidadosamente complejos edificios narrativos en los que no importa que se perciban las distintas partes o pisos de que se componen, pues su fuerza estética procede precisamente de esa disposición episódica.

Esto no es posible en el cuento. Aquí el tiempo es sentido más como límite que como libertad. Un cuentista puede narrar unos hechos de muy breve duración, pero también es capaz de condenar años y años en muy pocas páginas, tal como ocurre en el tantas veces citado *¡Adiós, Cordera!* *Clarín* nos presenta allí a unos niños, *Pinín* y Rosa, a los que luego, al final del relato, vemos ya adultos. Lo que el cuentista no puede hacer, por supuesto, es historiar con detalle lo ocurrido entre esa infancia y esa juventud. El cuento se compone de dos momentos decisivos: la venta de la vaca Cordera, tan querida por los niños, para ser sacrificada en el matadero. Y un segundo patético momento: la marcha como soldado de *Pinín* por el mismo camino, en el mismo tren que, años antes, se había llevado a la vaca Cordera.

Quiere decir todo esto que si, al igual que ocurre en la novela, en el cuento cabe la mayor libertad y elasticidad en lo que se refiere a efectos de amplificación o reducción temporal, siempre supondrá, no obstante, un elemento decisivo y diferenciador la cuestión de límites: los impuestos por sus reducidas dimensiones. Pero justamente en esos límites está la fuerza, la potencia estética y emocional del cuento, como la del soneto reside en la frontera marcada por sus solos catorce versos.

No me parece casual ni mucho menos el que uno de los temas más cultivados por los cuentistas de diversas épocas y naciones sea el de los seres y objetos pequeños. Se diría que existe una inevitable correspondencia entre la brevedad del objeto suscitador de la narración y la de esta misma. Lo cual permite aislar una temática poco menos que específica del género cuento, sin apenas posibilidad de transvase a la novela. En la literatura del

174

siglo pasado fueron innumerables los cuentos caracterizados por tal temática. Recuérdense, en las letras españolas, *La corneta de llaves* de P. A. de Alarcón; *Por un piojo...* del P. Coloma; *La perla rosa, La caja de oro, El encaje roto. Ocho nueces, El gemelo, La flor seca, La cana* de la Pardo Bazán, etc. En la producción narrativa de Chejov podría citarse *El álbum, Una condecoración,* etc. *El abejorro* de Unamuno es también un cuento de esta clase, y su tema recuerda algo el de *La corneta de llaves* de Alarcón, ya que si aquí el narrador explica el porqué de su odio hacia tal instrumento, en el relato unamuniano son explicadas las causas de la aversión al insecto que figura en el título.

Rasgo típico y muy repetido en estos cuentos es el hacernos ver cómo una aparente minucia —un objeto insignificante— se carga de trascendencia. *El encaje roto* de la Pardo Bazán resulta muy significativo: Una boda se deshace cuando la novia, vestida ya con el traje blanco y emocionada al dirigirse hacia el que va a ser su marido, desgarra involuntariamente el encaje del velo que éste le ha regalado. Contempla entonces la cara de su novio contraída por el odio, con los ojos cargados de violencia y de insultos. El encaje descubre entonces a la mujer la verdadera manera de ser de un hombre al que nunca había conocido hasta ese momento.

Los mejores cuentos de esta clase ilustran bien la opinión ya apuntada de que existe una temática que sólo parece poder expresarse en forma de cuento. Por eso, este género que muchos consideran fácil por la brevedad de sus dimensiones, se caracteriza realmente por su oculta complejidad y por lo delicado de su tratamiento. La perfecta adecuación que ha de darse entre forma y tema para que un cuento pueda considerarse logrado estéticamente exige un cuidado y, sobre todo, una poética intuición que no tienen demasiado que ver con el hacer lento y meditado de la novela, marcado por el juego de tensiones y de treguas. En la creación de un cuento sólo hay tensión y no tregua. Ahí radica precisamente el secreto de su poder de atracción sobre el lector. No siempre es la mejor novela la que se lee de un tirón —esto queda reservado para tantos vulgares y efímeros *bestsellers*— y, como el buen aficionado al género sabe, es grato suspender la lectura de una gran novela, para que pueda producirse así la necesaria sedimentación emocional durante las pausas. Estas cumplen también su función estética, por más que no siempre tengamos conciencia de ello. Equivaldría a desvirtuar el efecto de novelas como *Guerra y paz* de Tolstoy, o *Retrato de una dama* de Henry James, el leerlas de un tirón. En cambio, un buen cuento, un relato de *Clarín*, de Chejov, de Borges, sí ha de leerse forzosamente de un tirón, ya que cualquier dilatada pausa estropearía el efecto emocional y estético de la narración.

El buen melómano no tiene inconveniente en oír interrupciones o descansos los discos que integran una larga sinfonía de Bruckner o de Mähler, o bien una extensa ópera wagneriana. Es más, se diría que su goce musical se hace, en ocasiones, más intenso y acabado con esa forma intermitente de audición, que con la seguida, por cuanto ésta pudiera engendrar algún cansancio o distracción. En cambio, ese mismo melómano no admitiría la audición interrumpida de un estudio de Chopin.

Pienso que algo semejante ocurre con la novela y con el cuento. Tal vez ésta sencilla y hasta vulgar coincidencia nos diga más sobre la esencia y peculiaridades de ambos géneros, que cuanto pudiéramos aún escribir sobre ellos y, en especial, sobre esa viejísima y siempre joven, fascinadora criatura literaria que es el cuento.

Raúl H. Castagnino, «Área del contar» * (1967)

En sentido prístino «contar» es procedimiento de la comunicación. Concierne a hechos reales o imaginarios que, en su serialidad, se informan, se transmiten o comunican a receptores por un mediador, a través de una voz real vertebradora de la comunicación o de la voz que finge la vertebración.

«Contar» remite al latín *computare*. Y no ha de olvidarse que la voz latina conserva, en última instancia, trasfondo numérico que pasa al romance. Quien emplea «contar», referido a un procedimiento narrativo, pone en primer plano la serialidad factual; no tanto participantes, circunstancias referentes, informantes o concomitantes, menos aún razones lógicas de causa-efecto. A veces, ni siquiera el mediador es reconocible.

Cuando del verbo «contar» se concreta el sustantivo «cuento» convertido en tecnicismo, las perspectivas irán cambiando según diversos tiempos históricos y ámbitos. En la tradición popular, prácticamente hasta el Renacimiento, el cuento reconocía primordial carácter oral y respondía a la idea de «contar» antes expuesta. La voz narrativa era realmente voz y, sólo en segundo término, ficción de vertebración. En ese ancestro, «cuento» no se diferenciaba de «relato», de «historia», de «relación», de «fábula». Tampoco distinguía si era real histórica la fuente inspiradora o si su materia era mítica, artificiosa, ficcional. Posteriormente, cuando comienza el destino artístico del cuento literario, se perfila como categoría estética, como «artefacto» que levanta un sistema de relaciones entre componentes diversos, un juego de «artificios» que procuran determinados efectos.

En tal carácter, el cuento literario amplía su jurisdicción: del área de la comunicación primaria se extiende al área de la expresión estética y convencional. Requerirá elementos propios ar-

* Reproducido con permiso del autor de *«Cuento-artefacto» y artificios del cuento* (Buenos Aires, Ed. Nova, 1977), p. 39-45.

tificiales, ficcionales; componentes que es posible abstraer y abs-tractamente verificar desde un orden lógico superior —una especie de «metacuentística»—, para advertir la integración en la mecánica del «artefacto»; para captar relaciones y funciones.

De esos componentes y elementos, unos operan en el interior del «artefacto» y apuntalan la ficción: actantes, actancias, tiempo. Otros tienden hacia el exterior del mismo. Son vehículos o elementos orientadores y reguladores de la conducción narrativa y presuponen al receptor sobre el cual actúan. A unos y otros pueden concurrir valores referentes, conocidos como «circunstancias»; los llamados «información»; el *tempo*; los encadenamientos secuenciales de causa-efecto y demás relacionantes lógicos o de otro orden. También instrumentos de maniobra ficcional, las estrategias de la «figura del narrador», recursos para suscitar expectativas, artificios y mecanismos para graduar tensiones e intensidad.

Como «artefacto», el cuento literario es de esencia dinámica. Ofrece una antomía y una fisiología peculiares. La condición formal configura la anatomía. La abstracción de interrelaciones de componentes, su fisiología e infrafuncionalidad. De hecho, el cuento literario se ofrece como un organismo condicionado por ciertas funciones.

Se ha dicho, con razón, que el cuento literario nace y fina moviéndose: movimiento externo de lo que va sucediendo y hacia una dirección narrativa determinada; movimiento interno y psíquico de las expectativas que debe crear; de las que crean sus tensiones e intensidad; de la sorpresa de lo inesperado de un desenlace. Si externamente lo que sucede en el cuento ha de concluir junto con la lectura, internamente, expectativas, sorpresa, desconocimiento, pueden obrar con efecto retardado. Como órgano condicionado por funciones, en el «artefacto» que es el cuento, todo estará calculado, organizado, concentrado. Sin sobrar ni faltar nada. En vivencia paralela entre el discurso de la voz narrativa, el ojo y el entendimiento que siguen la lectura. El lector de un buen cuento debería olvidar que está leyendo: ésta sería una piedra de toque, uno de los milagros de los «artificios» del cuento, relacionado con el discurso de la voz narrativa y con el estilo.

Quede claro que el cuento no es invitación a solazarse con primores de estilo, sino juego para atrapar al lector con ajustado número de recursos, interrelacionados con la precisión de un sistema de relojería. Uno de los aspectos característicos del «cuento-artefacto» radica en la doble conciencia —en emisor, mediador y receptor— de las expectativas que se buscan provocar con las maniobras y estrategias ficcionales y estructurales. Tal precisión armónica en el «artefacto», semejante decantación de elementos para salvar los indispensables, el ajuste casi mecánico, la sobriedad estilística tienen un secreto dinámico. Si dije que el «cuento-artefacto» nace moviéndose y se cierra moviéndose, la clave de este enigma ya estaba revelada por Horacio Quiroga: el discurso narrativo, desde la primera línea, ha de ir preparando el desenlace. Por ello, el emisor es, también, problema de la cuentística.

El emisor —sea autor de la creación, se diferencie o se confunda con él; esté nominado o pronominado, aparezca explícito o implícito— inevitablemente constituye una realidad para el receptor. Llega a éste por medio de un discurso narrativo, de la ficción de una voz narrativa; a través de la direccionalidad que imprime al discurso; a través de los artilugios con que orienta o desorienta al receptor.

En el cuento oral, según ha sido recibido de la tradición milenaria, el emisor solía identificarse con una real voz. La relación entre emisor y narración era tangible en la vertebración del relato. El receptor ponía lo suyo en la recreación del mensaje de esa real voz.

En el cuento literario actual —«cuento-artefacto»—, la voz emisora muestra su realidad en forma de discurso narrativo fijado en signos. Es la ficción de una voz y, a la vez, eje del «artefacto» y «artificio» básico, sostén de todas las estrategias narrativas. Eje del «artefacto» porque vertebra la ficción, porque sobre él y desde él se establen las relaciones básicas entre los componentes estructurales. «Artificio» básico, porque siendo discurso narrativo (desde los signos) o voz narrativa (desde la narratividad) —ficción en sí mismo—, desde ellos se fundan y crecen todos los trucos ficcionales que, de hecho integran una narración, un cuento; desde ellos se sostienen las estrategias de la «figura del narrador».

El emisor o narrador aparece, pues, como elemento primordial en la estructura cuentística. No importa que se identifique con el autor, se diferencia o se confunda con él; que se relacione con tal o cual persona o que trate de ocultarse. Siempre estará allí y será reconocible en la función emisora de voz narrativa, de discurso narrativo.

La función emisora, además, gobierna la direccionalidad del relato orientando al receptor. El narrador, que arranca su operatividad desde la ficción de la voz narrativa, desde la fijación sígnica de la voz en discurso narrativo, urde las relaciones básicas de los elementos del *epos* desde dentro del mismo. Pero también atiende a lo de afuera y procura guías que recibirá el receptor.

179

Trata de ayudar a éste en la recreación. Realiza la orientación por medio de otro artificio, reconocido con nombres distintos: «puntos de vista narrativos», «focos de la narración», «figura del narrador», «direccionalidad de la narración». A veces, en especulaciones teóricas, este artificio aparece erróneamente confundido con los conceptos de voz narrativa, de discurso narrativo. Sin embargo, no es cuestión de matices superficiales, sino de diferencias conceptuales esenciales.

Si voz narrativa y discurso narrativo pueden emplearse como sinónimos —nunca como homólogos— es porque ambos conciernen a las relaciones internas de la estructura del *epos*. Como «punto de vista narrativo» o sus equivalentes, no es lo mismo: apuntan a lo de afuera de dicha estructura. Dan al receptor lo aclaratorio, lo direccional, la entrada de cada actante, la pertinencia actancial de cada secuencia narrativa. Resultan indispensables en las formas de discurso narrativo llamadas: «indirecto» o «indirecto libre». En ambas —si está explícito— es reconocible por nombre propio, autodenominación retórica, variantes pronominales o desinencias verbales correspondientes.

El «punto de vista narrativo» indica el grado de predominio orientador que quiso ejercer el emisor. Su persistencia molesta o su discreción proporcionan indicios de significación y de valoración. Como indicio de significación, la persistencia absorbente —si opta por la tercera persona gramatical— interrumpe en cierta medida la recreación correspondiente al receptor. Es el caso del narrador omnisciente que lo gobierna todo, lo anticipa y sabe todo; lo cual, como indicio de valoración, podría denunciar lo vetusto de un estilo narrativo. La alternativa de un «punto de vista narrativo» en tercera persona, no omnisciente —por lo tanto, menos coercitivo sobre el receptor— orientará sólo desde el presente de hechos y actantes que va descubriendo y observando simultáneamente con el receptor.

Pero si la persistencia absorbente se da por la primera persona gramatical, como indicio de significación, el «punto de vista narrativo» induce a la ficción de voz o discurso narrativo subjetivizados, de pertinencia autobiográfica, autotestimonial. Como indicio de valoración, este «yo-emisor» juega la ambigüedad de que, naturalmente, el receptor tienda a identificar «yo-emisor» y autor, olvidando que la voz emisora es ficción, que el conductor también lo es, que el todo es creación de estructura ficcional. Más allá del «cuento-artefacto», la ambigüedad valorativa es mayor cuando el «punto de vista narrativo» en primera persona aparece en un relato o relación.

180

Las variantes señaladas de algunos «puntos de vista narrativos» presuponen al narrador único explícito, reconocible, sea nominado o pronominado, como «figura de narrador». También el narrador puede quedar implícito y carecer, aparentemente, del artificio «figura de narrador». El discurso narrativo avanzará, entonces, con engañosa autonomía. Por otra parte, las «figuras de narrador» unitarias, antes señaladas, pueden entremezclarse o combinarse y jugar una multidireccionalidad que exigen al receptor el esfuerzo de superar una dificultad peculiar.

Erna Brandenberger, «El tiempo» * *(1973)*

Si una nueva concepción del tiempo transcurrido caracteriza a la literatura moderna y la distingue de la tradicional, el cuento moderno, por su parte, se distingue también claramente de los demás géneros literarios por la específica forma de utilizar el tiempo transcurrido. La intensidad del cuento literario depende, en no pequeña medida, de la hábil contracción del tiempo necesario para el desarrollo de la acción, mediante la narración en tiempo presente de sucesos pasados (y también futuros), hasta el punto de que algunas veces el tema y la acción llegan a ser independientes del transcurso del tiempo. La diferencia entre el cuento de contracción y el cuento de situación reside, por tanto, y de manera esencial, en la importancia que en ellos adquire el transcurso del tiempo.

Cuentos de contracción

Una dificultad no despreciable es la necesidad de salvar largos períodos de tiempo, puesto que como es necesario conseguirlo en pocas páginas, se corre el peligro de caer en la esquematización y en la aridez, lo que en el cuento literario significa el fracaso, ya que lo esencial en él es la intensidad efectiva y la densidad del ambiente. Para que el cuento no pierda su conexión interna, la acción debe ceñirse además a uno solo o a muy pocos personajes; con lo que se corre el peligro de desprenderlos de su forma de

* Reproducido con permiso de la autora, de *Estudios sobre el cuento español contemporáneo* (Madrid: Editora Nacional, 1973) [Traducción de Carlos Fischer], pp. 312-329. [Se han omitido algunos de los generosos ejemplos proporcionados por la autora. La editora expresa su agradecimiento a la señora Brandenberger por haberle otorgado un ejemplar de su trabajo original en alemán, lo que ha facilitado la clarificación de algunos problemas del texto español].

vida y ambiente naturales, lo cual tiene, asimismo, como consecuencia que el cuento resulte pesado y vacío.

Los procedimientos principales para salvar largos períodos de tiempo son:

En el cuento narrado cronológicamente, cuya acción puede extenderse sobre varios años, se consigue la contracción:

a) *Mediante el acotamiento de las etapas importantes*, cada una de las cuales queda configurada a modo de un cuento de situación.

Ejemplo: «La humilde vida de Sebastián Zafra», de Ignacio Aldecoa...

b) Las diversas etapas de la acción se narran como *sucesos paralelos o en contraste*, a veces incluso en textos casi idénticos. El lector apenas percibe el vacío de tiempo que queda entremedias, ya que la coincidencia o la antítesis del contenido de los sucesos narrados constituye de por sí un nexo de unión.

Ejemplo: «El silencio», de Max Aub...

c) Un gran número de *repeticiones del mismo suceso* que hacen que se olvide el tiempo intermedio. El final de un cuento de este tipo es, en la mayoría de los casos, un suceso singular y crucial que rompe la uniformidad.

Ejemplo: «Las siestas», de Daniel Sueiro...

La retrospección, en el transcurso de la narración [1] origina una fuerte discrepancia entre el tiempo de la narración, que normalmente es muy corto, y el tiempo narrado, que se extiende a lo largo de varios años o incluso de varias generaciones. La interrelación de ambos procesos temporales produce simultáneamente tensión y contradicción. Clases de retrospección:

1. Véanse págs. 100-139, en el libro de Eduard Lämmert *Bauformen des Erzählens*.

a) *El título, el epígrafe inicial* u otro *encabezamiento explicativo* anticipan el final de la narración, que en sí misma es cronológica. Esta clase de retrospección ha sido desde siempre habitual en el arte narrativo. Es muy eficaz cuando existe una gran diferencia entre la situación inicial y la situación final. El interés del lector se centra así exclusivamente en la forma en que se produce el cambio. Comienzo y final encierran a modo de paréntesis la narración propiamente dicha; el desarrollo rectilíneo se transforma en un arco. Pero este proceso no se produce de manera orgánica y natural a partir del desarrollo de la acción, sino que se debe a la voluntad del autor que, como director de escena, conforma la narración desde fuera.

Ejemplo: «Pecado de omisión», de Ana María Matute...

b) *La referencia al presente* se establece realmente (la mayoría de las veces en la persona del narrador), *pero a pesar de ello la narración conserva buena parte de su independencia.* Como el contenido apenas trasciende o no trasciende en absoluto al presente, la retrospección adquiere valor propio. Muchos de los recuerdos de la infancia —uno de los temas predilectos del cuento literario— se narran de este modo, pero la referencia al presente es en muchos casos tan tenue, que apenas se distinguen del cuento de situación.

Ejemplo: «El chico de al lado», de Ana María Matute...

c) *El centro de gravedad de la narración está situado en el presente*; la retrospección sirve para hacer comprensible la situación presente o para explicar el problema actual. Las retrospecciones se intercalan la mayoría de las veces como recuerdos o monólogos del protagonista, y no pocos de los relatos en forma de cartas o diarios pertenecen a este grupo. La sucesión de los acontecimientos no sigue, por lo general, un orden cronológico.

Ejemplo: «La verdadera historia de la muerte de Francisco Franco», de Max Aub...

d) *En la zona de transición con el cuento de situación* están aquellas narraciones en las que la retrospección no está configu-

184

rada como relato o parte del mismo. La retrospección es más bien un indicio de que la conducta actual del protagonista tiene sus raíces en sucesos pasados. El lector no llega a conocer la naturaleza de estos sucesos. La narración queda en el aire.

Jorge Ferrer-Vidal trabaja fundamentalmente con retrospecciones incompletas, con meras alusiones, que llevan con facilidad la situación actual al pasado. A menudo son sólo palabras sueltas que deben explicar al lector el estado de ánimo que en el momento tienen los protagonistas, pero no le dan información suficiente como para que se pueda identificar con los sucesos; por ello el lector queda al margen de los acontecimientos.

Ejemplo: «Los vagabundos», de Jorge Ferrer-Vidal...

Ya en el cuento de contracción, que no es en sí una nueva forma narrativa, se puede ver que al procedimiento tradicional de contracción por el autor, se ha venido a sumar la contracción por las personas, el tema y la acción. El orden cronológico pierde así su propio valor, el tiempo se convierte en experiencia vivida, y lo que en los sucesos hay de vivencia llega a adquirir mayor importancia que el momento en que se desarrollan, sobre todo cuando esas vivencias pasadas condicionan la situación actual y dejan de ser un hecho remoto para convertirse en elemento importante del presente.

Observación: La retrospección da complemento a la anticipación, cuyos efectos son asimismo la contracción y la concentración. Pero en el cuento literario no desempeña ninguna función temporal propiamente dicha. Está relacionada más bien con el contenido y con el tema y contribuye decisivamente a impedir que disminuya la tensión a lo largo de la narración. Por ello no corresponde incluir la anticipación en el capítulo «Tiempo».[2]

Cuento de situación

Características del cuento de situación son la concentración en un solo escenario y la casi coincidencia entre el tiempo de narración y el tiempo narrado. A veces el tiempo de narración concuerda exactamente con el de lectura. Si la dificultad del cuento de contracción estriba en salvar largos perídos de tiempo, la del cuen-

2. Véanse el capítulo «Anticipación y final» de esta obra de Erna Brandenberger [incluido en la presente antología].

185

to de situación radica en la necesidad de llevar la acción más allá de cada situación particular, pues si se encierra en sí misma el cuento se desmorona, pierde todo interés, queda reducido a episodios sin ilación.

Existen distintas técnicas para esta ruptura de fronteras.

a) *La apertura al pasado:* La situación narrada es resultado de una evolución y presenta en un tiempo determinado, por lo general el presente, una visión de conjunto de los acontecimientos; no es preciso relatar los inicidentes del pasado uno por uno. Este tipo de cuento de situación roza, pues, la frontera del cuento de contracción.

Ejemplo: «El matrimonio», de Max Aub...

b) *La apertura al futuro.* La situación descrita plantea un problema, pero no lo resuelve. Con ello se incita al lector a seguir pensando sobre la narración aún después de concluida.

Ejemplo: «El viaje en bicicleta», de Daniel Sueiro...

c) *La apertura tanto al pasado como al futuro;* es decir, una combinación de a) y b): la acotación de un momento significativo, que permite vislumbrar tanto el pasado como el futuro y que generalmente resulta crucial.

Ejemplo: «El hijo», de Ana María Matute...

d) *La situación es representativa* de otras muchas análogas o incluso idénticas. Esta situación no es realmente importante en sí misma, sino que sirve más bien para dar a conocer el comportamiento del protagonista o de los demás personajes en tales circunstancias. Sirve para caracterizar a un individuo, una sociedad o una época.

Ejemplo: «La tata», de Carmen Martín Gaite...

A veces, esta situación está enriquecida con otros sucesos aislados que se desarrollaron en otra situación idéntica o parecida. De este modo adquiere mayor plasticidad.

Ejemplo: «El álbum» de Medardo Fraile...

186

e) *La situación está descrita desde dos o más puntos de vista* (por lo general desde los de los personajes que en ella intervienen). De este modo la situación misma cobra relieve. La mayoría de las veces se trata de un problema con el que tienen que enfrentarse varios individuos o varios grupos de ellos.

Ejemplo: «El jefe», de José Antonio Mases...

Cuento combinado

La característica del cuento combinado es que desarrolla hacia el futuro. Dilata, por lo general lentamente, una situación actual, se sirve de ella como premisa y describe luego las consecuencias a que da lugar. La situación que sirve de punto de partida puede ser la vida cotidiana, como por ejemplo en «La cajera», de Medardo Fraile, o «La oficina», de Carmen Martín Gaite, pero es más frecuente que se caracterice por un elemento insólito, ajeno a la vida ordinaria.

Ejemplo: «El camino más corto», de Medardo Fraile...

También algunas de las visiones futuristas de *La guerra de los dos mil años*, de Francisco García Pavón pueden considerarse como cuentos de este tipo. Familiarizan al lector con un acontecimiento imaginario que sirve de punto de partida, y de la situación descrita se derivan una serie de consecuencias positivas o negativas.

Ejemplo: «El mundo transparente, de Francisco García Pavón...

Supresión del tiempo

Tanto el cuento de contracción como el de situación conducen a través de diversas etapas intermedias a un grupo muy característico de cuentos literarios en los que el transcurso del tiempo tiene sólo una importancia escasa o nula. El argumento y la acción sortean con tanta habilidad el transcurso del tiempo que el lector no tiene la impresión de estar ante un flujo temporal y ve las diversas etapas del desarrollo de la acción como bloques yuxtapuestos. [Por ejemplo, «Una historia cualquiera», de Max Aub.]

Ana María Matute, por ejemplo, construye muchos de sus cuentos de modo que producen un efecto de contraste, bien como contraposición entre la apariencia externa y la realidad interna. [Por ejemplo]: «Vida nueva»; con un aspecto positivo y otro negativo: «Los pájaros»; como un enjuiciamiento falso de la realidad interna que hacen las demás personas: «Los niños buenos»; o como contraposición entre lo anterior y lo posterior: «El gran vacío»...

También los cuentos de situación, en los que se puede repetir cuantas veces se desee la situación descrita, prescinden en realidad del transcurso del tiempo.

Pero, además, existen situaciones que son independientes de lugar y tiempo; son fruto de la disposición anímica del protagonista, en la que el transcurso del tiempo no influye para nada.

Ejemplo: «Algunos muchachos», de Ana Maria Matute...

Conclusión

En el cuento literario el tema, la acción y los personajes son más importantes que la fijación o el desarrollo en el tiempo. Se pueden observar dos tendencias contrapuestas:

a) desde la acción narrada por orden cronológico hasta la concentración en un punto, pasando por la sucesión subjetiva de los acontecimientos y

b) desde la dependencia temporal de los elementos de la acción hasta la independencia total de ésta respecto al transcurso del tiempo.

«El lugar»

Lo que hemos dicho respecto al tiempo y a su transcurso puede aplicarse de manera análoga al lugar y a sus cambios. Como el cuento de contracción se desarrolla habitualmente en varios lugares y como su contenido está constituido normalmente por los traslados y los viajes de sus protagonistas (por ejemplo los cuentos de la guerra y del exilio), paralelamente a la subjetividad del tiempo se produce en la mayoría de los casos una subjetivación del espacio. Cuando no se habla directamente del pasado, sino que éste aparece referido como recuerdo a un ahora, los distintos lugares en que se desarrolla el pasado constituyen también recuerdos y están referidos a un aquí. Lo mismo que faltan casi por completo personalidades históricas, nombres conocidos y referencias temporales concretas (donde con más frecuencia se dan es en los cuentos de la guerra), también suelen faltar las referencias a lugares concretos (suelen darse también y sobre todo en los cuentos de la guerra), lo cual es una prueba más de que el contenido del cuento no se desarrolla como si se tratase de algo que ha ocurrido una sola vez, en un determinado lugar y que no se volverá a repetir.

El cuento de situación, además de atenerse a la unidad de tiempo se atiene también a la unidad de lugar.

Cuanto más independientemente del transcurso del tiempo se desarrolla un cuento, tanto más se libera de la vinculación a un lugar geográfico. Los cuentos líricos y fantásticos, sobre todo, describen más bien un estado de ánimo que el mundo exterior.

Ejemplos: «La verruga», «La rana» y «El hombre de paja», de Max Aub; «Se hallaba en un largo corredor» c «In memoriam», de Arturo del Hoyo; «El ángel de Bernini, mi ángel», de Francisco Ayala; «El primer pitillo», de Miguel Delibes...

«Anticipación y final» * (1973)

Todos los intentos de caracterizar el cuento literario culminan en la constatación del final sorprendente, de modo que el éxito en lograr una sorpresa final se ha considerado siempre como criterio para juzgar la calidad del cuento o se ha elevado a categoría de cadacterística distintiva frente a otros géneros. Pero es evidente que no todos los cuentos terminan con una sorpresa. Lo cual a su vez no quiere decir que sea indiferente dónde y cómo terminen. Precisamente el hecho de que el lector se puede valorar debidamente la importancia de todos los elementos hasta el final, es una prueba de que el autor configura el cuento teniendo muy en cuenta el final y a él supedita todas las partes de la narración. Esto se puede ver en los títulos y en las anticipaciones. [1]

Como en las narraciones tradicionales, también en los cuentos modernos muchos títulos anticipan la situación final (especialmente en los relatos en que existe un desnivel muy acusado entre las situaciones inicial y final); por este procedimiento se encauza el interés del lector hacia el modo en que se produce el cambio.

Ejemplos: «De cómo Julián Calvo se arruinó por segunda vez», «La verdadera historia de la muerte de Francisco Franco», «El remate», los tres de Max Aub.

El mismo efecto producen los títulos que llegan a constituir un enunciado del contenido (por ejemplo «Los liberales», de Francisco García Pavón) y las anticipaciones preliminares, es decir la anticipación de la situación final en el primer epígrafe, por ejemplo «El prodigio», de Francisco Ayala, o «Hasta que llegan

---

* Reproducido con permiso de la autora, de *Estudios sobre el cuento español contemporáneo*, pp. 370-376. [Se han omitido algunos de los generosos ejemplos proporcionados por la autora].

1. Véanse a este respecto Eduard Lämmert, cap. «Die Vorausdeutungen», *op. cit.*, págs. 139-194.

las doce», de Ignacio Aldecoa, o en el primer párrafo de «El hermanastro» y «Encierro de un gran editor», ambos de Max Aub.

Muchas veces el final está en radical contradicción con lo que el título anuncia y de ello deriva la sorpresa:

Ejemplos: «El salvamento», de Ana María Matute, está concebido como una broma y termina con la muerte del protagonista: «Querría dormir en paz», de Ignacio Aldecoa, termina con una noche en la comisaría mientras en casa muere el niño.

También están destinados a desorientar al lector los títulos cuyo verdadero significado o cuya relación con el contenido no quedan esclarecidos hasta la frase final.

Ejemplos: «A la luz cambian las cosas», de Medardo Fraile.

Parecidos son los cuentos en que el título, la frase inicial o el párrafo del comienzo coinciden literalmente o con pequeñas variaciones con la frase final, adquiriendo así un sentido nuevo y más profundo.

Ejemplos: «La noticia», «Saber perder», «Más allá de los Altos Hornos», los tres de Manuel San Martín.

No todos los finales en que se vuelve al comienzo son una simple repetición de éste: en «Modista a domicilio», de Carmela V. de Saint-Martín, el párrafo inicial es la continuación del final del cuento; «La espera», de Enrique Cerdán Tato, llega en el final a la misma situación de que el autor partió en el comienzo, aunque la coincidencia no es literal.

Los títulos que vienen a constituir un complemento del contenido ahorran explicaciones al autor e indican al lector el camino para llegar al tema, pero también puede ocurrir que su sentido no resulte comprensible hasta el final.

Ejemplos: «Pecado de omisión«, de Ana María Matute; «Lo que queda enterrado», de Carmen Martín Gaite.

Los títulos intencionadamente ambiguos orientan las asociaciones de ideas del lector en una determinada dirección. El final revela, la mayoría de las veces, súbita e inesperadamente, el significado que el autor quiso dar al título.

Ejemplos: «The Last Supper», de Francisco Ayala, se refiere, en efecto, al cuadro de Leonardo de Vinci, cuya reproducción debe ser utilizada también en la campaña publicitaria de un nuevo producto, con el que quiere abrirse camino la familia de emigrantes en Estados Unidos; pero «The Last Supper» será también la marca registrada del nuevo producto para exterminar caracoles con que Trude tanto éxito alcanzó en Sudamérica.

Lo que aquí se ha conseguido con el título se encomienda en muchos cuentos al argumento: el autor orienta las asociaciones del lector en una determinada dirección mediante las anticipaciones y el desarrollo de la acción. Un final brusco o un giro inesperado causan sorpresa, ponen en tela de juicio lo que ha sucedido anteriormente o lo iluminan desde una nueva perspectiva.

Ejemplos: «Young Sánchez», de Ignacio Aldecoa.

Más embrollados aún son los cuentos en que se desarrollan varias acciones (esto ocurre sobre todo con los que contienen muchas alusiones y con los cuentos combinados); en ellos el lector no llega a saber hasta el final a dónde quiere ir realmente a parar el autor. Frecuentemente es necesario, cuando ya se conoce el final, volver a repasar las distintas etapas de la acción.

Ejemplos: «Historia de Juana», de Jesús Fernández Santos.

Aunque normalmente la sorpresa final consiste en que no se cumple lo que previamente se ha insinuado, también, a la inversa, el desarrollo de la acción conforme el plan preestablecido, es decir, la confirmación de todas las insinuaciones, puede resultar sorprendente.

Ejemplo: «Una exhibición peligrosa», de Carlos Edmundo de Ory.

Como es natural, resultan infaliblemente sorprendentes aquellas narraciones en que se evita cuidadosamente la insinuación anticipada del desenlace.

Ejemplos: «Los acorazados» y «La hembra», de Max Aub.

Si además el autor renuncia al efecto final y deja que sus narraciones terminen suavemente, éstas a menudo adquieren gran profundidad y alcance.

Ejemplos: «La tregua», «Temprano, quizá tarde» y «Descubridor de nada», de Medardo Fraile.

La afirmación de que el cuento literario culmina en un final sorprendente es demasiado contundente. Más bien habría que decir que el cuento literario está concebido partiendo desde el final y que su sentido exacto no se puede captar hasta llegar al desenlace (y en muchos casos sólo con ayuda del título).

Enrique Anderson-Imbert, «Acción, trama» * *(1979)*

Indispensabilidad de la trama: conflicto y situación

Ciertos tratadistas, además de distinguir entre acción y trama, distinguen entre trama y conflicto, entre trama y situación.
Y aún llegan a decir que un cuento puede carecer de acción y de
trama y ser puro conflicto o pura situación. Para mí, por el contrario, acción, trama, conflicto y situación son una y la misma cosa.
Todo cuento narra una acción conflictiva y sólo en la trama la
situación adquiere movimiento de cuento. Veamos y discutamos
las razones en que se basan esos tratadistas para creer que la
trama es prescindible. La trama, sostienen, es la estructura de una
acción externa nada más. En cambio el conflicto es una oposición
entre dos fuerzas: atenazado en una situación crítica, el persona-
je cumple o no su propósito, se debe o no a |tomar un curso de
acción. Por ende —agregan— un cuento puede carecer de trama
pero necesariamente tiene que presentar un conflicto. Y aún puede carecer de conflicto, serían capaces de argüir si pensaran en
«Caminata», de Francisco Luis Bernárdez, relato sin anécdota que
se reduce a reflexiones y reacciones de un narrador solitario que
va subiendo por la calle Rivadavia.

En cuanto a la situación, la definen como el punto de arran-
que del cuento, como el estado en que se encuentran las cosas en
el momento en que empieza la acción. Pero aunque sea así, es evidente que la situación es parte de la trama. Ellos separan la situación de la trama porque ven a la primera con perspectiva sincrónica y a la segunda con perspectiva diacrónica. La situación nos
daría el *qué*, la trama, el *qué ocurrirá después*. La situación plan-
tearía un problema; la trama sería ese problema más su solución.

* Reproducido con autorización de la Editorial Marymar, de *Teoría y
técnica del cuento*, por Enrique Anderson-Imbert (Buenos Aires, 1979; 406 pp.),
del cap. X, pp. 131-142.

Pero es evidente que se teje una trama partiendo de una situación. La trama es una situación desenvuelta. Una situación estética no termina en cuento. Una trama sin una situación inicial es inconcebible. Esa situación, por lo general, cae en una de estas tres categorías:

a) Un personaje lucha contra fuerzas que están más allá de su control: accidente, guerras, desastres.

b) Un personaje lucha contra otros personajes.

c) Un personaje lucha contra fuerzas que lo agitan desde dentro.

Pero cualquiera que sea el conflicto, cualquiera que sea la situación, son parte de la trama. La trama es indispensable. Cuando se dice que tal cuento no tiene trama lo que se quiere decir es que su trama es tenue en comparación con la de otros cuentos. Es un cuento con un mínimo de argumento que interesa casi exclusivamente por la caracterización del personaje en una escena o en un diálogo. En muchos cuentos (de Luisa Mercedes Levinson, por ejemplo) la trama parece disolverse en pura atmósfera, pero es una atmósfera, contenida en una situación, y la situación le da forma. Si los meteorólogos pueden dibujar con líneas isotérmicas e isobaras el cambiante clima de un país a determinada hora, con más razón el crítico podrá diagramar las presiones atmosféricas de un cuento.

A veces el cuentista parece que hubiera renunciado a tejer su trama y que nos deja en cambio flecos e hilachas para que nosotros lo hagamos por él. El cuento de Frank R. Stockton, «The lady, or the tiger?», va a parar en un dilema y el lector es quien debe imaginarse la solución que prefiere: el protagonista está ante dos puertas, detrás de una lo espera la libertad con la amada, detrás de la otra lo espera la muerte en las garras de un tigre, y el cuento termina sin decirnos cuál es la que abre. Pero aun en estos momentos dilemáticos que dejan al lector perplejo la trama está toda tensa. Acostumbrado a tramas tradicionales —personaje, problema, complicación, punto culminante, desenlace— el lector espera que ocurra algo, y cuando concluye el cuento sin que haya ocurrido nada, esa falta de solución adquiere la fuerza de lo inesperado: esta sensación de lo inesperado ha sido producida por el narrador, y la forma con que la produjo hace las veces de desenlace del cuento.

A veces el cuento es un «poema en prosa» cuyas figuras apenas se mueven. Pero lo que se mueve en la trama verbal son las ondulaciones de la sintaxis, las fugas imaginativas de las metáforas, los sustantivos suntuosos, los adjetivos insólitos. El lector, deslumbrado por el don de frase del cuentista, descubre un nuevo interés: la acción de las palabras. Cada palabra es un gesto aristocrático. La curiosidad, la sorpresa, el placer se satisfacen al ver la conducta, no tanto de los personajes cuanto del estilo poético, que viene así a convertirse en héroe de la épica lucha por la expresión de la belleza. Algunos poemas en prosa de *Antes que mueran*, de Norah Lange o de *Fábulas contra el fragor de los días*, de Héctor René Lafleur tienen un estilo así: aun la nube de una evocación tiene trama.

Sin trama no hay cuento. La trama es la marcha de la acción, desde su comienzo hasta su final; marcha a lo largo de la cual los elementos del cuento se interrelacionan y componen una unidad que puede ser muy compleja pero que es singular en su autonomía. La trama organiza los incidentes y episodios de manera que satisfagan estéticamente la expectativa del lector. Evita digresiones, cabos sueltos, flojeras y vaguedades. Es una hábil selección de detalles significativos. Un detalle puede iluminar todo lo ocurrido y lo que ocurrirá. La trama es dinámica. Tiene un propósito porque el personaje que está entramado en ella se encamina a un fin. Ese personaje, sea que luche con otro personaje o consigo mismo, con las fuerzas de la naturaleza o de la sociedad, con el azar o con la fatalidad, nos interesa porque queremos saber cómo su lucha ha de terminar. Un problema nos hace esperar la solución; una pregunta, la respuesta; una tensión, la distención; un misterio, la revelación; un conflicto, el reposo; un nudo, el desenlace que nos satisface o nos sorprende. La trama es indispensable.

—

Principio, medio y fin

Quienes enseñan o tratan de enseñar el arte de escribir eligen como modelo «cuentos bien hechos» con un principio, un medio y un fin. Según esos profesores habría que principiar con cinco presentaciones de la información necesaria:

a) quién es el protagonista;

b) dónde ocurre la primera escena;

c) cuándo ocurre;

d) qué ocurre;

e) por qué ocurre.

Después habría que desenvolver la situación inicial con interludios:

a) obstáculos en el camino que recorre el personaje y para resolver su problema;

b) dilaciones —una noticia ocultada, una prórroga, un accidente, etc.— en el progreso del cuento;

c) peligros inminentes que amenazan al personaje, sépalo él o no;

d) luchas físicas o psíquicas, que tendrán que terminar de algún modo;

e) compás de espera sin que el personaje (ni el lector) adivinen lo que vendrá;

f) interrupción, por la entrada de alguien en escena, de lo que el personaje estaba a punto de revelar;

g) disgresiones que desvían el curso central de la historia;

h) indecisiones en el ánimo conflictivo del personaje;

i) comentarios con los que el narrador detiene la acción por filosofar demasiado sobre ella;

j) inacción del personaje por abulia, inocencia o impotencia.

Por último habría que elegir uno o combinar varios de los desenlaces que los profesores a que aludimos clasifican así:

a) Terminantes. El problema planteado por el cuento queda resuelto, sin dudas, sin cabos sueltos.

b) Problemáticos. El problema sigue sin resolver.

c) Dilemáticos. El problema ofrece dos soluciones: el lector es libre para elegir la que se le antoje más verosímil, pero sin estar seguro de que ésa es la verdadera.

d) Promisorios. Se sugieren, sin especificarlas, posibles aperturas: «quizá, en el futuro»...

e) Invertidos. El protagonista, al final, toma una actitud opuesta a la inicial: si al principio odiaba a una persona acabará por amarla, etc.

f) Sorpresivo. Con un truco el narrador engaña al lector y en los últimos renglones lo desengaña con una salida inesperada (...).

El «cuento bien hecho» con una exposición, un nudo y un desenlace es un mito, en el mejor de los casos un modelo didáctico sin valor, no digo estético, pero ni siquiera normativo. Como a pesar de esta fulminación que acabo de arrojar estoy constantemente hablando de principio, medio y fin el lector tiene derecho a pedirme explicaciones. Bueno. Se puede negar que la exposición, el nudo y el desenlace aparezcan con este orden rígido en todo cuento bien hecho sin negar por ello que haya, en todo cuento, bien o mal hecho, un principio, un medio y un fin. La confusión entre una y otra cosa arranca, como otras confusiones retóricas, de lecturas de Aristóteles (...). El señor Pero-Grullo da razón a Aristóteles: el narrador principia por el principio y finaliza con el final. Tamaña perogrullada cambia de significación según la apliquemos al cuento formal (donde es posible tomar «principio, medio, fin» al pie de la letra, como formas tangibles) o al cuento informal (donde se refieren, figuradamente a las formas mentales del narrador).

Cuento formal. Veamos primero la anatomía y fisiología de un cuento formal, clásico. Es la anatomía de un cuerpo. El texto es una limitada serie de palabras: principia con la primera, finaliza con la última. El cuento más amorfo no podría menos que sujetarse a las formas de esos límites. Una vez comenzado, tiene que terminar. Aun en los «cuentos de nunca acabar» la forma marcha hacia una estación terminal, que es la fatiga del que narra o la desatención del que escucha o la broma con que el cuento explota.

La fisiología del cuento clásico es aún más significativa. La función del principio es presentar una situación. No sólo el narrador nos la describe sino que también nos indica en qué consiste el problema que está preocupando al personaje. La función del medio es presentar los intentos del personaje para resolver ese problema que ha surgido de la situación y crece en sucesivos encontronazos con otras voluntades o con fuerzas de la sociedad o de la naturaleza. La función del fin es presentar la solución del problema con un hecho que vinculado directa o indirectamente al personaje satisface la expectativa, para bien o para mal, de un modo inesperado. Anatomía y fisiología con principio, medio y fin. Hay que planearlos, cualesquiera que sean: el cuerpo del cuento clásico da razón de por qué se eligieron estos módulos y no otros. «¿Qué es lo que va a ocurrir ahora?», se pregunta el lector; y esta pregunta tiene sentido solamente si el cuerpo está avanzando de un punto inicial a un punto final. Entre uno y otro punto hay relaciones que se apoyan en las normales apetencias de la curiosidad del lector. En conseguir que el lector esté a la espera reside el secreto del arte clásico de la construcción argumental.

Cuento informal. El narrador reemplaza las formas tradicionales con otras que él plasma a gusto de su paladar. Si le apetece, cuenta para atrás. El narrador-protagonista de «La juventud dorada» de Alberto Vanasco está encerrado en la prisión y relata, en un orden que va de lo reciente a lo anterior, los delitos por los que lo han puesto preso. Héctor Tizón, en «Gemelos», muestra primero el cadáver de Ernesto el Grande; después cuenta su vida y cómo Ernesto el Chico lo mató. Uno de los motivos menos serios del narrador que empieza por confiarnos cómo va a acabar su cuento podría ser el siguiente. Hay lectores que, antes de leer un cuento, quieren averiguar cómo termina y le echan un indiscreto vistazo al desenlace. Anticipándose —consciente e inconcientemente— a ese hábito, el narrador inicia su cuento con el desenlace. La ausencia de exposición de antecedentes, explicaciones e informaciones suele dar al principio de ciertos cuentos una forma de rompecabezas: el lector está confundido, perplejo, perdido en la oscuridad y su pregunta no es, como ante el cuento clásico, «¿qué ocurrirá en el futuro?», sino «¿qué diablos significa este pasado?». Si toda la acción ya ha ocurrido, el principio es una crisis final y el cuento es la gradual revelación de ese pasado mediante espaciadas miraditas retrospectivas. Que un cuento se abra con el final de una aventura y se cierra con una escena que expone los antecedentes de la aventura es una de las tantas irregularidades en el arte de contar. Véanse otras pocas. Las últimas palabras pueden repetir las primeras para imprimir a la historia un movimiento circular, de eterno retorno. Entre el principio y el fin la acción puede ir a saltos en el tiempo, para atrás, para adelante, para atrás otra vez. La acción, en vez de partir de un pretérito hasta llegar a la crisis en un presente, puede transcurrir entera en un instante presente.

La satisfacción estética. Acabamos de ver que si pasamos del cuento formal, ordenado cronológicamente, a un cuento informal, que no se ajusta a relojes y calendarios, los términos de Aristóteles —principio, medio y fin— no significan lo mismo. Los uso pero de otra manera. Me sirven para designar formas del cuento, no de la realidad de donde salió el cuento. Ni siquiera voy a usar estos términos —según hacen algunos maestros— como sinónimos de exposición, nudo y desenlace. Porque para mí un cuento tiene, sí, principio, medio y fin, pero no siempre el principio es una exposición, el medio un nudo y el fin un desenlace. Si el narrador así lo dispone, la exposición suelta sus informaciones poco a poco y espaciadamente en el decurso de la narración; o el desenlace aparece en el primer párrafo y la preparación de ese desenlace en el párrafo último.

Para explicarme mejor voy a comparar lo incomparable: la forma literaria con la forma plástica. Un cuadro, una escultura, un edificio tienen una forma que nos permite mirarla comenzando por cualquier lado sin que el orden de nuestras miradas descomponga la unidad artística de la obra contemplada. Nuestra primera mirada no siempre se estrena en el centro de una pintura, en el frente de una estatua o en la puerta de entrada de un palacio pero tal mirada, por ser la primera, es el principio con que principiamos a captar la totalidad de esas formas. Pues bien, en cierto sentido podría decirse que algunos cuentos están pintados, esculpidos, edificados de manera que, al leerlos, comprendemos su acción total aunque nuestra primera mirada comienza el acto de la lectura pero no en el comienzo de la acción del cuento y la última mirada termina el acto de la lectura, pero no en la terminación de la acción del cuento. El cuento ofrece, pues, al lector una forma de principio, medio y fin que no coinciden, punto a punto, con la exposición, el nudo y el desenlace.

Entonces, se dirá, ¿por qué hablar de principio, medio y fin, puesto que no cumplen una función específica? Ah, es que sí la cumplen, sólo que no es una función lógica sino artística. Con esos términos me refiero a una sucesión, no de hechos, sino de

200

tensiones y distensiones, de problemas y soluciones, de desequilibrios y equilibrios. El cuento está agitado por dos movimientos reñidos: uno, que ordena los sucesos de modo que el final sea inevitable y, por tanto, convenza y satisfaga al lector que lo esperaba; y otro que desconcierte al lector con un final inesperado. La hábil composición de ambos movimientos es una prueba de excelencia. Las técnicas para que el interés en lo que va a ocurrir no decaiga son innumerables pero todas trabajan en un solo rumbo. Por ejemplo:

Un *enigma* despierta la *curiosidad:* se resuelve con una *explicación.*

Un *conflicto* produce *incertidumbre:* se resuelve con un *ímpetu.*

Una *tensión* crea *expectación:* se resuelve con un *relajamiento.*

El principio, el medio y el fin son formas mentales del narrador —revividas mentalmente por el lector— gracias a las cuales el cuento comienza por llamar la atención sobre un punto interesante, mantiene despierta la curiosidad y satisface la expectativa. Lo que llama la atención del lector es un principio en el orden narrativo. «Este cuento principia bien; tiene un principio que me agarra», pensamos. Pero ese principio narrativo no es necesariamente el principio de una acción. Puede ser, por ejemplo, el suicidio que pone fin a una vida muy activa. En este caso, el principio de la narración es el final de la acción y, por el contrario, solamente al final de la narración vemos cómo principian las acciones que han de llevar al suicidio. En todos estos casos la secuencia narrativa, por ilógica que sea, funciona con un principio, un medio y un fin. Por lo pronto, el cuento comienza con el título y termina con el punto final. El título cumple diversas funciones: moraliza, ornamenta, define un tema, clasifica un género, promete un tono, prepara una sorpresa, incita la curiosidad, nombra al protagonista, destaca el objeto más significativo, expresa un arrebato lírico, juega con una ironía. En el título «La casa de Asterión», de Borges, tenemos la clave mitológica: se trata del laberinto del Minotauro. El título «La cruz», de Samuel Glusberg, anticipa lo que será la última palabra, punto de máxima iluminación y al mismo tiempo inesperado desenlace. El título «¡Mira esas rosas!», de Elizabeth Bowen, forma ya parte del texto narrativo pues es la exclamación del protagonista completada —en la primera frase del cuento— con la enunciación del sujeto, el verbo y el complemento: «Exclamó Lou al vislumbrar una casa envuelta en flores asombrosas». Un cuento comienza con el título y termina con el punto final, pero lo importante es que tanto el principio como el final sean satisfactorios: esto es, abran y cierren la curiosidad. En otras palabras, lo que importa no es el esquema extra-artístico que va de la Causa al Efecto sino el esquema artístico que va de la Solicitud a la Satisfacción.

IV

ALGUNOS TIPOS DE CUENTOS

Donald A. Yates, «El cuento policial latinoamericano» * *(1964)*

A través de los años el relato policial como manifestación literaria ha sido alternativamente reprobado y encomiado. Los argumentos son familiares a todos. Ciertos críticos lo rechazaron por monótono, trivial y falto de sustancia o mérito literarios. Otros críticos lo defendieron por razones diversas, entre las que cuenta sin duda el caballeresco deseo de acudir en ayuda de un amigo difamado. El desaparecido escritor y crítico mexicano Alfonso Reyes fue preciso y reiterado al dar la razón de su defensa pública de la literatura policial. Rechazó el argumento de que al estar el relato policial tradicionalmente limitado por ciertas «reglas» se estanca y pierde vitalidad y apuntó en cambio los saludables méritos, consagrados por el tiempo, que muestra una estructura literaria formal. Y terminó concediendo a la novela policial la designación de «el género clásico de nuestro tiempo».

En esta generalizada polémica, los defensores son invariablemente bien calificados aficionados, mientras que los críticos agresores suelen ofrecer como credenciales, junto a su falta de gusto por el «whodunit», una notable falta de familiaridad con el género. Pero, sin reabrir aquí la discusión, podemos sentar esta observación fundamental y no del todo irrelevante: ningún otro tipo de ficción en prosa es más popular y ninguno cuenta con una demanda más firme entre el público lector de Hispanoamérica, que el relato policial.

Es cierto que el mayor volumen de la ficción policial publicada y leída en los países de Hispanoamérica es traducción de originales ingleses y franceses y, por lo tanto, se trata de literatura importada. Sin embargo, un tipo de ficción de circulación y lectura tan amplias, eventualmente está destinado a atraer a cultores nativos. Tal ha sido el caso del relato policial en Hispanoamé-

* Reproducido con permiso de Ediciones de Andrea, de *El cuento policial latinoamericano* (México, 1964). «Introducción».

205

rica. Las primeras traducciones de los cuentos de Sir Arthur Conan Doyle sobre Sherlock Holmes llegaron a Hispanoamérica alrededor del comienzo del siglo. Dentro de escasos doce años posteriores, el escritor chileno Alberto Edwards comenzó a escribir una serie de «pastiches» que presentan la figura de su propio detective santiaguino: Román Calvo.

Sin duda, existe algún fundamento para la siguiente interpretación: mientras la ficción detectivesca, en tanto que un tipo de «literatura de evasión» puede tener un encanto peculiar para el público hispanoamericano, sucede que la realidad cotidiana de una sociedad, en la cual la autoridad de la fuerza policial y el poder de la justicia se admiran y aceptan menos que en los países anglosajones, ha de tender a desanimar a los escritores nativos, apartándolos de una seria dedicación a la formal composición de relatos de crimen y castigo. No obstante lo cual, en el medio siglo siguiente a la aparición de Román Calvo, un número considerable de escritores hispanoamericanos emprendió la composición de relatos policiales. De ahí el propósito de esta antología: presentar un ejemplo del conjunto, ya considerable y en muchos aspectos valioso, de los cuentos policiales hispanoamericanos. Aparte, estas páginas preliminares apuntan a documentar concisamente el desarrollo de este género en Hispanoamérica.

Anteriormente no se había compilado una antología exclusivamente compuesta de cuentos policiales hispanoamericanos que ofrezca el aporte de más de un país, de modo que habría una amplia justificación para la presente.[1]

El número de cuentos policiales producidos en Hispanoamérica durante los pasados cincuenta años no es señaladamente considerable. El total puede alcanzar a quinientos, siendo improbable que a la fecha haya pasado de esa cantidad. Sin embargo, hay suficiente ingenio, originalidad y calidad literaria visibles en los mejores de tales cuentos como para garantizar que será legible e interesante una colección que, como la presente, se propone mostrar a los escritores hispanoamericanos en sus logros dentro de las formas universales del género policial.

* * *

1. Rodolfo Jorge Walsh, escritor argentino, promotor por mucho tiempo en su país del género policial, publicó en 1953 una colección titulada *Diez cuentos policiales argentinos*. En la introducción a este volumen proclama la existencia de una literatura policial nacional en la Argentina. Para 1955, María Elvira Bermúdez, abogada en la Suprema Corte de Justicia de México y por su parte prolífica autora de cuentos policiales, publicó *Los mejores cuentos policíacos mexicanos*, donde se demostró que también México había otorgado su impronta nacional al género.

Diremos, para comenzar, que la ficción policial es un lujo verosímilmente destinado a gustar a un público lector relativamente sofisticado. Esencialmente se trata de un tipo de literatura que evita contacto directo con la realidad y, como tal ofrece una atracción relativamente débil para poblaciones cuya principal preocupación diaria consiste en luchar por extraer del medio físico circundante un «standard» de vida decente. De donde se ha probado que es típico del relato policial prosperar en las grandes áreas metropolitanas. Además, en esas grandes ciudades existe una policía formal y una estructura judicial a la cual puede el lector referir sus estilizados cuentos de investigación criminal. De tal manera han surgido tres centros principales en Hispanoamérica, donde se escribe y publica la mayor parte de la ficción detectivesca leída por latinos. Son estos centros: Buenos Aires, ciudad de México y Santiago de Chile.

Por cierto otros países hispanoamericanos ofrecen escritores que ocasionalmente publican cuentos policiales. Pero se trata casi siempre de casos aislados. Conocemos los relatos del cubano Lino Novás Calvo aparecidos alrededor de doce años atrás en la revista de La Habana *Bohemia*. Perú ha producido también por lo menos un autor de ficción detectivesca: el anónimo creador de la figura del detective Gabriel Sotana, quien apareciera por primera vez en un relato titulado «El Crimen de Malambo». Uruguay ha tenido por lo menos dos escritores en el género: Enrique Amorim y Sidney Morgan (seudónimo de Carlos A. Warren). Amorim escribió la novela *El asesino desvelado* y bajo el nombre de Morgan aparecieron otras dos: *Un muerto en la chimenea* y *Muerte en el Pentagrama*. No se sabe sin embargo, que ninguno de ellos escribiera cuentos policiales.

Es más bien en Argentina, México y Chile donde se ha escrito apreciable número de cuentos policiales. De la producción de escritores de estos tres países fue seleccionado el contenido de esta antología.

Chile ofrece la obra de cuatro autores principales de relatos policíacos. México disfruta de la obra de por lo menos veinte escritores que cultivaron seriamente el relato corto en el género policial. Y la Argentina revela una riqueza de cuentos policiales, tan impresionante en número, como en el nivel de calidad literaria alcanzada por sus más distinguidos cultores.

Como anotáramos, fue Alberto Edwards el pionero en el campo del cuento policial hispanoamericano. Entre 1912 y 1920 publicó en el *Pacific Magazine*, y bajo el seudónimo de Miguel Fenzalida, una serie de cuentos sobre el detective chileno Román

Calvo. La fuente de inspiración de Edwards se reconoce abierta-
mente en el «sobriquet» que da a Calvo: «el Sherlock Holmes chileno». Los relatos están escritos muy en el estilo de las aventuras de Doyle, incluso en el punto de tratar la mayor parte con delitos que excluyen el asesinato: rapto, localización de un antepa-
sado, resolución del misterio de un cadáver jocosamente ubicado
por estudiantes de medicina juguetones, etc. Luego de Edwards
viene en Chile un prolongado lapso hasta poco después de la segunda guerra mundial cuando L. A. Isla publica en «La Colección
Linterna» de Zig-Zag dos colecciones de cuentos policiales: *El
crimen del parque Forestal* y *El indiferente*. Un oficial de policía
retirado de Santiago, René Vergara, contribuye subsiguientemente
con un cuento policial de escenario chileno en una colección de
Zig-Zag: *Los mejores cuentos policiales*. No se sabe que escribiera nada más dentro del género.

Durante el decenio 1950-1960, la editorial Zig-Zag adquirió los
derechos en español del *Ellery Queen's Mystery Magazine*, la mejor publicación de su género en todo el mundo. Las entregas men-
suales fueron publicándose por varios años, pero esta revista parece haber fracasado en la función de estimular a otros escritores a producir ficciones policiales —posiblemente porque los términos contractuales con el editor americano de la revista exigían
que únicamente se empleasen cuentos aparecidos en la edición inglesa original.

También en este período de la post-guerra alcanzaron a conocerse tres novelistas chilenos Mortimer Gray (seudónimo de Luis
Enrique Délano), James Endhard (seudónimo de Camilo Pérez de
Arce) y Terry Beech (seudónimo de Alfredo Echeverry). De los
tres, únicamente Délano cultivó la forma del cuento.

El uso común de un seudónimo entre estos novelistas chilenos
presenta un fenómeno interesante. La conclusión a extraer es que
los citados escritores tienen fundamentalmente un interés comercial en las posibilidades del relato policial. Según toda probabili-
dad, los seudónimos fueron adoptados a pedido de los editores,
perfectamente conscientes de que los lectores preferían la ficción
detectivesca escrita por autores anglosajones. Puesto que además
se evoca en estas obras arbitrarias ambientes ingleses y americanos, parecería más que evidente que fueron escritas por autores
constreñidos a satisfacer las necesidades específicas de un editor
determinado. Esto es también cierto, aunque en menor grado tal
vez, respecto a los cuentos policiales escritos en Chile. El ambiente de los cuentos de Edwards e Isla es estrictamente chileno por
cierto, pero las técnicas narrativas son completamente directas y

sin pulimento. Sin embargo puede notarse cierto ambiente culto en la obra de Luis Enrique Délano, lo cual sugiere, más que otra cosa, la influencia de los autores norteamericanos de ficción criminal: Ellery Queen y S. S. Van Dine, ambos muy leídos en toda Latinoamérica.

En México la principal fuerza impulsora del desarrollo de una literatura policial nativa, fue el editor y escritor Antonio Helú. Comenzó Helú a escribir cuentos policiales en 1929 y desde esa fecha su interés en el género se ha mantenido inconmovible. Su serie de cuentos sobre Máximo Roldán [2] representa una original contribución al mundo de la literatura detectivesca. Esta obra, *La obligación de asesinar*, figura actualmente en el *Queen's Quorum* de Ellery Queen como una de las 110 colecciones de cuentos policiales de mayor importancia en la historia del género. Roldán es una combinación de pícaro y detective. Por supuesto que puede resolver un crimen, pero ha de arreglárselas al mismo tiempo para apropiarse de un pico del botín involucrado en el caso. La influencia del criminal-caballero (según la moda del famoso modelo Arsène Lupon), es más visible en la literatura policial mexicana que en la de cualquier otra nación latinoamericana. Parecería por lo tanto, que la natural simpatía del mexicano por los de abajo, por los proscritos, ha determinado hasta cierto punto el gusto nacional en literatura policíaca. Como sugerimos anteriormente, quienes encarnan la fuerza de la ley no gozan de gran estima en ningún lugar de Latinoamérica. Y por cierto que este hecho puede haber impedido un desarrollo más amplio que el registrado hasta la fecha por el género detectivesco.

Los autores de literatura policial pueden expresar de varias maneras cierta desconfianza en los principios fundamentales de la justicia. Una de estas maneras consiste en mofarse de las rigurosas reglas que tradicionalmente dominan la estructura de los cuentos policiales.[3] Esta irreverente actitud puede advertirse en los relatos del humorista mexicano Pepe Martínez de la Vega. Su caprichosa versión del clásico enigma del «cuarto cerrado», presenta el problema de un cadáver que aparece en un cuarto completamente clausurado. El crimen intriga a todo el mundo hasta que el humorístico detective Peter Pérez señala a las autoridades que si bien el cuarto estaba efectivamente cerrado, se les había escapado cierto detalle: ¡el cuarto no tenía techo!

2. Anagrama de «Ladrón», por supuesto.

3. Esto se revela con mayor evidencia en la literatura policial escrita por argentinos.

Son más ortodoxos en cuanto a su respeto por las críticas exigencias del género los escritores mexicanos Rafael Bernal, Rafael Solana y María Elvira Bermúdez, todos los cuales, con excepción de Solana, publicaron cuentos policiales en la revista *Selecciones policíacas y de misterio*, editada en la ciudad de México por Antonio Helú. Helú fundó esta revista exclusivamente dedicada a publicar cuentos policiales poco después de la aparición en 1946 de su *La obligación de asesinar*. *Selecciones*, es fundamentalmente responsable de la existencia de un par de docenas de escritores mexicanos de cuentos policiales y ello porque Helú siempre acogió cálidamente relatos cortos originales de escritores nativos, los que publicó allí junto con los mejores cuentos originarios de Inglaterra y Norteamérica.

El escritor más importante entre los que «descubriera» Helú es la consabida María Elvira Bermúdez, cuyo primer cuento policial se publicó en *Selecciones* en 1948. A partir de entonces ha evolucionado hasta llegar a ser una talentosa y prolífica autora cuyos cuentos pueden compararse favorablemente con los de aquellos profesionales anglosajones que aparecen en la revista mexicana. María Elvira, quien también ha escrito estudios sociológicos sobre aspectos domésticos de la cultura mexicana, adereza sus cuentos detectivescos con auténtico y llamativo color local. Y por ser feminista ha escrito varios relatos que permiten una visión del punto de vista femenino sobre el crimen. Sus cuidadas tramas y abundante empleo de ambientes mexicanos, junto con el tosco humor de Pepe Martínez de la Vega y la tendencia a la picaresca de Antonio Helú, permiten definir lo más típico y original de la producción mexicana de cuentos policiales.

En la Argentina, la primera manifestación importante del cuento policial puede remontarse a comienzos de la década del 40. Mucho antes de esta época, los lectores argentinos mostraron una afición por el género policial que en la década del 30 llegó virtualmente a la consagración. En revistas como *Tit-Bits, Caras y Caretas* y *Billiken* publicadas en las primeras décadas del siglo XX, los relatos policiales constituían uno de los rasgos estables más populares. En la década del 30, unos cuantos autores argentinos —Manuel Peyrou, Enrique Anderson Imbert, Jorge Luis Borges, Adolfo Bioy Casares y Leonardo Castellani entre otros—, comenzaron a publicar cuentos policiales. Sin embargo, el género no contó con una colección de cuentos de autor porteño honrada con el formato de libro hasta en el año 1942. Este libro fue *Seis problemas para don Isidro Parodi*, publicado bajo el seudónimo de H. Bustos Domecq. Era obra de Jorge Luis Borges y Adolfo Bioy

Casares, quienes crearon con don Isidro Parodi un detective que resuelve enigmas tradicionales y al mismo tiempo satiriza el género que le diera vida. Los seis cuentos que compensan el volumen revelan una galería de caracteres porteños que tiende a ironizar no solamente ciertos dialectos de Buenos Aires, sino también determinados tipos de gente. Se advierte cierta sardónica crueldad implícita en algunos personajes de estos relatos, la que en principio los autores solamente intentaban fuera humorística. Pero después confesaron los mismos que, infortunadamente, la historia probó que aquellos retratos satíricos eran en realidad premoniciones de cosas por venir.

De modo que el cultivo del género policial en la región rioplatense durante los comienzos de la década del 40 quedó casi exclusivamente en manos de un grupo de figuras literarias altamente prestigiosas. De todas las influencias extranjeras que pueden discernirse en la obra de los cinco argentinos arriba mencionados, pueden señalarse la de G. K. Chesterton como la más aparente. *Las nueve muertes de padre Metri* de Castellani, publicada también en 1942, relata las andanzas entre crímenes de un sacerdote argentino de la región del Chaco, quien resulta, desde muchos puntos de vista, similar al celebrado Padre Brown de Chesterton. También los cuentos de Manuel Peyrou, especialmente los primeros, muestran la inequívoca influencia de la cultura de Chesterton y de su chispeante y equilibrado estilo.

Hacia 1948 casi todos estos importantes autores argentinos dejaron de escribir cuentos policiales.[4] Para esta época cierto número de revistas argentinas populares y de gran circulación, comenzaron a atraer la labor de autores más comerciales, quienes tuvieron la voluntad y capacidad de escribir dentro de las restrictivas limitaciones del cuento policial. *Vea y Lea* en 1950 promovió un concurso para cuentos policiales de autores latinoamericanos que alcanzó centenares de aportes. Por un tiempo, *Leoplán* procuró ofrecer en cada número un cuento policial por lo menos. Y una nueva revista, llamada *Pistas*, proyectada para ofrecer exclusivamente relatos policiales, sale a luz, lanzada por Acme Agency, editores de la exitosa «Colección Rastros», serie compuesta principalmente de traducciones de novelas policiales norteamericanas. *Pistas* publicó a través del tiempo trabajos de muchos auto-

---

4. La excepción es Castellani, quien en 1959 publicó *El crimen de Dudelia y otros cuentos del trío* con lo que en forma definida retornó al cultivo del género policial.

res de relatos policiales argentinos y también contribuciones de autores chilenos.[5]

Durante este segundo período del desarrollo del cuento policial en la Argentina, período que podemos llamar «comercial», fueron conociéndose nuevos nombres: Alfonso Ferrari Amores, Syria Poletti, Ignacio Covarrubias, Rodolfo J. Walsh, Adolfo Pérez Zelaschi, W. I. Eisen, Abel Mateo, Lisardo Alonso y algunos otros. Esta actividad de revistas, que llevó al género a su cúspide en 1953, permitió una amplia diversificación de temas y tratamientos, traducida en un número considerable de obras de genuino mérito. Ha de tenerse en cuenta que si los primeros escritores estuvieron bajo la influencia de modelos ingleses este último grupo muestra la influencia de autores norteamericanos. Entre estos sobresalen Ellery Queen, Cornell Woolrich y Dashiell Hammett.

El cuento policial hispanoamericano seguramente ha recibido el tratamiento más eficaz y variado en la Argentina. Como es comprensible, mucha de esta producción es decididamente perecedera y tal vez así debe ser. Sin embargo, si Argentina hubiese producido un cuento policial únicamente: «La muerte y la brújula» de Jorge Luis Borges, ya estaría asegurado el lugar de este país en cualquier historia del género policial. Este relato, publicado en 1942, es con seguridad uno de los cuentos escritos en español más notables de todos los tiempos...

5. Le revista mexicana *Selecciones* ha publicado también cuentos policiales de por lo menos media docena de chilenos, quienes por lo visto no pueden encontrar en Santiago un mercado viable para estos relatos.

Lida Aronne-Amestoy, «Notas sobre el cuento "epifánico" hispano-americano» * (1976)

Viejo como el tiempo, del cual es hijo, huésped camaleónico de las formas estéticas más heterogéneas, pasaporte universal del hombre, el relato parece responder con su estructura a un modelo arquetípico fundamental. *Puede ser soportado por el lenguaje articulado, oral o escrito, por la imagen, fija o móvil, por el gesto y por la combinación ordenada de todas estas sustancias,* dice Roland Barthes; *está presente en el mito la leyenda, la fábula, el cuento, la novela, la epopeya, la historia, la tragedia, el drama, la pantomima, el cuadro pintado (...), el vitral, el cine, las tiras cómicas, las noticias policiales, la conversación (...); en todos los tiempos, en todos los lugares, en todas las sociedades (...). Todas las clases, todos los grupos humanos, tienen sus relatos, y muy a menudo estos relatos son saboreados en común por hombres de cultura diversa e incluso opuesta: el relato se burla de la buena y la mala literatura: internacional, transhistórico, transcultural, el relato está allí, como la vida.*[1] Se trata, sin lugar a dudas, de una disposición humana profunda que espontáneamente se traduce narrando,[2] pero que sin embargo no hemos de considerar psíquica en su origen, dada su aparente vinculación con la estructura arquetípica de la psique, estructura de naturaleza psicoidea.[3] Diremos, entonces, que el relato, como las otras actividades de la fantasía individual, parece predeterminado por un modelo de com-

* Se reproducen los capítulos V y VI de *América en la encrucijada de mito y razón* (Buenos Aires: F. García Cambeiro, 1976 [pp. 67-77]), con modificaciones de la autora.

1. Ver «Introducción al análisis estructural de los relatos», en *Análisis estructural del relato,* Buenos Aires, Tiempo Contemporáneo, 1972, p. 9.

2. Cf. Jaime Rest, *Novela, cuento, teatro: Apogeo y crisis,* Buenos Aires, CEDAL, 1971, p. 64.

3. Carl G. Jung, *Arquetipos e inconsciente colectivo,* Buenos Aires, Paidós, 1970, pp. 69-72, 64, 160.

portamiento humano, innato y oscuro, y es, por lo tanto, anónimo —es decir, de propiedad colectiva— en su origen. La novela pertenece a una cultura específica, y dentro de ella, a un estadio determinado en su evolución; el relato como tal, por el contrario, pertenece a la especie.[4]

Ahora bien, como forma narrativa independiente, el relato constituye una de las variedades literarias más antiguas, y ha asumido sucesivamente y en cada lugar contenidos y apariencias diversas: relato mitológico, cuento folklórico, cuento maravilloso, anécdota cómica, novela satírica, novela realista, *récit*, apólogo, fábula, exemplum, *fabliau, lai* cortesano, balada romance, leyenda, relato social, cuento fantástico...

La crítica se ha ocupado con éxito de señalar sus rasgos diferenciadores y de rastrear su evolución, su apogeo y decadencia dentro de la literatura occidental. Nosotros deseamos detenernos, en cambio, en ciertos caracteres originales, comunes a varias formas de relato en los albores de la cultura, y cuya pérdida significó precisamente la «muerte» del género con su mismo apogeo. Efectivamente, el proceso de perfeccionamiento cuesta al género la pérdida de sus rasgos naturales —su índole colectiva, tradicional, popular, mágica—, y de ahí su desviación hacia la novela burguesa, una forma diferente de la original pero muy próxima al género en que el viejo cuento se había convertido para entonces.

La secularización, privatización y racionalización del género son fenómenos mútuamente condicionados. Así, por ejemplo, es evidente que cuando el relato pierde su arraigo en la tradición primordial a causa de la paulatina extraversión de la perspectiva occidental, debe por fuerza sufrir una cierta relativización en su asunto y estructura —ya que sus planteos no son ahora absolutos, comunes al grupo étnico en pleno—, y una suerte de subjetivización del punto de vista, por la misma razón. Si la realidad cotidiana, al ser desvestida de su carácter sacro, se presenta a la experiencia como una multiplicidad de fenómenos aislados —acaso relacionados pero nunca idénticos—, resulta entonces que cada individuo puede percibir aspectos distintos, «a su manera personal», según sus intereses o inclinaciones. Pero una perspectiva individual lleva firma implícita y termina por exigir derechos de propiedad que de hecho le pertenecen.

Por otra parte, ya hemos visto de qué modo la exaltación de

4. No ocurre lo mismo con las formas específicas del relato, algunas de las cuales están histórica y culturalmente determinadas.

la personalidad corre paralela con la intelectualización de la psique, y con la atrofia de los valores tradicionales colectivos. Ahora bien, las postrimerías de la Edad Media —el período comprendido entre los siglos XIV y XVI— constituyen significativamente la antesala de la gran eclosión racionalista de Occidente. Es este factor el que explica por qué el relato se vuelve intencional, y principalmente literario; por qué subordina. el flujo espontáneo de la visión colectiva a la imaginación y la perspectiva personales, a la imposición formal de una voluntad estética consciente. Al hablar de su Heptamerón, la reina Margarita de Navarra manifiesta su intención de evitar toda anécdota que pueda parecer increíble. El tan ponderado «realismo» no es más que el resultado de una restricción expresa de la materia poética y la experiencia estética según los nuevos límites racionales de verosimilitud y factibilidad.

Por último, la exclusión de la función mítica del acto creador [5] quita al relato su carácter participativo, sus proyecciones mágicas, su «don» colectivo —y con ello su sentido social se vuelve secundario. Debemos notar aquí, sin embargo, que la secularización del cuento y su desaparición virtual de la escena literaria posee honda relevancia social y cultural en ese momento. La realidad que Occidente ha perdido de vista es, entonces, y al contrario de lo que ocurre en nuestro tiempo, la dimensión individual y terrena del hombre. El sacrificio de los valores tradicionales encarnados en el relato en favor de un desarrollo compensatorio de la personalidad individual es en esa época indispensable para la supervivencia de la cultura. La emergencia se traduce en el campo de la narrativa en el surgimiento de una forma inédita, la que significativamente llegaría a «definir» a nuestra cultura en el contexto universal de la literatura: la novela. En esta forma sobrevive el relato tradicional, en estado de latencia o hibernación, cumpliendo a lo largo de la Era Positiva su misión de «distraer» al hombre del tiempo lógico; hasta que la crisis racionalista, preparada y hecha efectiva por este nuevo modo de unilateralidad cultural que es el individualismo extremo, se encargó de independizarlo de la novela y eventualmente de devolverle su carácter mítico (ahora en función reivindicatoria).

El cuento contemporáneo constituye (en mayor grado aún que la novela), una decidida categoría estética, una forma de expresión *personal* (aunque debemos incluir en el concepto de persona lo

---

5. El mito estará presente en la nueva forma, pero naturalmente «camuflado» (como el trauma inconsciente se muestra a la conciencia bajo distintos disfraces en los sueños), de manera que la razón no pueda reconocerlo ni excluirlo so pretexto del verosímil realista.

social o colectivo, además de lo específicamente individual), sin la proyección *popular* del relato de tipo folklórico. Dentro de la clase social que lo produce —la burguesía a la que expresa y a la que está, por ende, dirigido funcionalmente— posee alcance y resonancia masivos, sin embargo. Así, entendido como *expresión* cultural, en función de las necesidades del grupo del que nace, ese fenómeno altamente intelectualizado de nuestra literatura actual que muchos llaman «cuento fantástico» se muestra particularmente significativo; y merece otra evaluación que la de «capricho gratuito» o «ejercicio hedónico», apreciaciones que nunca han casado bien con la calidad estética excepcional que al mismo tiempo suele atribuirse a muchos exponentes del género.

La especie de la que hemos de ocuparnos en adelante, entraña, como el relato mítico para la comunidad primitiva que lo produce, una verdadera actualización de arquetipos vitales —precisamente, de aquéllos que han perdido su incidencia existencial a causa de nuestra cosmovisión racionalista. De tal manera, el género no propicia simplemente una evaluación litúrgica hacia un presente universal, como la novela, por ejemplo; se propone, además, descondicionar la psique de su intelectualismo y restaurar sus funciones simpáticas a fin de obrar la reintegración del individuo en el contexto natural y en el contexto sociocultural al que se debe— mundos de los cuales la hipertrofia racional lo ha enajenado.

De ahí el elevado nivel intelectual de muchos de estos cuentos.[6] Después de haber recreado la postura habitual de nuestra mente frente a lo real, el relato introduce un elemento (a veces, más) que no se adecúa, sino que se resiste a nuestro modo de aprehensión. El hecho produce una ruptura a partir de la cual (y, sobre todo, cuando el final no proporciona el enlace causal esperado) todas las potencias dormidas de la psique entran a jugar, acaso a espaldas de la conciencia pero de manera efectiva. Un escritor o lector asiduo de cuentos fantásticos no es, al cabo de la experiencia reiterada del género, el mismo sujeto que antes se «oponía», se «enfrentaba» a lo otro. Por el contrario, empieza a descubrir que no comparte ya la perspectiva esquizoide sancionada por el consenso social, y que no puede petrificar a su propia otredad al otro lado de la lupa. De algún modo incomprensible,

---

6. No se trata de un género dirigido al lector marginado del racionalismo —un niño, un campesino, no percibirían la ruptura por el simple hecho de que en su cosmovisión lo irracional se halla mejor integrado en el concepto de lo real-verosímil.

él ha aprendido a *ser con ella,* simpáticamente, desde algún rincón oscuro de su propia persona.

Reclamamos, pues, para esta forma narrativa que el siglo pone en boca tras la frustración del positivismo, el más alto poder integrador (tanto a nivel de individuo como a nivel de comunidad), de la cual es expresión distintiva.

Tengamos en cuenta que la especie en cuestión es un género aparte y debería ser definida como tal. La tarea es ardua, sin embargo, sobre todo en nuestra lengua, por cuanto no poseemos más que una sola voz para designar la heterogénea gama de relatos que produce el hombre: a saber, *cuento.* Intentaremos delimitar el género hasta poner en evidencia los rasgos que puedan permitirnos definirlo.

a) Es una composición narrativa de carácter eminentemente literario (por cuanto importa la formulación estética de una vivencia personal de la realidad).

b) Es una narración distinta de la novela, en tanto opone al efecto moroso y acumulativo de ésta, una arquitectura sumamente económica, orgánica y unitaria, en la que todos y cada uno de los recursos posee absoluta funcionalidad.

c) Es un relato distinto del relato popular o folklórico, pues sustituye el desarrollo lineal y directo de aquél, por una textura compleja, laberíntica y elíptica que obliga al lector a participar activamente en la construcción del sentido.

d) Es un relato que, al igual que el cuento maravilloso, admite elementos no racionales de toda índole, pero que, al contrario de aquél, los confronta deliberadamente con la realidad «normal» o inteligible, proyectando, de ese modo, la violenta lucha interior que padece el hombre de nuestro mundo a causa de su hipertrofia racional.

e) Es una composición en prosa que, sin embargo, está en más de un sentido, grávida de lirismo. Como en la lírica, la tensión se organiza en torno a un eje unívoco; las imágenes convocan gran intensidad afectiva; la extensión es limitada más que por el motivo unitario, en virtud del impacto que intenta provocar (el cual se debilitaría si el lector debiera interrumpir y postergar la experiencia recreadora); a menudo carece de anécdota, o se sirve de ingredientes frívolos para suscitar una atmósfera excepcional;

cuando teje una anécdota, el fin está más allá de ella, en la construcción de un clima emocional que se resuelve en un impacto único, rotundo y duradero; el escenario es siempre y fundamentalmente una conciencia subjetiva (aun en los casos en que el relato no es presentado «desde adentro» de ella), y sin que esto implique negación de los contextos en virtud de los cuales ella se constituye como tal.

f) Es una estructura centrípeta por excelencia: es decir su valor referencial inmediato (sus contextos histórico, psicológico, social, ideológico, etc.) se halla evidentemente subordinado a su estructura arquetípica, de la que deriva su sentido.

g) Por ende, es un relato que utiliza el marco habitual del tiempo para destruirlo y reconstruirlo a través de su confrontación con el orden atemporal.

h) Es una organización de personajes y situaciones arquetípicas más bien que típicas; es decir, que apunta a lo inconsciente colectivo de la comunidad y cultura que representa.

i) Es una estructura simbólica abierta que exige la participación total y constante de la conciencia receptora, de la cual depende la «instauración del sentido final», nunca explícito. De esto se deduce que el cierre, aun cuando sea de tipo detonante, nunca es propiamente un cierre. Es decir, el relato todo funciona como una metáfora que proyecta al lector (y antes al autor mismo), *fuera* de su materia, hacia un sentido que se *instaura* a partir de la experiencia creadora-recreadora.

Es debido a esta *epifanía* en que nuestro relato culmina que denominamos el género «cuento epifánico». Varios autores han hecho referencia, desde Joyce, a la epifanía literaria como una vivencia de carácter muy íntimo, personal, que se traduce en una suerte de mutación o crecimiento efectivo de la conciencia hacia lo otro. Si bien el problema interesa más al psicólogo que al crítico literario,[7] reivindica para la creación poética una fuente menos estrecha y de mayor valor existencial que la razón pura. Una novela se construye a partir del tiempo, desde la conciencia, y con

7. Ver, a propósito, la definición junguiana de «función trascendente», acerca del equilibrio vital que obra el símbolo permitiendo superar una contradicción: *Tipos psicológicos*, Buenos Aires, Paidós, 1965, T. II, pp. 238 y 281-91.

la guía del discurso racional —si bien la estructura puede y suele tolerar la irrupción, en mayor o menor grado, de raptos intuitivos que ocasionalmente tuercen, sin pedir permiso ni opinión al autor, sus previos planes.[8] La cualidad lírica del cuento epifánico habla de su origen en un auténtico parto espiritual, en una extraversión compulsiva que lo organiza desde las profundidades abstrusas del inconsciente social. Como ocurre en los relatos simbólicos que entrañan ciertos sueños. Como acaso hayan nacido los mitos. La conciencia, la razón, entran en el juego mucho más tarde, nunca son consultados antes del alumbramiento.

La literatura, y muy particularmente el género que estudiamos, se vale de un lenguaje específico cuya lógica sustituye las categorías del espacio y el tiempo por las de intensidad y asociación.[9] Es la lengua de los símbolos. Pero así como una ecuación es una lengua muda para la razón dormida, resulta sordo el intelecto a la voz de los símbolos.

Creemos, pues, que el cuento epifánico configura una estructura eminentemente simbólica, de raigambre arquetípica —vale decir, colectiva—, y que por lo tanto está orientado a expresar lo personal (in)consciente en cuanto ello traduce valores comunes al grupo humano. De la experiencia personal (histórica), el autor toma las situaciones —imágenes— en las que se objetiva el sentido. En realidad es éste el que predetermina las imágenes que le provee el escritor. Pero el sentido es transhistórico, una voz de la cultura, un arquetipo que se *manifiesta* a través de las formas conocidas de nuestra realidad inmediata a fin de hacernos llegar su mensaje. La función del cuento epifánico, entonces, es descifrable sólo dentro del marco cultural en que se produce, como el mito.

Resumimos en un cuadro comparativo para destacar los rasgos genéricos:

Novela burguesa	vs.	*Cuento epifánico*
expansiva		intensivo
morosa		rápido
de acción compleja		de acción simple
explicativa		elíptico
dramática (descriptiva del comportamiento social)		lírico (expresivo del ethos colectivo)

8. Muchos narradores lo han confirmado expresamente al hablar de sus hábitos de composición y su experiencia creadora.

9. Cf. Erich Fromm, *El lenguaje olvidado*, Buenos Aires, Hachette, 1960, p. 14.

histórica
determinada por patrones
  racionalistas
de proyección individualista
  (típica)
de valor referencial
descriptiva de un «sentido»:
  autorizado por el consenso

transhistórico
en ruptura con los patrones
  racionalistas
de proyección colectiva
  (arquetípica)
de referencia mediatizada
instaurador de un sentido
  que transgrede el consenso

Cuento tradicional   vs.   *Cuento epifánico*

lineal (organización temporal)
de connotación alegórica
dramático (describe acciones)
de resolución explícita
distendido
de valor ritual (sanciona la
  norma colectiva)
sobrenatural (naturaliza lo
  extraño)

laberíntico (organización
  espacial)
de connotación simbólica
lírico (expresa perspectivas)
de resolución ambigua
tenso
de valor contestatario frente
  a la norma colectiva
crítico (expone conflictos de
  lo natural y lo sobrenatural)

Cuento realista   vs.   *Cuento tradicional y epifánico*

de estructura denotativa
empírico-racionalista
de referencia inmediata
descriptivo de lo típico
de proyección individual
  (apunta a psicologías)
confinado al entorno histórico
moral (ajusta al patrón
  convencional)

de estructura connotativa
mágico-intuitivos
de referencia mediatizada
descriptivos de lo arquetípico
de proyección colectiva
  (apuntan modelos culturales)
transhistóricos
éticos (indaga el *ethos* humano)

Por extraño que parezca, existen curiosas coincidencias entre los polos aparentes de ese eje narrativo que conocemos como relato: entre el cuento folklórico (tradicional) y el cuento epifánico (contemporáneo); a tal punto que podemos afirmar acerca del último lo que Canal Feijóo comenta sobre el género folklórico: en este campo «juegan... imponderables de sustrato primordial, implicados en el vago concepto de *tradición*, que debe entenderse significando haz de datos pretéritos y al par latentes, que obran por debajo de la conciencia individual como resortes de la actividad re-creadora o re-elaboradora del alma (popular). Estos datos son: etnográficos, históricos, empíricos (nosotros ampliaríamos la enumeración)...; en ellos se toca fondo, o fondos insobornables, volviéndose el resto cuestión de superficie o formas, poco menos que indiferente al fin desde que, de un modo u otro, sólo podrá ponderarse por envío o referencia a dicho sustrato infuso». [10]

Vemos así que aunque el segundo paralelo no deja dudas con respecto al abismo que media entre el cuento tradicional y el cuento epifánico, hasta el punto de hacernos pensar que con Edgar Allan Poe nació un género enteramente nuevo, de naturaleza distinta de lo que hasta entonces se conocía como relato, existen en la forma moderna propiedades que lo vinculan estrechamente al modelo tradicional.

En síntesis, el cuento epifánico configura una peculiar coyuntura lírico-narrativa, cuya estructura significante, centrípeta por antonomasia, entraña formas arquetípicas integradoras, tendientes a revitalizar la cultura y a reorientarla, mediante un ejercicio pleno de todas sus potencias aletargadas.

10. Bernardo Canal Feijóo, *La leyenda anónima argentina*, Buenos Aires, Paidós, 1969, pp. 10-11.

Edelweiss Serra, «El cuento fantástico» * (1977)

La especie fantástica en la cuentística hispanoamericana constituye ya tradición y se ha impuesto como un subgénero de la estructura típica. Su presencia frecuente y estable goza a la par de relevancia artística, de donde la consideración del cuento «fantástico» sea obligada en el presente estudio, [1] admitiendo empero la borrosidad nominativa.

Intento el encaramiento de la tipología fantástica en el cuento hispanoamericano deduciendo los presupuestos teóricos que la rigen a partir del relevamiento analítico de textos representativos. [2]

Como premisa de esta consideración descarto las oposiciones que se han querido establecer entre las parejas conceptuales del tipo *real/irreal, real/imaginario o normal/anormal,* y en su lugar tomo partido por el presupuesto según el cual la esfera de lo real

* Reproducido con permiso de la autora, de *Tipología del cuento literario (Textos hispanoamericanos),* Madrid: Cupsa Ed., 1978 (cap. V, págs. 105-126.

1. Reconociendo lo inadecuado del calificativo «fantástico», Julio Cortázar caracteriza a sus cuentos de esa índole como opuestos «a ese falso realismo que consiste en creer que todas las cosas pueden describirse y explicarse como lo daba por sentado el optimismo filosófico y científico del siglo XVIII, es decir, dentro de un mundo regido más o menos armoniosamente por un sistema de leyes, de principios, de relaciones de causa a efecto, de psicologías definidas, de geografías bien cartografiadas» («Algunos aspectos del cuento» [ver este artículo en la presente antología]).

2. Dos trabajos sistemáticos sobre la literatura fantástica cabe mencionar aquí, si bien no se restringen al cuento solamente: T. Todorov, *Introducción a la littérature fantastique,* París, Edition du Seuil, 1970, centrado en la tripartición *lo extraño / lo fantástico / lo maravilloso,* verificada en textos no hispanoamericanos. Y, con un criterio teórico más amplio y ceñido a la literatura hispanoamericana, Ana María Barrenechea «Ensayo de una tipología de la literatura fantástica. (A propósito de la literatura hispanoamericana)», en *Revista Iberoamericana* núm. 80, Universidad de Pittsburgh, julio-septiembre 1972, pp. 391-403. Conviene recordar también el ensayo de esta autora en colaboración con Emma Speratti Piñero, *La literatura fantástica en la Argentina,* México, 1957.

es inabarcable. La realidad, *toda* realidad, postula todos los reales posibles, aun lo racionalmente imposible; acoge todo en su seno, los objetos empíricos e ideales, incluso los desconocidos; recubre en fin la totalidad de los entes en todos los órdenes. Esto es perfectamente verificable en el arte literario donde la realidad —sea cual fuere— es instaurada por el lenguaje en todas sus dimensiones en una operación transmutadora automáticamente pertinente, sin que quepan en su ámbito —como *realidad literaria* que es— las categorías de verdad o falsedad.

Para la cualificación de lo fantástico, al menos en el cuento hispanoamericano, área de mi interés, propongo partir del binomio contrastivo:

ordinario/extraordinario

adjudicándole a cada término del mismo diferentes órdenes de la realidad, a saber:

ordinario: el orden establecido, habitual de lo real.
extraordinario: otros órdenes de lo real no habituales donde caben las dimensiones imaginaria, onírica, extralógica, extrasensorial, sobrenatural; en síntesis, «lo fantástico».

Lo *ordinario* acontece normalmente dentro de las categorías lógicas, racionales con que se considera la realidad, es decir, conforme a las leyes de la naturaleza.

Lo *extraordinario*, en cambio, se aparta del orden ordinario y de las leyes consabidas, sea revelando secretos poderes y facultades sorprendentes de los entes, sea suspendiendo o aboliendo las leyes de la naturaleza en una suerte de sobrenaturaleza. Por eso es preciso distinguir *grados* de lo extraordinario en la esfera literaria:

a) lo hiperbólico

b) lo extrasensorial

c) lo extralógico

d) lo sobrenatural.

Los grados a), b) y c), si bien no suspenden las leyes naturales, descubren otras leyes secretas y misteriosas de lo real, al margen

223

de lo ordinario; el grado d), directamente lo sobrenatural, ocurre totalmente fuera de lo natural y aún con abolición de leyes naturales que rigen el ámbito de lo fenoménico.

Sobre la base de las precedentes distinciones, el cuento fantástico hispanoamericano se inscribe concretamente en dos tipos de categorías fantásticas:

1. *Presencia contrastiva de lo ordinario/extraordinario;* conviven ambos órdenes y esta convivencia se presenta —tácita o explícitamente— como problemática para sus protagonistas.

2. *Presencia total y única de lo extraordinario,* que, tácita o explícitamente, no se presenta como problemática.

Ahora bien, cada tipo de categoría fantástica en el cuento hispanoamericano tiende a connotar automáticamente, según el texto de que se trata, sentidos diversos, a saber:

A. *sentido literal:* lo fantástico funciona como nivel literal;

B. *sentido alegórico:* al sentido literal se superpone explícitamente otro sentido en un sistema de equivalencias translativas;

C. *sentido metafórico y simbólico:* el sentido literal es el plano evocando de otro sentido analógico de translación implícita; está «en lugar de», su marca específica es la ambigüedad. Las dos grandes divisiones (1 y 2), puesto que han sido establecidas desde el relevamiento de los mismos textos, permiten acoger la variada tipología fantástica de nuestro cuento si las contemplamos con el cuadro de grados de lo extraordinario (a, b, c y d) esbozado y la tripartición de sentido propuesta (A, B y C).

Con este aparato tecnológico voy a abordar los textos concretos [3] en seguida, pues es inútil teorizar acerca de categorías concernientes al discurso filosófico y psicológico cuando en verdad se trata de caracterizar el funcionamiento semiológico del discurso literario en su especificidad *cuento fantástico.*

Presentaré primeramente un repertorio donde se aclare la pre-

3. [Los cuentos citados son localizables en antologías.]

sencia contrastiva de lo *ordinario/extraordinario* y la presencia
única de lo *extraordinario;* luego, una muestra de *grados de lo
extraordinario,* y finalmente de los *sentidos* implicados.

La presencia contrastiva de lo *ordinario* y lo *extraordinario* es
verificable en una amplia gama de textos de cuyo corpus voy a
extraer cuentos válidos como representación ejemplar de esta
variante en el cuento hispanoamericano, mostrando a la vez las
variantes eventuales. *El Aleph* de Borges, *El acomodador* de Felisberto Hernández y *Carta a una señorita en París* de Cortázar exhiben en sus respectivas historias ese contraste flagrante entre hechos de la vida habitual y acontecimientos extra-habituales. En el
texto borgiano es conocida la línea argumental referida a una historia vulgar e irónica, las relaciones del protagonista con Beatriz
Viterbo y Carlos Argentino Daneri por un lado, y por otro la misteriosa revelación del *Aleph* donde se conjugan la visión maravillosa del tiempo y el espacio totales. De una historia banal de
amor frustrado y de competición doméstica entre literatos, se ac-
cede asombrosamente a la contemplación fantástica del universo
con la irrupción del maravilloso Aleph, que trastorna por un momento toda la existencia con el apoderamiento mágico del «inconcebible universo», en medio de lo común y corriente entre los
mortales. En el cuento hernandiano conviven y se oponen la historia banal de un triste acomodador de teatro, echado varias veces de su empleo, y el descubrimiento súbito de algo insólito, extraordinario, una luz que salía de sus propios ojos y crecía cada
noche con la facultad de visión en la oscuridad y de poseer lo que
miraba. Esta facultad paranormal halla su apogeo en una sala de
vitrinas llenas de antigüedades, donde el acomodador entabla con
su luz una extraña relación con una sonámbula alucinada y juntos parecen vivir un rito de encantamiento mágico en «un mundo
cerrado para todos los demás», hasta que el hechizo se rompe
inopinadamente y el pobre hombre va perdiendo su luz, vuelve a
su vida ordinaria y anodina, como un ser destinado a «una cosa
que los demás no comprenderían». También en el relato cortazariano coexisten contrastivamente el orden corriente representado
por el minucioso y bello departamento de Andrée, la señorita re-
sidente en París, y el orden extra-ordinario, del corresponsal que
en Buenos Aires lo ocupa temporalmente, subvirtiendo lo establecido con la presencia de vivos conejitos que vomita sin querer.

Ahora bien, la coexistencia contrastiva de lo ordinario y lo
extraordinario en los tres textos aludidos tienen de común la problematización del contraste. Sus protagonistas: el escritor en Borges, el acomodador en Felisberto Hernández y el remitente de la

225

carta en Cortázar (sin duda *el poeta* en los tres) problematizan, con matices diferentes por cierto, «el centro inefable» —como diría el primero— de sus respectivos cuentos. En *El Aleph*, el protagonista, tras el azoramiento de su experiencia fuera del tiempo y del espacio, se pregunta en la *postdata* si realmente ha visto ese objeto secreto y conjetural cuyo contenido ha olvidado. En *El acomodador*, el hombre aparentemente común siente como problema la posesión de algo que lo singulariza y lo hace penetrar en un territorio inviolable, pero cuyo encanto desdichadamente se rompe por la incomprensión de los demás. En *Carta a una señorita en París*, el hombre que vomita conejitos vivos problematiza, ya antes de este hecho, su ingreso a un orden cerrado cuyo ánimo bellamente dispuesto sabe de antemano que va a desafiar y aun ultrajar; y cuando esto acontece una y otra vez, el protagonista sucumbe, aunque no se considera culpable porque pertenece a otro orden extraño al habitual, que trata de justificar en su carta a la destinataria.

La problematicidad explícita o implícita es un rasgo distintivo en este tipo de cuento donde contrastan lo ordinario y lo extraordinario; pero la confrontación de ambos órdenes en la fluencia discursiva del relato surge del comportamiento del mismo protagonista, afectado como ser en el mundo por una experiencia inusual que compromete toda su existencia porque la acepta sin dudas ni vacilaciones, aunque después la olvide (como en *El Aleph*), se le desvanezca (como en *El acomodador*) o sucumba por su causa (como en *Carta a una señorita en París*). Como bien observa Ana María Barrenechea,[4] la problematicidad de la convivencia de los órdenes contrastados sería una base caracterizadora de lo fantástico, y no la duda acerca de su naturaleza como postula Todorov. En los cuentos donde el protagonista busca una explicación de los hechos insólitos —*En memoria de Paulina*, de Adolfo Bioy Casares, por ejemplo— dicha búsqueda entraña esa problematicidad distintiva; en este caso preciso se dan explicaciones al hecho paranormal. Pero no es exigencia del cuento fantástico la propuesta —con resultado positivo o no— de explicaciones a la intrusión de un orden diferente al ordinario y racional. Tan es así, que el texto aludido de Bioy Casares pudo prescindir de las aclaraciones, o bien, podría leerse, en tanto fantástico, omitiendo

---

4. *Ob. cit.*, pp. 392-393. Asimismo esta investigadora corrige en T. Todorov la oposición entre *literatura fantástica / poesía* y *literatura fantástica / alegoría*, ya que lo poético y lo alegórico son categorías pertenecientes a sistemas entrecruzados y no excluyentes.

las mismas, dicho esto con todo respeto por este cuento antológico.

Una variante del cuento donde se mezclan los órdenes ordinario y extraordinario la constituyen los textos en que priva el orden establecido y el hecho extraordinario es una excepción interpolada en el relato sin que presente problematicidad. El rasgo distintivo de esta variante está representada precisamente por esta ausencia de problematización ante el acontecimiento extraordinario que, a la postre, polariza el nivel semántico del texto, pues confiere sentido a todo el discurso narrativo. Un ejemplo es *El milagro secreto* de Borges: un judío escritor es condenado por los nazis al fusilamiento, pero en el instante de la descarga, Dios le concede el tiempo necesario, impetrado con anterioridad por el prisionero, para acabar de escribir un drama inconcluso, y en su mente transcurre un año entre la orden y la ejecución de la orden de disparar. En su mente y en su memoria, dedicadas, ante el pelotón de fusilamiento, a concluir su obra, se produce el milagro secreto:

> El universo físico se detuvo.
> Las armas convergían sobre Hladik, pero los hombres que iban a matarlo estaban inmóviles. El brazo del sargento eternizaba un ademán inconcluso (...). Un año había solicitado a Dios para terminar su labor: un año le otorgaba su omnipotencia. Dios operaba para él un milagro secreto: lo mataría el plomo germánico, en la hora determinada, pero en su mente un año transcurriría entre la orden y la ejecución de la orden. De la perplejidad pasó al estupor, del estupor a la resignación, de la resignación a la súbita gratitud.
> No disponía de otro documento que la memoria (...) Minucioso, inmóvil, secreto, urdió en el tiempo su alto laberinto invisible.

El orden de lo extraordinario instaurado en el texto como única representación, es decir, sin contraste con el orden ordinario, ofrece como rasgo distintivo cierta literalidad, ya que el discurso es apofántico, asevera lo acontecido como real sin problematización acerca de su presencia, tenga o no tenga ésta explicaciones en la percepción del cuento y cualquiera sea el sentido del mensaje (alegórico, metafórico, simbólico, etc.).

Este parámetro amplio permite acoger en esta categoría el rico espectro de matices fantásticos verificables en un vasto cor-

227

pus de la cuentística hispanoamericana, sin las restricciones que reservarían a lo fantástico tan sólo aquellos cuentos donde se da netamente lo sobrenatural o fantástico puro. Me parece más adecuado subsumir en la categoría de lo *extraordinario* todos los grados posibles de lo que escapa a lo real convencional, desde la dimensión onírica y paranormal hasta el culmen de lo sobrenatural o fantástico en máximo grado. Esta propuesta ha sido dictada por el relevamiento y análisis mismo de los textos y no por teorizaciones apriorísticas. Esos textos testimonian en conjunto un tipo de cuento hispanoamericano de contenido extra-ordinario donde señorea la fantasía, la presencia de *otra realidad* más allá de la habitualmente establecida, cuya estructura y sentido —en tanto objeto cultural— representa una faz de gran lucidez expresiva de nuestra literatura; diría, un gran tema con variaciones que ha de ser estudiado e interpretado con categorías emergentes de su propio discurso y respectiva cosmovisión.

Cuentos tan diversos como *El prodigioso miligramo*, de Juan José Arreola, *Los funerales de la Mamá Grande*, de García Márquez y *Las ruinas circulares*, de Borges, donde impera la presencia de lo extraordinario, éste es de índole diversa en cada uno de los textos. En el cuento de Arreola se está en terreno fantástico puro, un mundo de hormigas perfectamente organizado, con sus leyes, costumbres, lenguaje, virtudes y pecados. El relato de García Márquez cae en lo extraordinario hiperbólico, vale decir, lo fantástico surge de un vertiginoso proceso de desmesura acerca del reinado y muerte de una hipérbole viviente, la Mamá Grande:

> La rigidez matriarcal de la Mamá Grande había cercado su fortuna y su apellido con una alambrada sacramental, dentro de la cual los tíos se casaban con las hijas de las sobrinas, y los primos con las tías, y los hermanos con las cuñadas, hasta formar una intrincada maraña de consanguinidad que convirtió la procreación en un círculo vicioso (...) Nadie conocía el origen, ni los límites ni el valor real del patrimonio, pero todo el mundo se había acostumbrado a creer que la Mamá Grande era dueña de las aguas corrientes y estancadas, llovidas y por llover, y de los caminos vecinales, los postes del telégrafo, los años bisiestos y el calor, y que tenía además un derecho heredado sobre vidas y haciendas.

En el texto borgiano estamos en presencia de lo extraordinario onírico, pues la índole fantástica del cuento procede de un sucederse de sueños por los cuales un hombre crea a otro hombre instaurado en el lenguaje otra realidad —mágica— fuera del orden empírico consabido:

> Comprendió que el empeño de modelar la materia incoherente y vertiginosa de que se componen los sueños es el más arduo que puede acometer un varón, aunque penetre todos los enigmas del orden superior y del inferior: mucho más arduo que tejer una cuerda de arena o que amonedar el viento sin cara (...) Casi inmediatamente soñó con un corazón que latía. Lo soñó activo, caluroso, secreto, del grandor de un puño cerrado, color granate en la penumbra de un cuerpo humano aún sin cara ni sexo; con minucioso amor lo soñó, durante catorce lúcidas noches. Cada noche, lo percibía con mayor evidencia.

Estos textos fundan una realidad diferente de la habitual sin problematizar sobre los comportamientos no comunes ni corrientes de sus protagonistas; son *literales* en el sentido de que cuentan los hechos dándoles por reales, independientemente de las connotaciones alegóricas, metafóricas y simbólicas que nuestra lectura recepta, aspecto que veremos más adelante.

Caben, como llevo dicho, los más diversos niveles de lo extra-ordinario en el cuento de contenido genéricamente fantástico si excluimos la exigenica de que no haya explicación posible a los hechos narrados. Aun cuando la razón y el conocimiento puedan explicar ciertos fenómenos extranormales, sabido es que el cuento es un arte, un arte de la imaginación y del lenguaje fundante, y testigo de nuevas y desconocidas dimensiones de lo real; esto es cuanto importa, lejos de comprobaciones cuánticas o exactas, pues otro es el *quid* de las verdades creadas por la fantasía poética: *todo es posible* en su ámbito. En esta reivindición de los poderes imaginarios se inscribe mi hipótesis de trabajo sobre la caracterización de la tipología del cuento fantástico hispanoamericano.

Los cantares de antaño son los de hogaño, de Enrique Anderson Imbert, cuenta la fantástica experiencia de un filólogo hodierno en pesquisa de un texto de Tejada, transportado misteriosamente al siglo XVII en que vivió el poeta. Así le es dado dialogar con éste acerca del hallazgo de su presunto madrigal —«Lucinda»— y descubrir que en realidad no le pertenecía. Esta historia podría ser explicada como una alucinación del desvelado investigador; pero es esto precisamente lo que no interesa esencialmente al cuento, sino el dimensionamiento de una realidad donde no existen el pasado ni el futuro sino sólo «una presente eternidad».

En *La mujer parecida a mí*, de Felisberto Hernández, la disociación de la personalidad o tema del doble, bipolarizado en cuerpo de hombre y recuerdo de caballo (el caballo es el verdadero protagonista de la historia), lo extra-ordinario cae en una esfera extralógica con posibilidad de dilucidación por vía psicoanalítica, por ejemplo. Mas la verdad del discurso literario no es la misma de la ciencia, y lo que interesa en el plano del arte es la revelación de una experiencia fuera de lo común, elaborada, en tanto forma, por la fantasía creadora más allá de parámetros racionales.

Evidentemente, *Casa tomada*, de Cortázar, tiene por protagonista principal una presencia invisible, misteriosa, fantástica, que acosa a los habitantes de la casa familiar hasta un asedio acorralador que termina por expulsarlos de la misma. El suceso es a todas luces sobrenatural en el nivel semántico del texto, sin perjuicio de racionalizaciones acerca de la proyección de contenidos arraigados en la psicología profunda de los personajes (pecado, miedo a lo desconocido, huida de sí mismos) sobre la «toma» de la casa por una fuerza superior. Los personajes, una pareja de hermanos, a pesar del problema de espacio vital, se adecúan y adaptan a su situación con lógica natural, ceden hasta sufrir el desalojo total:

—Tuve que cerrar la puerta del pasillo. Han tomado la parte del fondo.
—¿Estás seguro?
Asentí.
—Entonces —dijo recogiendo las agujas— tendremos que vivir de este lado.

Ahora bien, no es pertinente excluir del cuento fantástico contemporáneo la figuración alegórica y simbólica como sugiere Todorov, a quien ya Ana María Barrenechea formulara objeciones al respecto.[5] Pienso en los cuentos de ilustres cultores del género en la literatura de nuestro siglo, europeos y americanos por ejemplo, cuyas historias, válidas ya por sí mismas literalmente, irradian implícitamente sugerentes polisemias alegórico-simbólicas. Pienso, desde luego, en nuestro cuento hispanoamericano contemporáneo en cuya especie fantástica se aloja una riqueza de connotaciones, de sentidos que trascienden poéticamente la narración de un mero suceso extraordinario.

5. *Ob. cit.*, p. 393-394.

No se pretende del cuento fantástico una parábola moral, filosófica o teológica, o lo que fuere, como un sistema racional de correspondencias entre imágenes e ideas a la manera de Nathaniel Hawthorne, error estético radicado en la declaración explícita de la alegoría y la conclusión como moraleja. [6] La alegoría, el símbolo en el cuento fantástico de hoy surgen implícitamente del texto literario en tanto discurso polisémico actualizado en la recepción del lector. Todo cuento fantástico es literalmente lo que los hechos narran, sin apelación a verdad o falsedad, pues se trata de un hecho semiológico producido desde una situación comunicativo-expresiva lingüística de naturaleza imaginaria; pero también, y por ello mismo, todo cuento es metáfora de la realidad en sus diversificadas dimensiones. Esto comporta una carga semántica, sea en sentido literal o metafórico, alegórico, simbólico, en suma, poético.

He propuesto al comenzar el capítulo una tripartición de sentido abarcadora, según creo, de los variados tipos de categorías de lo fantástico en el cuento hispanoamericano: A) sentido literal, en que lo fantástico funciona como nivel literal; B) sentido alegórico, en que translativamente la literalidad equivale a otro orden análogo; C) metafórico y simbólico: lo literal es plano evocado de otro sentido analógico implícito ambiguamente en el texto. Así puede darse que un cuento donde ocurra lo fantástico en cualquiera de sus características y grados, funcione como sentido literal sin más, o como sentido alegórico, metafórico o simbólico, categorías por otra parte pertenecientes al mismo estrato semántico del texto literario y no impuestas desde afuera.

El prodigioso miligramo, de Juan José Arreola, es paradigmático como cuento del que cabe deducir un sentido alegórico superpuesto al literal, si se atiende a los signos de sugestión. La historia de la hormiga enloquecida y mártir de su hallazgo prodigioso, así como la del hormiguero convulsionado por el prodigio, funciona como un discurso narrativo donde el nivel fantástico es un hecho literal, vale por sí mismo como tal. No hay ningún indicio explícito en el texto orientado hacia la alegoría como sistema de translaciones o equivalencias miembro a miembro, secuencia a secuencia, de relato. No obstante, existen en el texto signos de sugestión que permiten establecer un paralelismo alegórico entre el mundo de las hormigas y el mundo humano, ya que acontecen en los insectos comportamientos propios del hombre y de la so-

6. Son conocidas las objeciones de Edgar Allan Poe y más tarde de Jorge Luis Borges, aunque éstas con otros matices, acerca del alegorismo de Hawthorne.

ciedad. En consecuencia este cuento, de suyo literalmente fantástico, admite un sentido alegórico o fábula moralizadora explícita sino como discurso poético con referencias a sí mismo. Cito un fragmento donde se pueden constatar sentido literal y sentido alegórico sin molestarse; la hormiga descubridora del extraño y perturbador miligramo es incomprendida, tenida por loca, declarada culpable y encarcelada, pero finalmente glorificada:

> Por las noches, en vez de dormir, la prisionera se ponía a darle vueltas a su miligramo, lo pulía cuidadosamente, y pasaba largas horas en una especie de éxtasis contemplativo [...] Dejó de comer, se negó a recibir a los periodistas y guardó un mutismo absoluto.
>
> Las autoridades superiores decidieron finalmente trasladar a un sanatorio a la hormiga enloquecida. Pero las decisiones oficiales adolecen siempre de lentitud.
>
> Un día, al amanecer, el carcelero halló quieta la celda, y llena de un extraño resplandor. El prodigioso miligramo brillaba en el suelo, como un diamante inflamado de luz propia. Cerca de él yacía la hormiga heroica, patas arriba, consumida y transparente.
>
> La noticia de su muerte y la virtud prodigiosa del miligramo se derramaron como inundación por todas las galerías. Caravanas de visitantes recorrían la celda, improvisada en capilla ardiente. Las hormigas se daban contra el suelo en su desesperación. De sus ojos, deslumbrados por la visión del miligramo, corrían lágrimas en tal abundancia que la organización de los funerales se vio complicada con un problema de drenaje. A falta de ofrendas florales suficientes, las hormigas saqueaban los depósitos para cubrir el cadáver de la víctima con pirámides de alimentos.
>
> El hormiguero vivió días indescriptibles, mezcla de admiración, de orgullo y de dolor. Se organizaron exequias suntuosas, colmadas de bailes y banquetes. Rápidamente se inició la construcción de un santuario para el miligramo, y la hormiga incomprendida y asesinada obtuvo el honor de un mausoleo. Las autoridades fueron depuestas y acusadas de inepcia.

Todo el cuento acusa un discurso semejante a este fragmento, que coincide con la secuencia clímax del relato. Como una lectura atenta puede comprobar, el sentido literal —que no equiparo a la denotación, ya que el texto literario es eminentemente lenguaje connotativo— es ni más ni menos que esa historia fantástica ocurrida en la comunidad formicaria, que no impide admitir, todo lo contrario, un paralelismo de sentido alegórico, no declarado en el texto por cierto, sino subyacente en la estructura profunda del discurso susceptible de esa connotación. Y sabido es que la connotación consiste en un halo de significaciones segundas, no necesarias, sugeridas por el discurso poético o proyectadas por el receptor.

Del mismo Arreola, *El guardagujas* también ofrece un sentido literal, el absurdo de una situación francamente fantástica para el viajero que jamás podrá tomar un tren que lo lleve a destino; y admite incluso un sentido alegórico que no sólo se refiere a la desastrosa organización del riel en México, como han indicado algunos, sino a algo más profundo, con independencia de contextos locales, a mi ver la complejidad y desorientación del camino de la vida en la existencia humana inmersa en un mundo tecnificado, hostil. La connotación alegórica aparece en no pocos cuentos hispanoamericanos como un sentido dependiente no sólo de la intencionalidad semántica impresa en el texto por el autor —ese usuario poético de la lengua— sino también como un sentido surgido dialécticamente de la recepción del lector, en su individual aptitud perceptiva. Así, por ejemplo, *Funes el memorioso*, de Borges, es susceptible de ser captado como una alegoría del insomnio, y *La expiación*, de Silvina Ocampo, como una evocación alegórica de los celos; la alegorización en el cuento contemporáneo sin embargo no entraña factores didácticos, sino más bien analogía metafórica entre el suceso fantástico y la vida corriente.

He insistido en un concepto abarcador de lo fantástico, esto es, amplio y flexible, de modo tal que cualifique no solamente la figuración de *lo imposible* por la fantasía (lo maravilloso y sobrenatural), sino incluso de todo *lo posible*, aunque oculto, aprehendido por la imaginación creadora. He señalado así grados de lo extraordinario; estos grados pueden conllevar connotaciones diversas, pluralidad de sentidos. Lo extraordinario hiperbólico, por ejemplo, suele encubrir un sentido simbólico o metafórico. *La puerta cerrada*, de José Donoso, cuenta el caso extraordinario de Sebastián, entregado extrañamente al sueño desde la cuna para desgracia de los suyos; finalmente ya adulto y empleado de oficina constituye un verdadero fenómeno pues el sueño lo acomete sin control en cualquier parte y tarea. Dormir es para él toda una vocación y se abandona a ella en la certeza de que una gran puerta se abrirá alguna vez para su liberación:

233

Poco a poco algo extraño le fue sucediendo a Sebastián: le resultaba imposible controlar su sueño. Ya no podía «ponerse» a dormir, libremente y cuando lo deseaba, como en el pasado, porque el sueño se apoderó de su voluntad, adquiriendo una independencia que lo regía con despotismo. Ahora, de pronto el sueño lo acometía porque sí, al borde de un camino, por ejemplo, y se veía obligado a encogerse allí mismo, entre las sucias malezas, para dormir. Inquieto, sentía que su sueño se rebasaba de su sitio, inundando su vida entera. Caía dormido en cualquier parte, de día o de noche, con frío o bajo el sol, durante la lluvia o en las horas de trabajo, y al despertar crecía su desesperación ante el recuerdo que se le negaba. Pero mientras más y más dormía, mientras más lo atormentaba saberse excluido de su propia felicidad, más fe sentía en que alguna vez iba a ver la puerta abierta de par en par, acogiéndolo. Era una cercanía prodigiosa lo que recordaba al despertar. Pero nada más.

La desmesura hiperbólica del personaje poseído por la vocación de dormir y soñar vale por sí como historia fantástica; pero además en su nivel semántico connota un sentido simbólico polarizado no sólo en la recurrencia del sueño sino sobre todo en la salida que el alma obstinadamente busca a través de la puerta cerrada, elemento donde se focaliza el simbolismo central de la hipérbole narrada.

Otra hipérbole fantástica está representada por *Los funerales de la Mamá Grande,* de García Márquez, un grotesco esperpéntico donde la deformación de la realidad invade con su desmesura zonas de lo imposible. Pero precisamente esta visión fantástica de un Macondo matriarcal desorbitado que concluye con la muerte de la «reina» descomunal y sus desopilantes funerales, a los cuales asiste hasta el Papa, es lo que permite, paradójicamente, evocar e iluminar esa realidad esperpéntica. Aquí lo hiperbólico fantástico conlleva un sentido metafórico, o sea, la narración literal entraña además un sentido trópico inexpreso más latente en la estructura profunda del cuento: la satírica y cómica metáfora de un mundo caduco por convencional, plagado de lugares comunes, decrépito de conservatismo.

Lo fantástico en su grado onírico también puede connotar un sentido metafórico como en el caso de *Las ruinas circulares,* de Borges: el hombre es sueño, apariencia, «polvo y agonía». Asimismo lo fantástico en su grado paranormal, tal por ejemplo en el cuento *Lejana,* de Cortázar, puede metaforizar esa coparticipación del destino de los otros a través de las leyes inéditas de la poesía que textualmente se da aquí por la concretización de lo abstracto en la historia narrada. Se sabe cómo la metáfora apunta a sentidos ideales y cuánta relación guarda con el símbolo, donde se da la sustitución plena mediante un plano evocado de otra realidad encubierta por el montaje sensible de la imagen, en nuestro caso la misma historia que se cuenta. Hay un grado desde la metáfora al símbolo en el plano retórico, pero lo que identifica sin duda el segundo es la presencia de un objeto sensible recurrente en el cual se polariza el sentido simbólico en la sintaxis narrativa. Ya he hecho mención de *La puerta cerrada,* de Donoso, ilustrativo de esta semántica simbólica. Lo fantástico sobrenatural en *Carta a una señorita en París,* de Cortázar —la acción de vomitar conejitos vivos por el agonista, la recurrencia de la misma y de los animalejos multiplicados por doquier— es portador de un simbolismo cuyo significado difuso excede tanto lo autobiográfico cuanto el proyecto realista del mundo y sólo tiene asidero en un orden secreto, inexpresable. El rechazo de un mundo ordenado por la lógica y las convenciones de la razón, de un mundo intolerable para el poeta queda simbolizado por el vómito conejeril y el exterminio de lo que provoca la incompatibilidad entre ambos mundos. La recurrencia del factor conejitos desde su primera irrupción en la existencia del protagonista hasta el fatal desenlace va generando un clímax de secuencia a secuencia entre la aceptación y el rechazo de tamaña «culpa». Véase la sugerencia simbólica en el texto:

> Ah, tendría usted que vomitar tan sólo, tomarlo con los dedos y ponérselo en la mano abierta, adherido aún a usted por el acto mismo, por el aura inefable de su proximidad apenas rota. Un mes distancia tanto; un mes es tamaño, largos pelos, saltos, ojos salvajes, diferencia absoluta. Andrée, un mes es un conejo, hace de veras a un conejo; pero el minuto inicial, cuando el copo tibio y bullente encubre una presencia inajenable... Como un poema en los primeros minutos, el fruto de una noche de Idumea: tan de uno que uno mismo... y después tan no uno, tan aislado y distante en su llano mundo blanco tamaño carta.
>
> Me decidí, con todo, a matar al conejito apenas naciera.

El cuento fantástico evidencia además en la narrativa hispanoamericana, en una serie de textos, la presencia de la metáfora mítica. No pocos cuentos de ambientación determinada encubren en el nivel semántico profundo de la fábula fantástica una subyacencia mítica. *Viaje a la semilla*, de Alejo Carpentier —por ejemplo—, reconstruye literalmente una suerte de mito de los orígenes. En trece secuencias o unidades narrativas se hace la cuenta regresiva de la vida de don Marcial, marqués de Capellanías, desde el acto de su muerte hacia las distintas edades del hombre y su regreso a la oscura placenta original; una inversión del tiempo hacia la vida prenatal y a la nada anterior en paralelismo con la aniquilación de la muerte. La mansión del marqués, que al comienzo del cuento aparece en vías de demolición, va rehaciéndose y disgregándose fantásticamente como una prolongación de su dueño en el viaje simbólico. En su trayecto todas las sustancias de su arquitectura, amoblamiento y decorado acaban por regresar también misteriosamente a su estado primordial:

> Sus manos rozaban formas placenteras. Era un ser totalmente sensible y táctil. El universo le entraba por todos los poros. [...]
> Las aves volvieron a huevo en torbellino de plumas. Los peces cuajaron la hueva, dejando una nevada de escamas en el fondo del estanque. Las palmas doblaron las pencas, desapareciendo en la tierra como abanicos cerrados. Los tallos sorbían sus hojas y el suelo tiraba de todo lo que le perteneciera. [...] Las mantas de lana se destejían, redondeando el vellón de carneros distantes. Los armarios, los bargueños, las camas, los crucifijos, las mesas, las persianas, salieron volando en la noche, buscando sus antiguas raíces al pie de las selvas. [...] Todo se metamorfoseaba, regresando a la condición primera. El barro volvió al barro, dejando un yermo en lugar de la casa.

Una tentativa de clasificar las categorías semánticas del cuento fantástico —en el sentido amplio y genérico expuesto— llevaría a una taxinomia excesivamente catalogadora porque el nivel semántico global del texto admite en la práctica isotopías o haces redundantes de significación que se diversifican, entrecruzan y hasta contradicen, tal es la ambigüedad del significado. Sin embargo, subsumiendo todos los posibles grados de la realidad fantástica en tanto ponen en vigencia acontecimientos o experiencias no ordinarias, el cuento que denomino en sentido lato *fantástico*, revela una dominante semántica general susceptible de la más inusitada gama de variaciones. Tal hecho delata la excepcional vitalidad de este tipo cuentístico en nuestra literatura hispanoamericana, así como la importancia que tanto escritores cuanto lectores le atribuyen como objeto cultural exploratorio de un orbe secreto, a despecho del orden secamente racional, un orbe metafísico poco comunicable por la palabra y que origina precisamente la metáfora fantástica. La voluntad de expresión y de comunicación que idiomáticamente la inventa, ofrece a la experiencia ontológica del lector del siglo xx un instrumento cognoscitivo inadmisible para la mera razón, pero válido y eficaz en la esfera poética del arte.

El acudimiento a la imagen fantástica —sea alegórica, metafórica, simbólica— para expresar un orden de lo real, racionalmente inaprensible al trascender el conocimiento lógico y superar el modelo empirista del mundo, manifiesta semánticamente las infinitas posibilidades temáticas que abriga esa orientación *epifánica*, por decirlo así, de la tipología narrativa considerada. Tentativa e hipotéticamente, sobre la base del corpus delimitado, las áreas semánticas inferidas de los textos particulares arrojan el siguiente esquema, donde la columna izquierda concierne a una distribución de magnitudes temáticas generales, y se anotan en la columna derecha títulos extraídos en correspondencia:

I. Manifestación de otros mundos y/o de otros seres fuera de la realidad empírica:

— en el plano mítico y arquetípico:	*La casa de Asterión*, de J. L. Borges *Juanantes el Encadenado*, A. M. Asturias *La isla al mediodía*, J. Cortázar
— en el plano sobrenatural:	*Los muertos*, L. Castellani *El converso*, J. J. Arreola
— intervención de divinidades benéficas:	*La agonía de Rasu Ñiti*, J. M. Arguedas
— intervención de divinidades maléficas:	*El milagro secreto*, J. L. Borges *Chac Mool* y *Por boca de los dioses*, C. Fuentes
— presencias insólitas, neorreales, actuando sobre el hombre y la naturaleza:	*Dos pesos de agua*, J. Bosch *La lluvia*, A. Uslar Pietri *Luvina*, J. Rulfo

II. Manifestaciones fuera del orden natural:

— fuera de la causalidad lógica:
El hombre de la rosa, M. Rojas
El prodigioso miligramo, J. J. Arreola
El acomodador, F. Hernández
Misterio de Sao Cristovao, Clarice Lispector (en reconocimiento del cuento brasileño)

— fuera del tiempo y/o espacio:
El perseguidor, J. Cortázar
El fantasma, E. Anderson Imbert
El perjurio de la nieve, A. Bioy Casares

— en una órbita superreal:
La boina roja, R. Sinán
La red, Silvina Ocampo
El último viaje del buque fantasma, G. García Márquez
El escudo de hojas secas, A. Benítez Rojo

III. Manifestaciones de extrañamiento:

— por el sueño o la alucinación:
Las ruinas circulares, J. L. Borges
La noche boca arriba, J. Cortázar
Un sueño realizado, J. C. Onetti

— por la metamorfosis:
El hombre que parecía un caballo R. Arévalo Martínez
Viaje a la semilla, J. Cortázar
La metamorfosis de Su Excelencia, J. Zalamea

— por el doble:
Santelices, J. Donoso
Las dos historias, F. Hernández
El otro cielo, J. Cortázar

— por regresión en el tiempo:
Los cantares de antaño son los de hogaño, E. Anderson Imbert
Lucrecia, F. Hernández

— por la locura:
Las moscas, H. Quiroga
La novia robada, J. C. Onetti

Este esquema, insisto, es tentativo e hipotético, por tanto provisorio. Refleja la imposibilidad de ordenamientos taxativos, exactos, ya que un mismo cuento puede ofrecer textualmente varios

238

niveles de sentido en la confluencia de los ejes sintagmático y paradigmático del discurso narrativo. En todo caso, el cuadro expuesto puede ser útil para la comprobación del pluralismo temático y del polisentido de los textos concretos. Asimismo importa para destacar la línea axial invariante en la tipología del cuento fantástico, habida cuenta de sus múltiples variantes y gradaciones: la connotación de una realidad más vasta y profunda de la que corrientemente suponemos, testimonio de recónditas aspiraciones del ser. El repertorio esquematizado por extracción de la obra cuentística hispanoamericana está lejos de ser cerrado,[7] ya que admite campos asociativos y combinatorias variadas verificables en considerables piezas. Se entrecruzan, por ejemplo en *El hombre de la rosa,* dentro del marco referencial de unas misiones franciscanas en el sur de Chile, un acontecimiento cualificado a la vez como fuera del orden natural y su ley de causalidad, como al margen de las categorías de tiempo y espacio, y concerniente en fin a la zona oscura de la magia. *Viaje a la semilla* es simultáneamente una metáfora mítica, una metamorfosis y un viaje regresivo a través del tiempo. *La agonía de Rasu Ñiti* acontece en un marco histórico y en una cultura folklórica, pero también en una región sagrada, mítica y sobrenatural. *El milagro secreto* remite a un acontecer histórico, a la suspensión del tiempo y a la intervención divina. La tematología del doble, de la metamorfosis, del suceder onírico y mágico, de la detención del tiempo, etc. participan frecuentemente de entrecruzamientos, coincidencias o combinaciones temáticas afines, así como suelen surgir en medio de la vida ordinaria. La distribución practicada en el cuadro es menos una clasificación o encasillamiento que una prueba de variantes y afinidades entre áreas semánticas cuya complejidad he intentado desbrozar simplemente. La conclusión es que, entre los textos citados, tanto unos hondamente poéticos como *La red* o geométricamente silogísticos como *El converso,* o bien cruelmente irónico como *Dos pesos de agua,* sea cual fuere el efecto estilístico puesto como acento en el mensaje, todos tienen en común la invariable de connotar una *realidad-otra* dominante en la materia narrada.

El cuento fantástico escapa a una formalización estricta de categorías semánticas ya que no narra una historia de acciones exteriores y psicológicas solamente, sino principalmente metaforiza experiencias límites, instancias metafísicas, primordiales del ser.

7. Incluso porque me he visto precisada, por razones puramente prácticas, operativas, a dejar de lado otros autores y textos de indudable importancia.

En terreno tan ambiguo y escurridizo es posible no obstante ensayar el esbozo de una gramática básica del discurso que describa e interprete globalmente al menos la tipología de lo fantástico en contraste con lo ordinario, a saber:

Secuencia «A»: un sujeto paciente, protagonista
   predicados verbales
   predicados no verbales
A la secuencia «A» se opone la secuencia «B»:
Secuencia «B»: un sujeto agente (*extra-ordinario*):
   predicados verbales
   predicados no verbales
De la oposición e interacción de «A» y «B» surge la secuencia «X»:
Secuencia «X»: transformaciones de «A», sujeto paciente, por «B», sujeto agente, con las correlativas consecuencias en el plano semántico: «Z»;
«Z»: campos semánticos, isotopías, significados resultantes.
De donde se origina la ecuación: A:B::X:Z.

Finalmente cabría acotar, frente a cierta simplificación del cuento fantástico como *escapismo* o escamoteo an*tilúcido* de lo real, que no se trata sino de una facilitona ligereza. Empecemos por reconocer si somos lúcidos, que precisamente el lenguaje, que hace posible ese acto de expresión y de comunicación artística por el cual se manifiesta *otro orden* tanto o más real que la realidad establecida, es un fenómeno empírico, social e histórico además de obra del espíritu.

No es causal que la narración fantástica, arte de la palabra haya venido afirmándose y madurando en nuestra cultura en medio de un mundo en constante proceso de desacralización y degradación de los valores religiosos, morales, históricos y sociales. Como una espera y una esperanza de lo inesperado, el cuento fantástico, mágico, metafísico —o como quiera denominársele— cobra vigencia ante una realidad fracasada y frustante, hostil al hombre y a su destino de absoluto. El lenguaje de la poesía, que es el lenguaje del cuento fantástico, tiene por misión ayudar a reorientar la cultura, en un tiempo de miseria e indigencia del hombre, hacia su aventura primordial.

Borges ha afirmado que la metafísica es una rama de la literatura fantástica. Yo me atrevería a decir que, por lo contrario, la literatura fantástica es una rama de la metafísica. Lo fantástico —ha enfatizado Julio Cortázar— «*fuerza* una costra aparencial»,

«las instancias aplastantes de lo fantástico reverberan en virtualida-
des prácticamente inconcebibles»: «no hay un fantástico cerrado,
porque lo que de éste alcanzamos a conocer es siempre una parte
y por eso lo consideramos fantástico», y «como siempre, las palabras están tapando agujeros».[8]

8. «Del sentimiento de lo fantástico», incluido en *La vuelta al día en
ochenta mundos*, Buenos Aires-México, Siglo XXI, 1967, pp. 45 y 47 (...).

*Julieta Campos, «La opción de narrar» [El cuento oral] * (1982)*
Literatura y tradición oral

...De donde brotan los sueños surgen los mitos. El lenguaje de unos y otros es metafórico, es decir, poético. Lévi-Strauss cree descubrir una diferencia entre mito y poesía: si el mito es traducible, la poesía no lo es. Las palabras serían esenciales en el poema y no tanto en el mito que conservaría, aun traducido a otras palabras, el significado de un discurso que dice por la historia que relata y no por las palabras elegidas para relatarlo. Pero, aunque el lenguaje del mito no se formule con palabras insustituibles es una forma de lenguaje y, como tal, instaura un orden en el mundo: el universo cobra un sentido y se organiza. Al nombrar las cosas el sujeto se constituye como distinto: es un yo con identidad frente a un mundo lleno de objetos que no son él mismo. En todo lenguaje está implícita la escisión hombre-mundo y el deseo, que alude siempre a algo que no está en el sujeto, a una ausencia. El lenguaje figurado, metafórico, le pone nombres infinitos a esa ausencia. La literatura será la multiplicación en espejos igualmente infinitos del descubrimiento que el hombre hizo, al principio, de la posibilidad de satisfacer con metáforas y metonimias incesantemente renovadas la avidez insaciable de su deseo.

La literatura no empieza con la escritura, aunque sería acaso más preciso llamar literatura sólo a la que se fija mediante el signo escrito y tradición oral a la que se transmite a través de la palabra hablada. Si entendemos, sin embargo, que esos relatos o poemas que se comunican de una generación a otra no son en lo esencial de naturaleza diversa a la literatura hay que aceptar que todos los pueblos y todas las culturas, aun las más arcaicas,

* Reproducido en parte, con autorización de Fondo de Cultura Económica, de *La herencia obstinada, análisis de cuentos nahuas*, por Julieta Campos (México, 1982). [Las páginas que se han omitido para acordar con el propósito de esta antología tratan mayormente con las diferentes interpretaciones que se han efectuado acerca del carácter y el origen de los mitos y de los ritos.]

tienen una literatura. Y esa literatura oral existe aun cuando no aparezcan o no abunden otras manifestaciones de la imaginación artística. La escritura surge después de la revolución neolítica, cerca de cuatro mil años antes de la Era Cristiana. Antes de empezar a fijar el conocimiento del mundo los hombres tuvieron que aprender a conocerlo y a actuar para modificarlo: roturaron la tierra y obtuvieron frutos; se propiciaron, para su alimento y para auxiliarlos en muchas tareas, a los animales que antes habían domesticado; mezclaron tierra y agua para agenciarse cántaros y vasijas adecuados para guardar los alimentos y tejieron lana de las ovejas para vestirse. Ya para entonces, antes de trazar signos arbitrarios para hacer perdurar sus descubrimientos, habían sacralizado las técnicas para modificar y hacer propicio el ámbito que los rodeaba: habían inventado los ritos.

La distinción entre *folklore* y literatura puede compararse, como lo hace Roman Jakobson, con la que se da entre *lengua* y *habla*: creación colectiva extrapersonal la una y creación individual y personal la otra. Los textos literarios se multiplican en una diversidad incalculable de temas mientras que la tradición oral se confirma siempre a un repertorio limitado.[1] Ni siquiera cuando un relato oral se transcribe y lo leemos hay que ceder a la tentación de aplicar a esa lectura criterios idénticos a los que son aplicables a un texto que surgió como texto escrito. Jakobson advierte que, tal como las leyes que estructuran el lenguaje, las leyes generales de la composición poética son más uniformes y estrictas cuando la creación es colectiva que cuando es individual.[2] Hay, pues, ciertos esquemas que la tradición oral conserva, intactos, de generación en generación. La intervención de un estilo personal de narrar, el de cada relator, apenas modifica el modelo del relato transmitido y sólo lo hace en detalles que añaden color y viveza a personajes o episodios. La tradición oral tiene su legalidad propia y no es legítimo alterar el relato hablado, al transcribirlo, para hacerlo «más literario».[3]

La aparición de la escritura coincide con el surgimiento de sociedades jerarquizadas, es decir, con la necesidad de transmitir y

1. El *Motif-Index of Folk Literature*, de Stith Thompson parecería contradecir, con sus seis grandes volúmenes, esta afirmación. Pero si se examinan cuidadosamente los motivos pronto resulta evidente que se reducen a unos cuantos que se repiten, eso sí, con riquísimas variantes.

2. R. Jakobson, *Ensayos de poética*, p. 20.

3. No me refiero, por supuesto, a la elaboración literaria, perfectamente legítima, de motivos extraídos de los cuentos orales —sobre todo de los maravillosos— algo que se ha hecho con mayor o menor fortuna.

perpertuar los ordenamientos en que se funda el poder. La comunicación a través de documentos y libros es indirecta. La tradición oral conserva, entonces, una sugestión peculiar: gestada como fenómeno colectivo y transmitida por contacto directo entre personas, guarda un aura de autenticidad vinculada a los orígenes mismos de la cultura. La supervivencia de esos materiales en sociedades con literatura escrita demuestra que los pueblos los atesoran como testimonio de estratos muy profundos de la psique. Los relatos orales formulan, en los más diversos y remotos ámbitos, los enigmas fundamentales acerca de la muerte, la sexualidad y las relaciones con la naturaleza. En la literatura oral ha dejado su huella una imaginación primigenia, todavía no enriquecida ni contaminada por los astutos y laberínticos atuendos que el arte y la escritura le han aportado a través de los siglos a la capacidad de imaginar. Muestra al desnudo estructuras elementales de la narración donde se ubican, más claramente, el sujeto que desea y el objeto de su deseo.

En la literatura escrita emergen mitos individuales o se elaboran antiguos mitos que han llegado hasta nosotros gracias a la escritura. La literatura escrita hace, en ocasiones, un uso muy deliberado y consciente de tales mitos. En otras, el proceso no es premeditado y se germina directamente en la facultad estructurante de un inconsciente individual que reinventa los mitos.

El inconsciente organiza nuestros espacios imaginarios. El sueño los configura con una lógica propia. El lenguaje canaliza los estratos preconscientes de la estructura psíquica, pero queda algo que el lenguaje de la vida cotidiana y el de la reflexión razonadora no procesan. Cuando el deseo se dice y se vuelve lenguaje queda un excedente de deseo que no puede decirse. Es el núcleo intraducible y secreto del inconsciente. Mitos, cuentos arcaicos y textos propiamente literarios expresarían ese lenguaje secreto con diversos grados de transparencia y de fidelidad. Tradición oral y literatura no son, y son, la misma cosa.

Ritos, mitos y cuentos

...En sus comunicaciones más recientes sobre los vínculos entre mito y cuento Lévi-Strauss concluye que no hay por qué distinguirlos aunque muchos grupos arcaicos insistan en diferenciarlos. Relatos contados como cuentos por un grupo son mitos para otro. La diferencia, si la hay, sería más de grado que de naturaleza. Las oposiciones locales, sociales, morales del cuento se vuelven naturales, cosmológicas, y hasta metafísicas en el mito. El cuento no sería más que un «debilitamiento» del mito.

La función del mito es proporcionar un modelo lógico para resolver, en el espacio del relato, una contradicción. Media entre opuestos que fuera de la estructura del mito eran inconciliables. Su lógica no es menos sólida que la de la ciencia: sólo difieren los materiales del *bricolage* mítico de los que maneja el *bricolage* científico. Tampoco hay una versión de un mito más verdadera que otra. Si los mitos, como los cuentos, se parecen en todas partes esto no confirmaría la hipótesis junguiana de los arquetipos: no hay interpretaciones universalmente válidas para los símbolos, que nada dicen por sí mismos sino por su posición en la estructura [4]. Sólo será descifrable el mito si se descubre la estructura lógica que lo imbrica y que viene a ser, para Lévi-Strauss, lo que el contenido latente de los sueños para Freud. La estructura se integra con dos pares de oposiciones que el mito concilia en su enunciado. Ese enunciado se opondrá a otro, gestando un nuevo mito, y así sucesivamente. La literatura oral es un sistema total que abarca mitos y cuentos, dos polos con multitud de formas intermedias.

* * *

La comparación entre mitos y cuentos se concreta, según Lévi-Strauss, en unos cuantos puntos. [5] Si los mitos se cuentan en determinada época, los cuentos pueden ser relatados en cualquier momento; al contar los mitos se respetan ciertas reglas que no son respetadas al relatar los cuentos; ricos en personajes divinos los unos y en personajes humanos los otros, son mucho más convencionales y estereotipados los cuentos; a la función más bien «explicativa» de los primeros se opondría la función «moralizadora» de los segundos. Aunque remiten por igual a un pasado remoto, el *illo tempore* del mito es más intemporal, absolutamente extraído del tiempo histórico. Mircea Eliade sugeriría, llegado

4. Entre los *bororo*, cuyo hábitas abunda en agua, ésta puede significar muerte mientras que el fuego puede aludir a la vida; los *sherenté*, amenazados persistentemente por la sequía, atribuirían propiedades vitales a lo acuático y mortíferas al sol y al fuego.

5. «El mito y el cuento». Discurso leído en el Palacio de Minería, al recibir el Doctorado Honoris Causa de la Universidad Nacional Autónoma de México. En *Sábado*, suplemento de *Uno más Uno*, 24 de febrero de 1979, núm. 67.

este punto, que el tiempo del mito es el tiempo de lo sagrado y el tiempo del cuento el tiempo de lo profano.

* * *

Para los pueblos arcaicos, la diferencia entre mito y cuento es de «verdadero» y «falso»: lo que dicen los mitos es la verdad; lo que cuentan los cuentos es ficción. En el paso del mito al cuento hay una desacralización. El vínculo entre mito y rito es otro: si el mito dice lo que sucedió en el origen, el rito lo revive y garantiza la renovación total del cosmos: al fin absoluto (la muerte) sigue el comienzo absoluto (la vida). Muerte y renacimiento están en la raíz del mito. Dicho en términos de la ciencia moderna, la función del mito sería negar la entropía. Lo que garantiza el mito es que la vida prevalezca sobre la muerte, instaurando como sagrado todo lo que retrotrae al tiempo en que se originaron las cosas y se diferenciaron, negando la homogeneidad inerte del caos. El tiempo profano mide la sucesión hacia la muerte: es histórico e irreversible; el tiempo sagrado, susceptible de restaurarse en el rito, se sustrae a esa progresión. El rito asegura el eterno recomienzo de todo. El parentesco de la narración con el rito explicaría uno de sus aspectos, el de conjuro o encantamiento capaz de burlar a la muerte. No es otra la función de Scheherezade, arquetipo de narradores.

Saintyves piensa que el cuento acompaña al rito. Propp sugiere que muchos de los incidentes del cuento invierten o transforman los actos del rito. El cuento sería, acaso, una manera de «actuar» en un plano imaginario lo que se escenificaba en el rito o, como parecería probable, algo que nunca saltó del escenario de la psique. El tiempo del mito es el más imaginable; [6] el cuento nos sitúa en un tiempo impreciso fuera del tiempo cotidiano, en el «Érase una vez...».

* * *

La opinión de narrar

Cuando Mircea Eliade señala que «el cuento recoge y prolonga la iniciación en el nivel de lo imaginario» [7] le atribuye al re-

6. William Bascom «The Forms of folklore: Prose narratives», pp. 3-20; Alan Dundes «On the Psychology of Legend», en *American Folk Legend: A Symposium*, pp. 21-36.
7. M. Eliade, *Mito y realidad*, p. 221.

lato una función integradora decisiva en el proceso vital. Los ritos iniciáticos cumplían (y cumplen en ciertas comunidades muy arcaicas) un papel determinante en el proceso de maduración e incorporación de los jóvenes al ámbito de los adultos. El adolescente sustituye vínculos con la madre y las demás mujeres de generaciones mayores por vínculos con figuras paternas (padre o sustituto: tíos, *chamán*, ancianos, etc.), asume su identidad viril y participa en el grupo en una nueva condición de miembro activo: desde ese momento se le reconoce la capacidad para elegir mujer y realizar las labores propias de los hombres.

* * *

Hace mucho que esos rituales dejaron de practicarse en Europa pero no han desaparecido en algunas culturas arcaicas de otros continentes. En culturas tradicionales que sobreviven acosadas por la modernidad, como sucede con ciertos grupos indígenas de México, sólo quedan vestigios cada vez más borrosos de esas remotísimas costumbres. Sin embargo, la persistencia del argumento iniciático en la fantasía de quienes siguen contando o escuchando cuentos demostraría que la necesidad de «iniciación» está profundamente arraigada en la psique y es inherente a la condición humana. Eliade sostiene que los niños de las sociedades modernas reciben a través del relato de cuentos maravillosos un sucedáneo de la antigua iniciación. La iniciación real habría dado paso a una «iniciación imaginaria». El niño que oye el cuento, el joven o el adulto que leen una novela con estructura «iniciática» (pienso, por ejemplo en *La montaña mágica*) estarían atravesando por pruebas de iniciación justamente en ese espacio de la experiencia donde pueden cumplirse los deseos: el ámbito de lo imaginario. [8]

Eliade supone que lo que dicen los cuentos colma una necesidad religiosa del hombre. Los cuentos asegurarían una comunicación con lo sagrado transferida al plano de lo simbólico. La lucha contra el monstruo, los obstáculos, los enigmas, los trabajos difíciles de los cuentos suponen un descenso al infierno y una sali-

8. «...Es sabido que los símbolos y los argumentos iniciáticos sobreviven en el nivel inconsciente, sobre todo en el sueño y en los universos imaginarios [...] la fuerte atracción hacia las obras literarias y artísticas con estructura iniciática es reveladora». Mircea Eliade, *La nostalgie des origines*, p. 229 (Traducción de J. C.). Si en la cultura moderna es apreciable esta seducción de los temas iniciáticos ¿por qué no habrían de cumplir una función semejante en culturas arcaicas que ya no practican la iniciación o que quizá nunca la practicaron?

247

da: la muerte figurada como requisito para la resurrección a una vida nueva. Es evidente la filiación junguiana de Eliade: como para Jung, lo esencial no sería el Edipo sino la vivencia de muerte y renacimiento.

La búsqueda de algo que se identifica con lo sagrado no sería exclusiva de una etapa primitiva de la humanidad y persistiría a pesar de los espejismos secularizantes que ha difundido el racionalismo occidental. Donde el psicoanálisis habla de un deseo de fusión con la madre, Eliade ve una urgencia de unión cósmica con el universo, la misma que buscaban tan afanosamente los románticos. Acaso las dos explicaciones no se excluyen radicalmente: el psicoanálisis ofrece una explicación científica, fundada en la estructura de la psique, que puede dar cuenta (en ese nivel) de los procesos de simbolización y constitución de lo imaginario. Pero los parentescos del hombre con el misterio preservan, más allá de tales explicaciones, su obstinado reducto.

El enfoque etnográfico de la tradición oral puede aportar datos pertinentes para caracterizar los modelos psicológicos de una comunidad o los matices de una cultura tradicional. A pesar de los estereotipos que se transmiten casi sin modificación en la estructura de los cuentos, cada cultura aporta matices de su idiosincrasia. Tenía razón Propp, sin embargo, cuando advertía que el cuento maravilloso no es una crónica. Lo que refleja no son las estructuras actuales de una sociedad. Tampoco reproduce fielmente en un espejo estructuras sociales arcaicas. El material de los relatos es una trasposición, ya marcada por el paso a lo imaginario, de ritos y costumbres de un pasado remoto. Hasta ahí Propp. Porque no alcanzó a advertir que las estructuras elementales de la psique y los mecanismos de funcionamiento del inconsciente no han sufrido alteraciones de los estadios históricos arcaicos a los modernos. No vislumbró que detrás de los ritos iniciáticos pudiera encontrarse la estructura edípica. Tampoco a Eliade le interesa (por razones distantes de las de Propp) rastrear la estructura edípica. Uno buscaba las raíces históricas del cuento tratando de mantenerse fiel, en esa exploración, al sistema marxista. El otro concibe al hombre en una dimensión que trasciende lo histórico y lo psicológico: el hombre es, en última instancia, *humo religiosus* en el sentido de *religarse*, de tender a restablecer una unidad perdida con el universo.

La pregunta «¿Por qué se narra?» no queda respondida considerando el hipotético origen ritual de los cuentos maravillosos y de los mitos. Porque habría que preguntarse qué necesidad psíquica propicia la ceremonia ritual. Y habría que preguntarse también qué impulso profundo satisface la milenaria fascinación que los hombres han sentido y siguen sintiendo por los relatos. Detrás estaría la magia, esa técnica inventada para volver realizable el deseo, para modificar al mundo y configurarlo a la medida del propio deseo.

Al entrar en el tiempo mítico del relato, los hombres se sustraen al tiempo cotidiano que se desliza hacia la muerte. El mito es, pues, una manera de ganarle la carrera a la muerte. Parece indudable que ésa es una de las funciones que ha cumplido y cumple la narración. El hecho de que los ritos iniciáticos representen una muerte figurada y un renacimiento y que a veces (como en los misterios de Eleusis) confieran al alma la vida eterna confirma ese aspecto de la función narrativa.

* * *

La narración es una de las manifestaciones más remotas y perdurables de la función imaginaria. El proceso de simbolización es especular: el sujeto se desdobla en el espejo de lo imaginario. La simbolización surge en función de la ausencia del objeto. El lenguaje de lo imaginario es metafórico o metonímico (Lacan asimila la función metafórica al proceso onírico de condensación y la función metonímica al proceso de desplazamiento). El arte es el único dominio donde la omnipotencia de las ideas se ha mantenido intacta (Freud: *Tótem y tabú*) y tiende, como el sueño, a cumplir el deseo. Las correspondencias entre el hombre y el orden natural, que están en el principio de la metáfora, originan tanto los sistemas de clasificación y denominación de las sociedades como los sistemas míticos (Lévi-Strauss: «...la vinculación entre los dos órdenes es indirecta, y [...] pasa por la mente»: *El totemismo en la actualidad*). El totemismo, entendido como un sistema de clasificación del orden social fundado en un sistema de correspondencias con el orden natural, es tan metafórico como el mito. Lévi-Strauss se resiste a creer que las coacciones sociales se expliquen como consecuencia de pasiones o emociones. Reconoce: «No sabemos ni sabremos jamás nada del origen primero de creencias y de costumbres cuyas raíces se hunden en un pasado remoto»; pero luego insiste: «...en lo que respecta al presente, lo cierto es que las conductas sociales no son manifestadas espontáneamente por cada individuo bajo la influencia de emociones actuales». [9] El mito, a pesar de ser un lenguaje metafórico, no deja de ser para

9. C. Lévi-Strauss, *El totemismo en la actualidad*, p. 105.

él un método de reflexión intelectual. Prefiere vincularlo a la ciencia y no aliarlo con la poesía. La persistencia de narraciones que siguen cumpliendo para el creador y para el lector la función de mitos y la vinculación del «contar historias» con el placer no deja de remitirnos, sin embargo, a una relación amorosa con la palabra y con las imágenes que alude esencialmente al deseo. Ese deseo con doble rostro que moviliza también al intelecto y que es el más profundo de los impulsos que mueven al hombre.

Lida Aronne-Amestoy, «Lo fantástico como estrategia básica del cuento* » (1984)

> Il peut y avoir une superstition de la raison comme il en est une de la religion.
>
> IRÈNE BESSIÈRE

La reflexión teórica de la ficción ha superado la certeza ingenua de los primeros inmanentistas. La lingüística y la lógica proveyeron anclajes intrínsecos a la lectura del relato y tras de agotar las posibilidades de aislamiento del texto han terminado por restituirle su función referencial. La magnífica nave de la ficción vuelve a fondear en las playas de la historia. De este trayecto da testimonio el periplo de uno de los cultores más brillantes del inmanentismo teórico. Dice Barthes una década después de haber definido el relato como una exclusiva «aventura del lenguaje»: [1] «la littérature s'affaire à représenter quelque chose. Quoi? Je dirai brutalement: le réel».[2] El círculo aparente no debe llamar a engaño, sin embargo. No hay contra regresión a la postura crítica tradicional sino completamiento de un itinerario. El inmanentismo descubre que el sistema de relaciones intrínsecas de un texto sólo halla su cabal definición en sus fronteras. Autonomía estética deja de ser sinónimo de clausura semántica, y la función de mímesis es readmitida como término solidario de la autorrepresentación. La nueva misión de la crítica, dirá E. Morot-Sir, es entender la ori-

---

* La editora expresa su agradecimiento a la autora por haber ofrecido este texto inédito, de 1984, para incluir en el presente volumen.

1. Roland Barthes, «Introducción al análisis estructural de los relatos», in *Análisis estructural del relato* (Buenos Aires: Ed. Tiempo Contemporáneo, 1972), p. 43.

2. Barthes, *Leçon* (París: Seuil, 1978), p. 21.

ginalidad del texto como un conflicto/equilibrio inestable intra y extralingüístico. [3]

A la luz de esta concepción del signo narrativo como diálogo de contextos intra y extra discursivos, voy a analizar y definir la forma y función de lo fantástico en el cuento hispanoamericano contemporáneo, el cual a mi ver ofrece la síntesis más acabada del texto narrativo como dialéctica de dos procesos complementarios: mímesis y creación.

El campo de lo fantástico ha probado ser uno de los más escurridizos para la teoría, quizá porque la ciencia que más podría elucidar su gramática —la psicología—, apenas ha logrado definir sus métodos, y ello al precio inevitable de banalizar y aun eludir la especificidad de su objeto. No estoy capacitada para superar esta limitación, pero intentaré un enfoque fenomenológico conducente a replantear el problema.

Entiendo lo fantástico como una *estrategia* que puede asumir funciones variadas antes bien que como un género en sí. La escasa validez de la definición genérica puede apreciarse en el estudio de Todorov, tal como lo señala Christine Brooke-Rose, en el sentido de que el rasgo genérico de lo fantástico (la vacilación-ambigüedad final) puede ocurrir en todos géneros, mientras por otra parte, la mayoría de los otros rasgos atribuidos a lo fantástico son también propios de lo llamado «extraño» o «maravilloso». [4] En segundo lugar, prefiero evitar la reducción genérica porque el concepto de género pierde vigencia en el contexto de la literatura hispanoamericana. [5] Por último, y como intento mostrar en este estudio, una de las funciones específicas de lo fantástico es precisamente la de deconstruir fronteras genéricas y dinamizar la relación de discursos tradicionalmente contrapuestas.

Toda definición de lo fantástico presupone cierta noción de «realismo» (= de «verosimilitud»), la que a su vez está determinada por el concepto de realidad de quien define. Hasta hoy estos presupuestos han sido ignorados, olvidando que el concepto de realidad que funda la definición no es absoluto ni invariable para

3. Edouard Morot-Sir, «Texte, référence et déictique», in *Texte* 1 (1982), pp. 117, 119 y 126.

4. Christine Brooke-Rose, *A Rhetoric of the Unreal; Studies in Narrative Structure, Especially of the Fantastic* (Cambridge: Cambridge University Press, 1981), p. 63.

5. No sólo son las categorías genéricas una imposición reductiva para un corpus literario surgido del crisol vanguardista, donde dichas fronteras se diluyen; responden, ante todo, a modelos europeos ajenos a la dinámica de nuestra escritura.

todo tiempo y lugar, sino que depende del consenso arbitrario por el que una época o una cultura delimitan lo posible y lo imposible. Hay utopías del pasado que hoy pasan por ficciones verosímiles, y a la inversa, hipótesis racionales de ayer hoy pertenecen al discurso fantástico.[6] Los límites de lo fantástico, que son también los de lo realista, son fluctuantes, están histórica y culturalmente determinados. Este hecho no sólo obliga a modificar las clasificaciones a que estamos acostumbrados sino que revela la solidaridad estructural de lo verosímil y lo inverosímil dentro de toda narración. Lo realista no es un simple marco contrastivo con función de destacar la presencia de cierto «elemento fantástico»;[7] constituye la estrategia complementaria por la que se define la función fantástica. En efecto, ésta se da únicamente como correlato de una norma cuya inestabilidad, insuficiencia y necesidad van precisamente presupuestas en la relación.[8] No cabe pues hablar de género(s) fantástico(s) sino de las funciones diversas que puede asumir lo fantástico según las variantes de articulación estructural en su co-texto realista complementario.

Lo fantástico también presupone cierto concepto de ficción, en la medida de que lo verosímil es igualmente ficticio. Puede decirse que desde esta perspectiva lo fantástico es *la estrategia por la cual el texto afirma su autonomía y precedencia sobre el modelo real*, por contraposición a la estrategia realista, que subordina el orden ficticio a aquel modelo. Pero no hay que confundir autonomía con clausura, porque la ruptura con el modelo real puede asumir igualmente función de evasión o de compromiso, según se verá. Por otro lado, hay que evitar la reducción empírico-racionalista de lo verosímil en la que incurre Lukács, entre tantos otros detractores de lo fantástico,[9] ya que existen culturas cuyo concepto de realidad integra lo irracional, caso de la cultura hispanoamericana por ejemplo.[10] El empirismo decimonónico, por el cual

6. Jacqueline Held, *L'Imaginaire au pouvoir: Les Enfants et la littérature fantastique* (Paris: Les Editions Ouvières, 1977), p. 63.

7. Tzvetan Todorov, *Introducción a la literatura fantástica* (Buenos Aires: Ed. Tiempo Contemporáneo, 1972), pp. 42-44.

8. T. E. Apter, *Fantasy Literature: An Approach to Reality* (Bloomington: Indiana University Press, 1983), p. 111.

9. Georg Lukács, «The Ideology of Modernism, in *Perspectives in Contemporary Criticism: A Collection of Recent Essays by American, English and European Literary Critics*, ed. Sheldon N. Grebstein (New York: Harper & Row, 1968), pp. 202, 207-8.

10. Jaime Mejía-Duque, *Narrativa y neocolonialismo en América Latina: notas abstractas para una teoría concreta* (Colombia: La Oveja Negra, 1972), pp. 81-83.

se ha definido la narrativa realista, es apenas *uno* de los posibles contenidos de la estrategia, uno coincidente con los patrones de percepción vigentes en el contexto histórico de la novela positivista, sin validez universal.

En suma, una definición formal de la estrategia realista deberá dejar de lado los contenidos eventuales y atender a la constante de relación, la cual se manifiesta como *la coincidencia entre las coordenadas que rigen el orden ficticio y las de los patrones de percepción vigentes en el contexto histórico de la lectura.* [11] Por oposición, la estrategia de lo fantástico es la convención narrativa que pone de relieve la ficcionalidad del discurso, haciendo manifiesta la ruptura entre las coordenadas que rigen el orden ficticio y las de los patrones de percepción autorizados por el discurso del poder, en el sentido de Foucault. [12] En cuanto la ruptura propone nuevos principios de orden, la estrategia de lo fantástico es básicamente constructiva. En la medida de que el modelo imaginario desenmascara la falsa jerarquía del verosímil realista en la norma vigente, se trata de una estrategia *deconstructiva* en el más neto sentido derrideano. [13] La capacidad de romper el *continuum* garantizado por la mímesis y de producir una oposición dinámica entre los órdenes de lo dádo (verosímil) y lo posible (inverosímil) es lo que funda el eventual carácter revolucionario de lo fantástico, como ha señalado Julia Kristeva. [14] Pero la estrategia puede también ser reaccionaria como juzgaba Lukács. Su signo depende del modo y la función de la ruptura, según se verá. La estrategia de lo fantástico en sí no es necesariamente retrógrada, ni es por fuerza idealista; pero tampoco funciona siempre como renovación estética como cree Northrop Frye,[15] ni produce ficción en alto grado (lo contrario suele ocurrir con más frecuencia, precisamente por un fracaso en la integración de la estrategia complementaria). De ahí que la poética y la política de lo fantástico varíen según el texto particular.

11. Sólo en grado relativo cuenta el contenido histórico de la escritura, ya que el fenómeno texto pertenece al momento de la lectura.

12. Michel Foucault, *The Order of Things and Archeology of the Human Sciences* (London: Tavistock Publications, 2nd ed. 1974) [Traducción de *Les mots et les choses...* (1966)].

13. Jacques Derrida, *L'Ecriture et la différence* (Paris: Seuil, 1967); *Of Gramatology* (Baltimore: Johns Hopkins University Press, 1976, transl. by G. Spivak).

14. Julia Kristeva, *La révolution du langage poétique* (Paris: Seuil, 1974).

15. Northrop Frye, *The Secular Scriptures A Study of the Structure of Romance*, cit. por Brooke-Rose, p. 50.

A fin de describir las fluctuaciones contextuales de lo verosímil en las que se apoyan las variantes de lo fantástico, partiré del modelo decimonónico del realismo (propio de la novela burguesa), que restringe la verosimilitud a la coincidencia con los parámetros de percepción autorizados por los cinco sentidos y la razón empírica, y que por ello constituye el grado cero de la imaginación narrativa.

I. En las antípodas de esta convención encontramos lo que a falta de un nombre más preciso, seguiré llamando la *función maravillosa* de lo fantástico, y que equivale al *grado cero* de la mímesis narrativa. Aquí la estrategia de verosimilitud se limita a proveer indicios atributivos sin función estructural, que sólo quieren garantizar el antropomorfismo mínimo necesario para posibilitar la comunicación. El orden total del mundo narrado obedece a leyes absolutas, ideales (atemporalización de la acción; univeralización del espacio; sustitución de la sintaxis actancial por determinaciones extrínsecas, como el destino, el azar; solución ideal del conflicto), [16] y se resuelve de manera contraria a los procesos de la historia. Dicha hipertrofia de lo fantástico tipifica el romance y el cuento maravilloso pero no es característica de la narrativa hispanoamericana del xx, por lo que el calificativo de «real-maravilloso» es, a mi ver, el menos adecuado para definir su perspectiva. García Márquez suele derivar hacia soluciones ideales —sus remates apocalípticos o paradisíacos—, pero da una función estructural a la estrategia realista, al contrario de lo que ocurre en lo maravilloso.

II. Cuando las dos estrategias se articulan a nivel estructural, pueden ocurrir dos variantes funcionales, la primera con dos subvariantes:

1) Lo fantástico puede implicar sólo una mera expansión del espectro de percepción autorizado por la estrategia de verosimilitud, por recurso a una lógica heterodoxa apoyada (a) en supuestos científicos futuristas, o (b) en razonamientos seudocientíficos difundidos por la especulación ocultista o la tradición popular. Tanto en la ciencia ficción cuanto en lo «extraño» de Todorov lo fantástico se somete a las exigencias de racionalidad propias de la concepción decimonónica de lo verosímil. De ahí que, contra lo

16. Irène Bessière, *Le Récit fantastique: la poétique de l'incertain* (Paris: Librarie Larousse, 1974), pp. 18, 225-6, 235-6.

que afirma Todorov, la *fantasía científica* pueda considerarse una extensión del realismo. [17]

2) Otra posibilidad es que la expansión del espectro de lo verosímil se haga por recurso a una lógica trascendental más o menos autorizada por el consenso social, y asegurada por los contextos doctrinales o mitológicos de dicha sociedad. Dado que rara es la cultura que no integre esos contextos en su definición de lo real, lo *fantástico trascendental* fácilmente se confunde con el realismo a secas, como prueba la novela española del XIX. En gran medida es también el caso del realismo hispanoamericano. Los fantasmas vivientes de muchos relatos de Rulfo son, en su contexto, tan verosímiles como las beatas perfectas de Galdós. La diferencia de grado se explica por la remitologización de los referentes según la tradición religiosa híbrida de México, que admite en su espectro de realidad fenómenos no reconocidos por la tradición, más ortodoxa, de la España galdosiana. Muchos cuentos de Lugones y de Borges, por citar dos nombres destacados, y el moderno relato místico de cuño neo-gnóstico o teosófico, se inscriben en la función trascendental de lo fantástico. Como en la subvariante descripta más arriba, lo fantástico se inviste de verosimilitud, aquí por recurso a un *logos* dogmático. Y en ambos casos, la aparente reducción empírica o lógica de lo fantástico sólo encubre la sustitución de los principios ordenadores de lo verosímil por otros presuntamente superiores. Lo fantástico tiene la función de reemplazar cierta ciencia o razón «viejas» por *otra* ciencia o verdad que las sobrepasan, y en esta medida se manifiesta otra manera (solapada) de hipertrofia de lo ideal, es decir como estrategia de evasión.

III. Entre estas dos funciones —la hipertrofia estructural de lo fantástico (*función maravillosa*), y su hipertrofia axiológica (*función seudoverosímil, científica o trascendental*)— puere ocurrir una tercera forma, que postule el equilibrio dinámico de mímesis e imaginación sin la intención de reducir una por la otra, sino más bien con el propósito de deconstruir y reconstruir ambas estrategias en un proceso dialéctico. Aquí lo fantástico no impone su principio ideal. Se sitúa lado a lado y frente a frente, en relación estructural solidaria con lo verosímil de manera que se hace imposible toda jerarquización. No hay solución de la antítesis, sea

17. Darko Suvin, *Metamorphosis of Science Fiction*, cit. por Brooke-Rose, pp. 74-77.

por las vías de un contralogos maravilloso, sea por las de un superlogos racional o religioso. Se bloquea toda inteligibilidad dada *a priori* o a expensas de la contradicción. Las soluciones fantásticas no son más viables que las verosímiles. De tal suerte se instaura un grado de incertidumbre tan irreductible por el logos tradicional cuanto por el irracionalismo posmoderno. Queda cuestionada la estructura misma del pensar, y la inteligibilidad se redefine como *acción*, como proceso de tensión dialéctica, en vez de como *explicación* disolvente. Hay en esto mucho más que la vacilación final a que Todorov reduce lo fantástico, mucho más que un juego de suspensión y evasión semánticas (tesis de Bessière).[18] Se impone un nuevo modo de intelección y de lectura: lo que Paul Ricoeur llama «pensar a partir del símbolo» en vez de a expensas de él.[19] Es decir, pensar asumiendo la dinámica de la contradicción irreductible entre el logos y su opuesto, sin disolver el uno en el otro. Tal es, por ejemplo el modelo del cuento cortazariano y de la mayoría de los relatos de las últimas décadas en Hispanoamérica.

A esta tercera función la denomino «realismo fantástico» porque propone una lectura que asume las dos estrategias simultáneamente, y porque es la única que reivindica el principio de la imaginación sin caer en su exaltación romántica. La paridad establece un desfase más radical. Se quiebra tanto la certidumbre de lo verosímil cuanto la certidumbre de lo inverosímil; tanto la razón cuanto la fe quedan deconstruidas. Hay ruptura sin posibilidad de evasión por medio de otra racionalización tranquilizadora. Es decir, también se previene absolutizar la incertidumbre, lo cual implicaría otra forma de reducción dogmática (la negación como certeza única es la trampa última a la que sucumbe el escepticismo).

El realismo fantástico es una función ambigua, que deconstruye tanto los presupuestos racionalistas cuanto los irracionalistas. Obliga así a la razón a reconocer su alteridad, a ser-con lo que se le opone, sin sometérsele y sin reducirlo.[20] Como tal no es ajena a las funciones de la racionalidad, ya que lo inverosímil nunca concierne a un orden caótico.[21] En todo caso, pretende iluminar nuevas formas de inteligibilidad, no previstas por una estructura men-

18. Bessière, pp. 21 y 184.

19. Paul Ricoeur, *Introducción a la simbólica del mal* (Buenos Aires: Ed. La Aurora, 1976), pp. 26-30.

20. Bessière, p. 23.

21. Bessière, p. 59. Ver también Peter Penzoldt, *The Supernatural in Fiction* (London: Peter Nevill, 1952), pp. 4-6.

tal que procede por dislocación de racional e irracional afirmando lo uno siempre a expensas de lo otro. De ahí su valor revolucionario.

En el plano de la poética implícita, el realismo fantástico lleva a cabo una revolución insuperada. En su estudio estructural de la función creativa de la fantasía, Eric Klinger explica el acto creativo como una función bisociativa que hace intersectar dos campos referenciales hasta ese momento mutuamente excluyentes.[22] En la evolución de la narración, estos campos han sido los del realismo (narrativa burguesa), y lo fantástico (romance, cuento maravilloso, cuento «fantástico» europeo del XIX) según hemos visto. Para que haya creación, es preciso que la secuencia perceptiva desgastada por el hábito se rompa, dice Klinger. En la medida en que la narración conservara el patrón disyuntivo (realista vs. maravilloso), o el patrón reductivo (seudoverosimilitud de lo fantástico científico o trascendental), habría continuado reiterando la vieja secuencia narrativa que oponía verosímil/inverosímil como estrategias jerarquizadas. Al romperla, el realismo fantástico de nuestro cuento continental abre una nueva etapa creativa para la ficción revelándose como el *sine qua non* de la originalidad para el siglo XX.

A mi ver, la nueva perspectiva ha sido la tarea histórica de Hispanoamérica por varias razones. Ante todo, nuestra literatura se inscribe en la tradición del *Quijote,* novela de asombrosa contemporaneidad en cuanto paradójicamente denuncia la crisis que resulta de la reducción unilateral de la dialéctica mímesis-imaginación. Por otra parte, nuestra narrativa es la rama más joven de la tradición europeo-americana y hereda a la vez los patrones en conflicto del realismo mediterráneo y del idealismo nórdico. Por último, nuestro cuento nace inserto en una cultura y una historia cuyo signo específico es la hibridación, y es por ello menos susceptible a la esquizoidía formal e ideológica de Europa y de la América sajona, cuyas tradiciones precisamente explican la respectiva unilateralidad. Ni Chejov ni Hoffmann. Ni siquiera Poe. García Márquez, Carpentier, Cortázar, entre tantos otros, ponen los polos a dialogar.

Es porque el cuento hispanoamericano del XX liquida todo estilo de reductivismo, que puede explotar la autonomía del texto sin pagar el alto precio de su clausura. El metatexto narrativo (la reflexión intrínseca sobre el funcionamiento de la autorrepre-

22. Eric Klinger, *Structure and Functions of Fantasy* (New York: Wiley-Interscience, 1971), p. 219.

sentación), postula la función reflexiva del mundo ficticio no ya como recurso de clausura semántica ni como negación de la proyección mimética, sino más bien como distanciamiento necesario para restaurar la suspendida dialéctica entre imaginación y mímesis (→ referencia → realidad). En este sentido, el realismo fantástico asume la dinámica de la creación imaginaria en su triple proceso: referencial-reflexivo-transitivo, proceso homologable al de la imagen onírica, y que Ricoeur descubre en la base de la metáfora.[23]

1. En el primer momento, el cuento del realismo fantástico se apoya en el principio de *mímesis* (estrategia realista), en el sentido de que la ruptura entre los órdenes de lo verosímil y lo inverosímil que la ficción registra también ocurre en el referente histórico: después de las dos grandes guerras, y particularmente en las últimas décadas, el mundo ha perdido la fe en la razón positiva y se ha vuelto cínicamente consciente del desfase y del absurdo implícito. Compárese con el primer momento de la imagen onírica, que también se constituye por elementos idiosincráticos, provistos por la memoria empírica del sujeto, y es, en esa medida, mimética o referencial.

2. En el segundo momento, el cuento del realismo fantástico opera por principios de *autonomía* estética. El mundo ficticio se organiza por estructuraciones paralelísticas de manera que los significantes remiten unos a otros y crean desde sí mismo la significación global. La síntesis de opuestos que ofrece el mundo del cuento es imaginaria no representativa, y de ello da pruebas la realidad histórica, donde las contradicciones siguen resolviéndose por reducciones maniqueas. Otra vez este momento repite el proceso de la imagen onírica, la cual establece su significación a partir de principios imaginarios, desligándose de los contenidos referenciales de los elementos empíricos que la componen.

23. Paul Ricoeur, «The Metaphorical Process as Cognition, Imagination and Feeling», in *Critical Inquiry*, 5 (1978): 143-57 *.

* Otras obras consultadas para este estudio:

Louis Yax, *La Seduction de l étrange* (París: PUF, 1965); C. N. Manlove, *The Impulse/of Fantasy Literature* (Ohio: Kent State U. Press, 1983); W. R. Irwin, *The Game of the Impossible: A Rhetoric of Fantasy* (Chicago: Univ. of Illinois Press, 1976); Harry Belevan, «Apuntes para un análisis de la literatura de expresión fantástica», in *Antología del cuento fantástico peruano* (Lima: Universidad Nacional de San Marcos, 1977).

3. En el tercer momento, el cuento del realismo fantástico se hace transitivo. Así como el nuevo significado-valor creado por la imagen onírica entra en dialéctica con la axiología existencial del sujeto, transformándola, la narración en bloque se postula como nuevo modelo imaginario, y como tal entra en dialéctica con los modelos dados de la realidad. Es decir, el realismo fantástico no produce *textos que hablan de* la realidad sino textos que aspiran a *dialogar con* ella; produce textos históricos en el sentido de que *hacen historia* en vez de referirla; y que la hacen de la manera en que la palabra y la imagen pueden hacerla: en este caso particular, devolviendo a la realidad el principio activo de la imaginación (enajenado por la superstición positivista), y con ello la posibilidad de integrar las funciones existenciales en desfase.

Como se ha podido ver, la estrategia de lo fantástico puede asumir funciones muy dispares tanto en el plano poético cuanto en el plano político del discurso de la ficción, funciones que oscilan entre la mímesis y la autorrepresentación, entre la fuga a lo ideal y el compromiso con la historia. La paradoja de la reducción maravillosa, científica o trascendental de lo fantástico es que en su velada o manifiesta sustitución de los principios de lo verosímil, ingenuamente aliena el constante básico de toda narración (plano poético), e ingenuamente perpetúa el desorden que la solución ideal pretende superar (plano político). Sabido es que los absolutos no pertenecen al espacio-tiempo de los hombres. Al no ofrecer evasiones ideales sino, al contrario, confrontar al lector con la irreductibilidad de la antinomia del desorden, el cuento del realismo fantástico, en cambio, crea una incertidumbre activa que abre camino a los procesos de la acción, procesos que sin duda operan dentro del juego de la ficción (constituyen una *poética*), pero que en última instancia son extrapolables al espacio histórico del lector (importan una decisión política). No hay discurso inocente. La poética de lo fantástico en todos los casos vela y revela un discurso filosófico y una toma de posición frente al discurso y a la realidad.

BIBLIOGRAFÍAS

A. BIBLIOGRAFÍA ANOTADA de teoría cuentística en lengua castellana.

AGOSTINI, Víctor. «Fuerza y debilidad del cuento», *Revista de la Biblioteca Nacional*, La Habana. 1954, oct-dic., V (4); 43-53. [Refiere mayormente a cuentistas no hispánicos.]

ANDERSON IMBERT, Enrique. *El cuento español*. Buenos Aires: Ed. Columba, 1959. [Muy breve «definición del cuento»; panorama histórico con lista de cuentistas y obras], 47 páginas.

* —. *Teoría y técnica del cuento*. Buenos Aires: Marymar, 1979, 406 páginas.

ANDERSON IMBERT, E. y Lawrence B. KIDDLE, *Veinte Cuentos españoles del siglo XX*. New York: Appleton-Century-Crofts, 1961. [Antología, con «Introducción» histórica*.]

ANDERSON IMBERT, E. y Mario LANCELOTTI. «El cuento y sus artífices», *La Nación*. Buenos Aires, sep. 22, 1974. [Coloquio.]

* ARONNE-AMESTOY, Lida. «Proyección epifánica del cuento contemporáneo», *América en la encrucijada de mito y razón*. Buenos Aires: Fernando García Gambeiro, 1976; pp. 67-89.

AYALA, Francisco. «El cuento, como forma arcaica del poetizar», *Reflexiones sobre la estructura narrativa*. Madrid: Taurus, 1970. [Conceptos originales acerca del origen y esencia del cuento.]

* AZORÍN. «Prólogo» a *Cavilar y contar* [1941]. Barcelona: Eds. Destino, 2.ª ed., 1949.

* Textos reproducidos completamente o en parte en esta antología.

* —. «La estética del cuento», Prólogo a *Cuentos de Azorín*. Madrid: Afrodisio Aguado, S. A. Eds., 1956.

BAQUERO GOYANES, Mariano. *El cuento español en el siglo XIX*. Madrid: *Revista de Filología Española*, Anejo L., 1949. [Obra básica para el estudio del cuento español; definición y diferenciación entre subgéneros], 680 páginas.

* —. *¿Qué es el cuento?* Buenos Aires: Ed. Columba, 1967. [Resumen y revisión de ciertos capítulos de la obra de 1949], 73 páginas.

BARBAGELATA, Hugo D. *La novela y el cuento en Hispanoamérica*. Montevideo: Talleres Gráficos de Enrique Míguez y Cía, 1947. [Panorama histórico.]

BARTRA, Agustí. «Prólogo» a *Los mejores cuentos de misterio*. México: Ed. Novaro, 1958. [Refiere a cuentos no hispánicos.]

BORGES, Jorge Luis. *Otras inquisiciones*. Buenos Aires: Emecé Eds., 2.ª reimp. 1964. [Contiene las únicas referencias directas de Borges a la teoría del cuento; mayormente trata de Hawthorne].

* BOSCH, Juan. «Apuntes sobre el arte de escribir cuentos» [1958], *Cuentos escritos en el exilio*, 2.ª ed. Santo Domingo: Julio Postigo e hijo Impresores, 1968; p. 7-32. [Este ensayo se ha reeditado bajo varios títulos; ver a continuación.]

—. «El tema en el cuento», *El Nacional*, Caracas, 27 de nov., 1958, p. 1 y 6 [segunda parte del ensayo].

—. «La forma en el cuento», *Revista Nacional de Cultura*, 1961, ene-feb. XXIII (144), p. 40-48. [Reelaboración de la tercera parte del ensayo.]

—. *Teoría del cuento*. Mérida, Venezuela: Universidad de los Andes, 1967 (28 págs.) [Reimpresión del ensayo completo].

* BRANDENBERGER, Erna. *Estudios sobre el cuento español contemporáneo*. Madrid: Editora Nacional, 1973 (414 págs.) [Obra muy útil en cuanto abarca una diversidad de temas y cuentos actuales].

Bueno, Salvador. «El cuento en Hispanoamérica», *Índice de Artes y Letras*, Madrid; 1955, abril, X (78); 7-8. [Panorama histórico. También aparece en *La letra como testigo*, Santa Clara, Cuba, 127-143.]

* Campos, Julieta. «La opción de narrar», *La herencia obstinada; análisis de cuentos nahuas*. México: Fondo de Cultura Económica, 1982. [Contiene también antología de cuentos nahuas; el cuento oral.]

Cano, José L. «Francisco García Pavón nos habla del cuento», *Ínsula* (Madrid), 1959, julio-agosto; (152-53), p. 19. [Entrevista.]

Carilla, Emilio. *El cuento fantástico*. Buenos Aires: Ed. Nova, 1968. [Útil obra de referencia para teoría del cuento fantástico.]

* Castagnino, Raúl H. *«Cuento-artefacto» y artificios del cuento*. Buenos Aires: Ed. Nova., 1977. [Contiene conceptos originales sobre teoría del cuento.]

* Clarín. «La prensa y los cuentos», *Crítica popular*. Valencia: Imprenta de F. Vives Mora, 1896.

* Cortázar, Julio. «Algunos aspectos del cuento», *Casa de las Américas*. La Habana, 1962, II (15-16), pp. 3-14.
* —. «Del cuento breve y sus alrededores», *Último Round* [1969]. México: Siglo XXI Eds., 4.ª ed., 2 tomos, 1974. Tomo I, p. 59-82.

Durán-Cerda, Julián. «Sobre el concepto de cuento moderno», *Explicación de textos literarios* (California). 1976; V (2), 119-132. [Discusión de los diferentes elementos que definen el cuento; conceptos de Poe, Cortázar, Bosch, Quiroga.]

Echevarría, Salvador y A. Rivas Sainz. «Cuento y novela», *SUMMA*. 1954, agosto, p. 217-219. [Comparación de los géneros.]

Estrella, Guillermo. «Mensaje a los cuentistas», *El Hogar*. Buenos Aires, 1.º de julio, 1945. [Breve artículo; definición de «cuento».]

265

FRAILE, Medardo. «El cuento y su categoría literaria», *Informaciones* (Madrid). 1955, oct. 22. [Defensa del cuento como género literario.]

GARCÍA PAVÓN, Francisco. «Introducción» a *Antología de cuentistas españoles contemporáneos. 1939-1966.* [1959]. Madrid: Gredos, 3.ª ed., 1976. [Algunos párrafos de interés.]

—. «Francisco García Pavón nos habla del cuento», [Entrevista con José L. Cano; ver].

GUERRERO ESTRELLA, G. «Teoría y práctica del cuento», *La Nación*, Buenos Aires, julio 27, 1941. [A pesar de largos esfuerzos, no se ha podido examinar este ensayo.]

HAHN, Óscar. *El cuento fantástico hispanoamericano en el siglo XIX. (Estudios y textos).* [1978] México: Premia Editora de Libros, 2.ªed., 1982. [Contiene Introducción histórica, y «Teoría de lo fantástico».]

IZNAGA, Alcides. «Notas sobre el cuento», *Islas*, Santa Clara, Cuba. 1959 enero-abril, II, p. 373-376. [Discusión breve de algunos elementos narrativos del cuento.]

JARAMILLO LEVI, E. *El cuento erótico en México.* México: Ed. Diana, 1975. [Antología, con introducción sobre literatura erótica.]

* LANCELOTTI, Mario A. *De Poe a Kafka; para una teoría del cuento.* Buenos Aires, Ed. Universitaria, 1965. [Interesantes ideas; no refiere a cuentos hispánicos.]

—. *Teoría del cuento.* Buenos Aires: Eds. Culturales Argentinas, 1973. [Breve libro con apuntes teóricos; refiere a cuentos no hispánicos], 150 páginas.

LASTRA, Pedro S. «Notas sobre el cuento hispanoamericano del siglo XIX», *Revista Nacional de Cultura*, 1963, XXV (156-161), pp. 118-152. [Esquema críticohistórico, con alguna teoría. También en *Mapocho*, 1967 julio, N.º 2, p. 197-216.]

—. *El cuento hispanoamericano del siglo XIX (Notas y documentos).* Santiago de Chile: Ed. Universitaria, 1972. [Reelaboración de la obra de 1963, con antología.]

* LEAL, Luis. *Historia del cuento hispanoamericano.* [1966] Méxi-

co: Eds. de Andrea, 2.ª ed. ampliada, 1971. [Mayormente panorama histórico. La Introducción: «El cuento como género literario» pp. 7-12, queda reproducida aquí.]

—. *El cuento hispanoamericano*. Buenos Aires: Centro Editor de América Latina, 1967. [Cap. breve sobre «Los límites del cuento» y «Los antecedentes»; sigue panorama histórico], 58 páginas.

LISCANO, Juan. «El cuento hispanoamericano». *Revista Nacional de Cultura*, Caracas, 1958, sep-oct. XXX (130); 7-14. [Panorama histórico.]

MARAÑÓN, Gregorio. «¿Qué es un cuento?» (Prólogo a unos cuentos de Osvaldo Orico) [1947]. *Obras completas*. Recopilación y notas de Alf. Juderías. Madrid: Espasa-Calpe, 1966, pp. 743-746. [Definición del cuento; da razones por el auge actual.]

* MASTRÁNGELO, Carlos. «Elementos para una definición del cuento. *El cuento argentino. Contribución al conocimiento de su historia, teoría y práctica*. Buenos Aires, Librairie Hachette Eds., 1963, pp. 103-114.

—. «Contribución para una teoría del cuento». *La Nación*, Buenos Aires: mayo 14, 1967. [Similar al artículo de 1963.]

—. «Teorizadores del cuento y cuentistas argentinos», SADE, Buenos Aires, verano 1970. [No se ha podido examinar este artículo.]

* —. «Bases para una teoría del cuento», *Veinticinco cuentos argentinos magistrales, siglo XX*. Buenos Aires: Plus Ultra, 1975.

MEJÍA NIETO, Arturo. «Miseria y grandeza del cuento». *La Nación*, Buenos Aires, nov. 22, 1959. [Contiene discusión de Poe, Quiroga.]

MELETINSKI, E. *Estudio estructural y tipológico del cuento*. [1968?]. Buenos Aires: R. Alonso Ed., 1972. [Recapitulación de estudios sobre la obra de Propp, Cfr. Trata del cuento folklórico; también en Propp, *Morfología del cuento*, Cfr.]

MENÉNDEZ PIDAL, R. «Prólogo» a *Antología de cuentos de la literatura universal*. Barcelona, 1955. [Visión universal sobre la historia del cuento; sobre todo el cuento antiguo.]

267

MENTON, Seymour. *El cuento hispanoamericano*. 2 tomos. México: Fondo de Cultura Económica, 2.ª reimpr., 1974. [Antología, con introducción a cada corriente literaria.]

MICHELENA, Margarita. «Algunos cuentos sobre el cuento», *Examen*. México, 1961, nov., 26; 15-21 pp. [Crítica al ensayo de Undurraga, «Aportaciones de Latinoamérica al cuento de Occidente», Cfr.]

MORA, Gabriela. *En torno al cuento: de la teoría general a su práctica en Hispanoamérica*. Madrid: José Porrúa Turanzas, 1985. [Obra muy útil en cuanto contiene discusión de Poe. Quiroga, Cortázar, Mastrángelo, Lancelotti, Castagnino, Serra, Anderson-Imbert (1979). Señala la falta de consistencia en la traducción de los términos de los teóricos literarios rusos a otras lenguas] (de interés para la teoría son las páginas 1-140).

MORA VALCÁRCEL, Carmen de. *Teoría y práctica del cuento en los relatos de Cortázar*. Sevilla: Publicaciones de la Escuela de Estudios Hispanoamericanos de Sevilla, 1928. [Contiene discusión crítica de Poe, Quiroga, Bosch, Mastrángelo, Lancelotti, Baquero Goyanes, Brandenberger; y brevemente trata de Propp, Shklovski, Eikhenbaum], p. 1-56.

OMIL, Alba y Raúl A. PIEROLA. *El cuento y sus claves*. Buenos Aires: Eds. Nova [sin fecha]. [Sobre todo histórico; trata poco de los cuentos hispánicos], 107 páginas.

DE ONÍS, Federico. «Prólogo» a *Antología de cuentos españoles*. Londres: Heath, 1923. [Breve; con definición del cuento.]

* PARDO BAZÁN, Condesa Emilia de. *La literatura francesa moderna. Tomo III. (El naturalismo.)* Madrid, Renacimiento, 1912, p. 151-153.

PERERA SAN MARTÍN, Nicasio. «Para una semiología de los géneros narrativos». M. A. Garrido Gallardo (Ed.), *Teoría semiótica. Lenguajes y textos hispánicos*. Tomo I de *Actas del Congreso Internacional sobre Semiótica e Hispanismo. 1983*. Madrid: CSIC, 1984. [Diferenciación y definición de los géneros narrativos.]

POE, Edgar Allan. *Obras en prosa de Edgar Allan Poe.* Traducción de Julio Cortázar. Puerto Rico: Ediciones de la Universidad de Puerto Rico; 2 tomos; 2.ª ed. 1969. [La «teoría» de Poe aparece en las páginas 321-323.]

POLLMAN, Leo. «Función del cuento latinoamericano», *Revista Iberoamericana.* 1982, enero-junio; 48 (118-119): pp. 207-215. [Preconiza una función de autodescubrimiento para el continente por medio del cuento.]

PROPP, Vladimir. *Morfología del cuento* [1928, 1968]. Madrid: Fundamentos; 3.ª ed., 1977. [Obra básica para el estudio del cuento, de gran influencia en la teoría literaria; trata del cuento folklórico], 135 páginas.

—. *Las raíces históricas del cuento.* [1946]. Madrid: Fundamentos, 1974. [Trata de la historia del cuento folklórico.]

* PUPO WALKER, E. «Notas sobre la trayectoria y significación del cuento hispanoamericano», en. E. Pupo Walker (Ed.), *El cuento hispanoamericano ante la crítica.* Madrid: Ed. Castalia, 1981.

—. «El cuadro de costumbres, el cuento y la posibilidad de un deslinde», *Revista Iberoamericana* 1978 enero-junio (102-103), p. 1-15. [Diferenciación útil entre los dos géneros.]

QUIROGA, Horacio. «Los trucs del perfecto cuentista», [1925]; *Sobre literatura.* Montevideo: Ed. Arca, 1970.

* —. «Manual del perfecto cuentista», [1925]; *Sobre literatura.*
* —. «Decálogo del perfecto cuentista», [1927]. *Sobre literatura.*
* —. «La retórica del cuento», [1928]. *Sobre literatura.*

—. «La crisis del cuento nacional», [1928]. *Idilio y otros cuentos.* Montevideo: Claudio García y Cía, tomo XIII, 1945.

* —. «Ante el tribunal», [1931]. *Idilio y otros cuentos.*

—. «¿Cómo se hace un cuento?» *Cervantes*, La Habana. 1938, XII (1-2): 29-30.

REST, Jaime. *Novela, cuento, teatro: apogeo y crisis.* Buenos Aires: Centro Editor de América Latina, 1971. [Sobre todo es panorama histórico.] (El tratamiento del cuento está en pp. 52-107.)

SAMOYA CHINCHILLA, Carlos. «Pequeño viaje por el país del cuento», *Estudios Centroamericanos*. 1949, IV: 1273-1279. [Panorama histórico.]

SÁNCHEZ, José. «El cuento hispanoamericano», *Revista Iberoamericana*. 1950, feb-julio. XVI (31): 101-122. [Perspectiva histórica.]

SANTOS, Dámaso. «El cuento como trámite y como logro literario», *El Pueblo Gallego*, mayo 16, 1958. [Breve discusión de diferentes subgéneros; concibe como cuento obras que tradicionalmente se han visto como novelas.]

SERRA, Edelweiss. «Estructura y análisis del cuento», *Universidad*, 1966; N.º 68 (Santa Fe Argentina), pp. 199-232. [Conceptos elaborados en el primer cap. de *Tipología del cuento*. Cfr.]
* —. «Estructura típica del cuento», y «El cuento "fantástico"», Caps. I y V. resp. de *Tipología del cuento literario. (Textos hispanoamericanos)*. Madrid: CUPSA, 1978.

TIJERAS, Eduardo. *Últimos rumbos del cuento español*. Buenos Aires: Ed. Columba, 1969). [Antología, con algunos conceptos teóricos).

TORAL MORENO, Alfonso. *La novela y el cuento como problema metafísico*. Guadalajara, México: Casa de la Cultura Jalisciense, 1960. [Diferenciación entre los géneros; es problema metafísico porque se indaga sobre el «ser» de dos seres diferentes), 47 páginas.

UNDURRAGA, Antonio de. «Aportación de Latinoamérica al cuento de Occidente», *Cuadernos*, París, 1961, oct., 53:159-165. [Contiene larga lista de cuentistas hispanoamericanos; artículo reseñado por Michelena, Cfr.].
* —. «¿Cuáles son las leyes del cuento?» *Espiral*, Bogotá, 1962, mayo; 83: 29-33. [Breve explicación de los elementos que definen el cuento: singularidad, intensidad, verosimilitud, creación de un clima de admiración].
* —. «Una larga confusión en torno al cuento», *Espiral*, Bogotá, 1962, sep. 84:34-39. [Sugiere la destrucción del cuento como género, por su «intranscendencia»].
* —. «La técnica del cuento en Latinoamérica», *Autopsia de la*

novela. Teoría y práctica de los narradores. México: B. Costa-Amic Ed., 1967. [«El cuento latinoamericano carece de técnica»].

VALERA, Juan. «Prólogo» a *Cuentos Completos* [1907]; en *Obras completas;* como «Breve definición del cuento», Madrid: Aguilar, 1947. [Perspectiva histórica; trata del cuento folklórico].

* YATES, Donald A. «Introducción» a *El cuento policial latinoamericano.* México: Eds. de Andrea, 1964, pp. 5-12.

B. BIBLIOGRAFÍA ANOTADA sobre el cuento; obras selectas en lenguas extranjeras.

EIKHENBAUM, Boris. «Sur la théorie de la prose», en *Théorie de la littérature. Textes des formalistes russes, réunis, présentés et traduits par Tzvetan Todorov.* Paris: Seuil, 1965. [Breve discusión sobre teoría del cuento, pp. 202-211; refiere a los cuentos de O. Henry].

—. «O. Henry and the Theory of the Short Story», en L. Matejka & K. Pomorska, Eds. *Readings in Russian Poetics.* Boston: M.I.T., 1971 [Las páginas 231-238 constituyen la versión inglesa del fragmento sobre teoría de cuento y la cuentística de O. Henry].

JOLLES, A. *Formes simples.* París: Seuil, 1972. Traducción del alemán de *Einfache Formen. Legende, Saga, Mythe, Rätsel, Spruch, Kasus, Memorabile, Märchen, Witz.* [1930] [Discusión de esas nueve formas de narración breve; en la sección sobre el cuento refiere al folklórico].

MAY, Charles, (Ed.) *Short Story Theories.* Ohio University Press, 1976. [Colección extensa de artículos sobre teoría de cuento; refiere mayormente al cuento norteamericano].

O'FAOLAIN. *The Short Story.* Old Greenwich, Conn.: Devin-Adair, 1951. [Considerado uno de los textos básicos en inglés sobre el cuento].

PEDEN, Margaret Sayers. *The Latin American Short Story: A. Critical History.* Boston: Twayne Publishers, 1983. [Cuatro ensayos; panorama histórico].

PRINCE, Gerald. *A Grammar of Stories. An Introduction.* The Hague: Mouton, 1973. [Un esfuerzo por establecer las unidades básicas de la narrativa].

REFORMATSKY. A. A. «An Essay on the Analysis of the Composition of the Novella», S. Baum & J. E. Bowlt, Eds. *Russian Formalism: A Collection of Articles and Texts in Translation.* Edinburgh: Scottish Academic Press, 1973, pp. 85-100. [«la composición como principio de la estructuración de la trama»: un artículo útil y extenso; trata de un cuento de Maupassant].

REID, Ian. *The Short Story.* London: Methuen & Co. Ltd., 1977. [Breve resumen teórico e histórico del cuento occidental], 76 páginas.

ROHNER, L. *Theorie der Kurzgeschichte.* Wiesbaden: A. V. Atheneion, 1976. [Uno de los textos básicos en lengua alemana].

SHKLOVSKY, V. «La construction de la nouvelle et du roman», en Todorov, *Théorie de la littérature*, etc. Paris: Seuil, 1965 [p. 170-196].

C. BIBLIOGRAFÍA sobre teoría e historia del cuento anterior al siglo XIX.

KELLER, John & L. Clark Keatin. *The Book of Count Lucanor and Patronio: A. Translation of Don Juan Manuel's «El Conde Lucanor».* Lexington, KY: University Press of Kentucky, 1977. [Contiene útil historia del cuento anterior al *Conde Lucanor*].

KRÖMER, W. *Formas de la narración breve en las literaturas románicas.* Madrid: Gredos, 1979 (Traducido del alemán, 1973). [Extensa historia, alguna teoría de la narración breve en Europa].

LAMPILLAS, Fr. Xavier [1731-1810]. *Ensayo histórico aplogético de la literatura española.* Traducido del italiano. Madrid: Impr. de P. Marín, 2 Tomos, 1789.

LUZÁN, Ignacio de. [1702-1754]. *Poética* (1737). Barcelona: Selecciones Bibliofilias, Tomo 19 y 20, 1956.

MENÉNDEZ Y PELAYO, M. *Orígenes de la novela. Tomo 3: Cuentos y novelas cortas.* Santander: Aldus, S. A. de Artes Gráficas, 1943.

PABST, W. *La novela corta en la teoría y en la creación literaria.* Madrid: Gredos, 1972 (Traducción de la versión alemana de 1967).

RILEY, E. C. *Teoría de la novela en Cervantes.* Madrid: Taurus, 1966. (Traducción de la versión inglesa de 1962).

SHEPARD, S. *El Pinciano y las teorías literarias del Siglo de Oro.* Madrid: Gredos, 1962.

ZUNTHOR, Paul. *Essai de poétique médievale.* París: Editions du Seuil, 1972. [De particular interés: Cap. 8: «Du roman à la nouvelle», págs. 339-404].

ÍNDICE

III. HACIA UNA TEORIA DEL CUENTO

IV. ALGUNOS TIPOS DE CUENTOS

BIBLIOGRAFIAS